Graham Pascoe
Henriette Pascoe

# Sprachfallen *Englisch*

Max Hueber Verlag

Ⓡ Dieses Werk folgt der seit dem 1. August 1998 gültigen Rechtschreibreform.



€ 3. 2. | Die letzten Ziffern
2006 05 04 03 02 | bezeichnen Zahl und Jahr des Druckes.

Alle Drucke dieser Auflage können, da unverändert, nebeneinander benutzt werden.

1. Auflage 1998

Verlagsredaktion: Piero Salabè, München
Umschlaggestaltung: Holger Latzel, München; Parzhuber u. Partner, München
Zeichnungen: Martin Guhl, Cartoon Caricature-Contor, München
DTP: Satz + Layout Fruth GmbH, München
Gesamtherstellung: Ludwig Auer, Donauwörth
Printed in Germany
ISBN 3-19-002647-5

# Inhaltsverzeichnis

# Vorwort

Bedeutende Wilde!

Bulgaren, die die Tschechische Republik besuchen, stellen fest, dass sie im Fernsehen viel mitbekommen – Bulgarisch und Tschechisch sind eng verwandte Sprachen. Doch schon wenn der tschechische Ansager „Verehrte Zuschauer" sagt, wird es für die Bulgaren lustig. Er sagt nämlich „Vážení diváci", auf Tschechisch „Verehrte Zuschauer" – für Bulgaren klingt es wie „Važni divaci" und heißt in etwa „Bedeutende Wilde!" Also nochmal:

Liebe Leser!

Solche Ausdrücke oder Einzelwörter, die in zwei Sprachen ähnlich klingen und/oder gleich geschrieben werden, aber verschiedene Bedeutungen haben, heißen „Falsche Freunde". Zum Beispiel heißt das Wort *burro* auf Italienisch „Butter", auf Spanisch „Esel"; das Wort *ja* ist in einigen germanischen Sprachen das Bejahungswort, in slawischen Sprachen heißt es „ich", auf Finnisch „und"; *pen* heißt auf Englisch „Schreibstift", auf Walisisch „Kopf"; *ne* heißt auf Bulgarisch „nein", auf Griechisch „ja". Franzosen, die im Spätsommer nach England fahren, sind erheitert und verdutzt, wenn sie an allen Schaufenstern in großen Lettern SCHMUTZIG! SCHMUTZIG! lesen. Zur Zeit des Schlussverkaufs prangt nämlich in allen Läden die Ankündigung *SALE! SALE!* – auf Englisch „Ausverkauf", auf Französisch „schmutzig". Da wundert es die Franzosen auch wenig, dass man in England sogar ein *pet* (franz. „Furz") kaufen kann, und dass der Engländer sein *pet* (englisch „Haustier") auch noch liebt.
Je enger die Sprachen verwandt sind, desto mehr „Falsche Freunde" gibt es zwischen ihnen. Deutsche Touristen in Schweden müssen sich daran gewöhnen, in Kneipen ein Glas *öl* zu bestellen – Bier, natürlich. Auf Isländisch heißt *kinn* „Wange", und *herbergi* „Zimmer", während *heimsækja* nicht „heimsuchen" sondern lediglich „besuchen" bedeutet – was freilich unter Umständen das Gleiche sein kann. Und *köttur* heißt nicht etwa „Köter", sondern „Katze". Auf Englisch nennt man solche Wortpaare *False Friends,* seltener *Treacherous Twins* („Tückische Zwillinge") oder *False Cognates* („Falsche (Ur)verwandte"). Sie sind immer zumindest verwirrend, führen oft zu Missverständnissen, sind unter Umständen sehr peinlich (man denke an *preservative*[FF]*/„Präservativ[FF]*"), und manchmal sogar gefährlich (*gift*[FF]/„Gift[FF]"). Die Grenzen sind fließend, vor allem weil viele Wörter verschiedene Bedeutungen haben, von denen manche „Falsche Freunde" sind, andere nicht. Nimmt man z. B. das Paar *pension*[FF]/„Pension[FF]", so ist „Pension" in der Bedeutung „kleines Hotel" ein „Falscher Freund" (englisch *guest house*[FF]), in der Bedeutung „Rente[FF]" dagegen nicht (englisch *pension).* Leider gibt es kein Merkmal, an dem man einen „Falschen Freund" erkennen könnte, bevor man darauf hereinfällt – es

* Wörter mit dem Zeichen [FF] haben einen eigenen Eintrag in diesem Buch.

gibt schließlich auch viele Wortpaare, die gleich ausschauen und das Gleiche bedeuten, z. B. *attractive*/„attraktiv“.
Für solche Fälle hat man ja sein Wörterbuch, sollte man meinen. Weit gefehlt – wer in englisch-deutschen oder deutsch-englischen Wörterbüchern etwa unter *pathos*[FF], *parole*[FF], „Konzern[FF]“ oder „lasziv[FF]“ nachschaut, tappt mit ihnen in die Falle. Und in der Regel schlägt man so ein Wort sowieso erst nach, wenn das Missverständnis schon passiert ist oder man sich blamiert[FF] hat. Die Praxis zeigt, dass nicht nur Englischschüler und -studenten, sondern auch erfahrene Englischlehrer, ja sogar professionelle Übersetzer, die längst gegen die geläufigeren „Falschen Freunde“ immun sind, auf die heimtückischeren immer wieder einmal hereinfallen.
Daher dieses Buch. Es ist nicht so sehr als Nachschlagewerk gedacht, sondern mehr zum Lesen, Lernen und Schmökern, damit man die Fallen kennen lernt – und vermeiden kann. Für diese zweite Ausgabe der *Sprachfallen* im Englischen haben wir die erste Ausgabe gründlich überarbeitet und erweitert – das Buch enthält jetzt über 600 Paare von häufigen, peinlichen und auch kuriosen „Falschen Freunden“.
Die Einträge sind gegenüberliegend angeordnet – auf den linken Seiten des Buches stehen die deutschen Wörter mit ihren englischen Übersetzungen, auf den rechten Seiten die englischen Wörter mit deutscher Übersetzung. Wo es sich anbot, haben wir die Wörter in einem Beispielsatz oder einer Redewendung vorgestellt, und diese möglichst idiomatisch übersetzt.
Nicht berücksichtigt haben wir Wörter, die nur blutige[FF] Anfänger für „Falsche Freunde“ halten würden, wie „Bearbeitung“ / *bear-baiting* (= Bärenhatz), und ähnliche. Auch Funktionswörter wie *bin, den, die, hat, war, was,* usw., zu denen es gleichgeschriebene englische Pendants[FF] gibt, haben wir nicht aufgenommen.
Bei manchen Paaren ist das Verhältnis so kompliziert, dass ihre Aufnahme den Rahmen des Buches gesprengt hätte. Zum Beispiel bezeichnet *pomelo* in englischsprachigen Ländern die in Ostasien natürlich vorkommende, gelbe, sehr dickschalige und bis zu 10 Kilo schwere Frucht des Baumes *Citrus grandis;* auf Deutsch heißt diese Frucht „Echte Pampelmuse“. In Deutschland dagegen ist eine „Pomelo“ eine viel kleinere, ebenfalls dickschalige, gelblichgrüne Frucht, eine Kreuzung zwischen Grapefruit und echter Pampelmuse. Solche vertrackten Fälle haben wir schweren Herzens weggelassen.
Unser Dank gilt all denen, die uns mit Beispielen und Rat geholfen haben, insbesondere Roman Fink; George Low; Hannelore Friederich, Bryant McEwen, Sévérine Vitali und anderen Kollegen am Sprachen- und Dolmetscher-Institut München; Wladimir Dinowski (Sofia), sowie Professor Donalds (Würzburg).

Mühldorf am Inn, im Juli 1998

Graham Pascoe
Henriette Pascoe

# Phonetische Transkription

Die phonetische Transkription steht zwischen schrägen (phonemischen) Klammern. Wo es einen Unterschied zwischen britischer und amerikanischer Aussprache gibt, steht die britische links, die amerikanische rechts, durch zwei Striche getrennt: ‖ . Die Transkription basiert auf dem *Longman Pronunciation Dictionary* von J. C. Wells (London 1990), mit einer wichtigen Verfeinerung – die beiden englischen /l/-Laute werden differenziert:

/l/ "clear l", ein gewöhnliches /l/ wie im Deutschen. Im Englischen kommt dieser Laut nur vor einem Vokal vor: englisch *leaf* /li:f/ klingt genau wie deutsch „lief"

/ɫ/ "dark l", ein /l/ mit nach hinten angehobener Zunge. Es kommt überall außer vor einem Vokal vor; es klingt „dumpf", wie ein gleichzeitig ausgesprochenes /l/ und /ɔ:/ - englisch *feel* /fi:ɫ/ hat fast zwei Silben und klingt ganz anders als deutsch „fiel". Im amerikanischen und australischen Englisch ist das "clear l" „dunkler" als im britischen Englisch; manche Amerikaner und Australier benützen nur das „dunkle" /ɫ/.

Diese beiden Laute werden traditionell als Allophone (also unterschiedliche Versionen desselben Lautes) betrachtet; vom Standpunkt der Kommunikation her gesehen sind sie aber genauso wichtig wie Phoneme (unabhängige Laute). Der richtige Gebrauch des "dark l" ist besonders wichtig - ein "clear l" an falscher Stelle führt oft zu Missverständnissen – siehe Graham Pascoe, *Die Aussprache des Englischen an Bayerischen Schulen* (München 1987, S. 162, 183-89, 420).

# Verzeichnis der Symbole

| Symbol | Bedeutung |
|---|---|
| * | steht vor einem falschen bzw. nicht akzeptablen Wort oder Satz, oder vor einem Wort, das nicht existiert |
| „..." | deutsche Wörter im laufenden Text stehen in deutschen Anführungszeichen |
| "..." | englische Wörter im laufenden Text stehen in englischen Anführungszeichen |

# Verzeichnis der Abkürzungen

| Abkürzung | Deutsch | Englisch |
|---|---|---|
| Adj. | Adjektiv | *adjective* |
| Adv. | Adverb | *adverb* |
| altmod. | altmodisch | *old-fashioned* |
| AmE | amerikanisches Englisch | *American English* |
| Archit. | Architektur | *architecture* |
| AusE | australisches Englisch | *Australian English* |
| bes. | besonders | *especially* |
| BrE | britisches Englich | *British English* |
| Dt., dt. | Deutsch, deutsch | *German* |
| euph. | euphemistisch | *euphemistic* |
| FF | Falscher Freund | *False Friend* |
| FF | das mit FF bezeichnete Wort hat einen eigenen Eintrag in diesem Buch | *the word marked FF has an entry in this book* |
| Fachsp. | Fachsprache | *technical term* |
| fig. | figurativ; übertragen | *figurative* |
| förml. | förmlich | *formal* |
| jur. | juristisch | *legal term* |
| marit. | maritim | *maritime* |
| Med. | Medizin | *medicine* |
| Mus. | Musik | *music* |
| n. | Substantiv | *noun* |
| neg. | negativ | *negative* |
| nordd. | norddeutsch | *north German* |
| NP | Substantivgruppe | *noun phrase* |
| österr. | österreichisch | *Austrian* |
| Pl. | Plural | *plural* |
| P.P. | Partizip Perfekt | *past participle* |
| polit. | politisch | *political* |
| Präp. | Präposition | *preposition* |
| relig. | religiös; Religion | *religion* |
| südd. | süddeutsch | *south German* |
| techn. | technisch | *technical* |
| ugs. | umgangssprachlich | *colloquial* |
| vgl. | vergleiche | *compare; cf.* |
| V. intr. | Verb, intransitiv | *intransitive verb* |
| VP | Verbgruppe | *verb phrase* |
| V. refl. | Verb, reflexiv | *reflexive verb* |
| V. tr. | Verb, transitiv | *transitive verb* |
| Wiss. | Wissenschaft | *science* |
| Zool. | Zoologie | *zoology* |

**absolvieren** V. tr.
Es gibt kein einfaches englisches Äquivalent.

1. Im Sinne von „eine Schule / Universität / einen Kurs usw. absolvieren" heißt es genau gesagt *to attend and successfully complete a school / university / course, etc.*, aber man drückt sich gewöhnlich einfacher aus, z. B.:

| | |
|---|---|
| Sie hat die Universität absolviert. | *She went to university.* |
| Theo hat einen Spanischkurs absolviert. | *Theo did a Spanish course.* |
| ein hartes Training absolvieren | *to do / complete a hard course of training* |

2. Im Sinne von „die Absolution erteilen", „Sünden erlassen": *to absolve (someone of their sins)*

**adäquat** Adj.
*appropriate; suitable*

| | |
|---|---|
| eine adäquate Antwort (auf eine Herausforderung usw.) | *an appropriate response (to a challenge etc.)* |

der **Afrikaner**, -
*an African; a black African*

| | |
|---|---|
| Viele Afrikaner haben Englisch als Muttersprache. | *Many Africans have English as their native language / their mother tongue.* |

**absolve** /əb'zɒłv || -'zɑ:łv/ V. tr.
1. *freisprechen*

| | |
|---|---|
| to absolve someone of blame, responsibility etc. | *jemanden von Schuld, Verantwortung usw. freisprechen* |
| The court absolved her of all blame for the collision. | *Das Gericht sprach sie von jeglicher Schuld an dem Zusammenstoß frei.* |

2. *erlassen* (relig.)

| | |
|---|---|
| to absolve someone of their sins | *jemandem seine Sünden vergeben* |

**adequate** /'ædɪkwət/ Adj.
1. *ausreichend; genügend; genug*

| | |
|---|---|
| I think 800 marks should be adequate for a week in Germany. | *Ich glaube, 800 Mark sollten für eine Woche in Deutschland reichen.* |

2. (*gerade noch*) *befriedigend; gut genug*

| | |
|---|---|
| His explanation was not adequate (to convince the court). | *Seine Erklärung genügte nicht, (um das Gericht zu überzeugen).* |

**Afrikaner** /ˌæfrɪ'kɑ:nə || -nər/ n.
*ein weißer, afrikaanssprachiger Südafrikaner; ein Bure*

| | |
|---|---|
| With the end of apartheid /ə'pɑ:theɪt, ə'pɑ:teɪt || -'pɑ:r-/, the Afrikaners lost their dominant position in South Africa. | *Nach dem Ende der Apartheid verloren die Buren ihre Machtstellung in Südafrika.* |

das **Aggregat**, -e

1. Im Sinne von „Satz von zusammenarbeitenden Maschinen“ (z. B. Benzinmotor plus Generator) gibt es kein einfaches Äquivalent. Genaugenommen *a set of machines,* aber man benutzt gewöhnlich einen einfacheren Ausdruck, z. B. für

| | |
|---|---|
| Notstromaggregat | *emergency generator* (genauer aber seltener: *emergency generating set*) |
| Sauerstoffaggregat | *oxygen generator* (genauer, seltener: *oxygen generating equipment*) |

2. In der Geologie (im Sinne von „Verwachsung verschiedener Mineralien“): *aggregate*

die **Agonie**, -n

(im Sinne von Todeskampf) *death agony;* (meist übertragen) *death throes*

| | |
|---|---|
| Die ostdeutsche Schiffbauindustrie liegt endgültig in Agonie. | *The shipbuilding industry in Eastern Germany is in its final death throes.* |

der **Akkord**, -e

1. (Mus.) *chord*
2. (Akkordarbeit) *piecework;* (seltener) *jobwork*

| | |
|---|---|
| im Akkord arbeiten | *to do piecework* |

3. (jur.)

| | |
|---|---|
| einen Akkord abschließen | *to come to an agreement (e.g. between a trade union and management)* |

**aggregate** /'ægrɪgət/ n.

1. Am häufigsten in dem Ausdruck aus der Sportsprache "on aggregate" (nur BrE): *nach Gesamtpunktzahl*

| | |
|---|---|
| Liverpool lost to Chelsea 1 – 0 (one nil), but won on aggregate. | *Liverpool verlor gegen Chelsea (mit) Eins zu Null, gewann aber nach Gesamtpunktzahl.* |

2. (seltener) *Anhäufung*

| | |
|---|---|
| A choir should not be a mere aggregate of individuals, but a united whole. | *Ein Chor sollte keine bloße Anhäufung von Individuen sein, sondern ein einheitliches Ganzes.* |

3. (Geol.) *Aggregat*

**agony** /'ægəni/ n.

*starke Schmerzen; sehr schmerzhaft (sein)*

Oft "to be agony"; das englische Substantiv muss im Deutschen teils mit dem Adjektiv, teils mit dem Substantiv übersetzt werden:

| | |
|---|---|
| A blow on the kneecap can be agony. | *Ein Schlag auf die Kniescheibe kann furchtbar schmerzhaft sein.* |
| I suffered agony / agonies till I decided to have the tooth out. | *Ich hatte furchtbare Schmerzen, bis ich mich endlich entschloss, den Zahn ziehen zu lassen.* |
| (BrE, Zeitungsjargon) agony aunt | *„Briefkastentante", „Kummerkastentante"* |

**accord** /ə'kɔ:d || -kɔ:rd/ n. / V. tr.

1. n. Meistens in Redewendungen:

| | |
|---|---|
| of one's own accord | *von selbst; von allein; freiwillig; aus eigenem Antrieb* |
| with one accord | *einstimmig; alle zusammen* |
| in accord(ance) with | *gemäß; in Übereinstimmung / Einklang mit* |

2. V. intr. (förmlich)

| | |
|---|---|
| to accord with | *in Übereinstimmung / Einklang sein / stehen mit* |

**akquirieren** V. tr. / V. intr. (Wirt.)
*to look for / to canvas for / to get (custom / customers / contracts etc.)*

| | |
|---|---|
| Herr Pink ist nur vormittags in seinem Büro; nachmittags geht er akquirieren. | *Herr Pink's only in his office in the mornings; in the afternoons he goes out looking for customers / custom / business.* |

die **Akquisition**, -en (Wirt.)
*getting; securing; canvassing for (custom / customers / contracts etc.)*

| | |
|---|---|
| Die Akquisition wird immer schwieriger. | *It's getting more and more difficult to get contracts.* |

„Akquisitionsgelder" (z. B. Bestechungsgelder, Geschenke, auch andere – legale – Methoden der Markterweiterung) heißen etwas euphemistisch *sales development costs* oder *market development costs.*

die **Aktion**, -en
Nur ein Falscher Freund, wenn es um Werbekampagnen und dgl. geht:
1. *campaign; drive; project; programme*

| | |
|---|---|
| Er startete[FF] eine große Aktion gegen das Rauchen im Büro. | *He launched a big campaign / drive against smoking in the office.* |

*"To start an action"* könnte nur heißen „ein Gerichtsverfahren einleiten" (häufiger: *"to bring an action"*) oder ganz vage „eine Handlung anfangen".

| | |
|---|---|
| Aktion Sauberes München | *The Keep Munich Tidy Campaign* |
| Hilfsaktion | *aid programme* |
| Aktionsradius | *range; operating range* |

2. In einigen Redewendungen: *action*

| | |
|---|---|
| in Aktion treten | *to come into action; be put into action* |

**acquire** /ə'kwaɪə ‖ ə'kwaɪr/ V. tr.

1. *erwerben; bekommen; in den Besitz von etwas gelangen* (oft durch eigene Anstrengungen, manchmal durch Zufall oder auf mysteriöse Weise)

| | |
|---|---|
| Somehow Theo Pink had acquired a bottle of cognac. | *Irgendwie hatte Theo Pink eine Flasche Kognak aufgetrieben.* |

2. *sich aneignen; sich zulegen*

| | |
|---|---|
| It's difficult to acquire a good English accent. | *Es ist schwierig, sich einen guten englischen Akzent anzueignen.* |
| an acquired taste | *ein Geschmack, an den man sich gewöhnen muss* |
| Roast bees are an acquired taste. | *Geröstete Bienen muss man mögen. / An geröstete Bienen muss man sich erst gewöhnen.* |

**acquisition** /ˌækwɪ'zɪʃn/ n.

*Erwerb; Erwerbung* (im weitesten Sinne); *Kauf*

Bezieht sich sowohl auf die Tätigkeit des Erwerbens als auch auf das Erworbene.

| | |
|---|---|
| He applied all his energies towards the acquisition of a Scottish accent. | *Er verwandte seinen ganzen Eifer darauf, sich einen schottischen Akzent zuzulegen.* |
| Our next acquisition was an extremely bad-tempered donkey. | *Unsere nächste Anschaffung war ein äußerst übelgelaunter Esel.* |

**action** /'ækʃn/ n.

1. *Tat; Handlung*

| | |
|---|---|
| "It's action we want, not words!" shouted Theo. | *„Wir wollen Taten, nicht Worte!" schrie Theo.* |
| We put the plan into action. | *Wir setzten den Plan in die Tat um.* |

2. *Redewendungen*

| | |
|---|---|
| to go / spring into action (against sth. / s.o.) | *vorgehen (gegen etwas / jemanden); in Aktion treten* |
| (to be / to put) out of action | *außer Betrieb (sein / setzen)* |
| to put s.o. / sth. out of action | *jdn. / etw. außer Gefecht setzen* |

3. (jur.) *Gerichtsverfahren; Amtshandlung*

| | |
|---|---|
| to bring an action against someone | *gegen jemanden eine Klage erheben* |

**aktuell** Adj.
*current; up to date; of interest*

| | |
|---|---|
| Die aktuelle Lage im Katastrophengebiet ist ungewiss. | *The current situation in the disaster area is uncertain.* |
| Ich brauche aktuelle Zahlen! Diese sind von gestern! | *I need up-to-date figures! These are yesterday's!* |
| Ob wir dieses Jahr wieder nach England fahren, ist momentan nicht aktuell. | *Whether we'll go to England this year is of no interest at the moment.* |

Manchmal sind aber andere Übersetzungen besser:

| | |
|---|---|
| Die Gleichberechtigung der Frau ist immer noch ein aktuelles Thema. | *Equal rights for women is / are still an important issue.* |
| ein brandaktuelles Thema | *a burning issue* |
| eine brandaktuelle Neuheit | *the very latest thing* |

die **Allee**, -n
*avenue*

Eine breite Pappelallee führte hinauf zum Schloss.

*A broad avenue of poplars led up to the palace.*

*eine Allee*

**Allüren** Pl.
*behaviour; pretensions; affectations; airs; airs and graces*
Oft besser mit einer Phrase übersetzt:

| | |
|---|---|
| *Seit seiner Statistenrolle in „Hamlet" geht Theo Pink mit seinen Star-Allüren der Familie auf die Nerven.* | *Ever since he was an extra[FF] in "Hamlet", Theo Pink has been getting on his family's nerves behaving as if he were a great star.* |

**actual** /'æktʃʊəɫ/ Adj., **actually** /'æktʃʊəli/ Adv.
*tatsächlich; eigentlich; echt; genau; richtig*

| | |
|---|---|
| The actual reason for his visit was to see Minni. | *Der eigentliche / tatsächliche Grund seines Besuchs war der, Minni zu sehen.* |
| I don't know the actual day of their wedding, but I think it's some time in May. | *Ich weiß zwar das genaue Datum ihrer Hochzeit nicht, aber ich glaube, es ist irgendwann im Mai.* |
| He's not an actual professor yet, but he's well on the way to becoming one. | *Er ist noch kein richtiger Professor, aber er ist auf dem besten Weg, einer zu werden.* |
| "All these speculations don't help us," said Holmes, "as long as we don't know the actual circumstances of the crime." | *„Alle diese Vermutungen helfen uns nicht weiter", sagte Holmes, „solange wir nicht den tatsächlichen Tathergang kennen."* |
| Everybody laughs at Wilfred Shadbolt's poetry, but actually I rather / quite like it. | *Alle lachen über die Gedichte von Wilfred Shadbolt, aber ich mag sie eigentlich recht gern.* |

*an alley*

**alley** /'æli/ n.
*Gässchen; Gasse* (in einer Altstadt)

The thief disappeared down a dark alley.

*Der Dieb verschwand in einem dunklen Gässchen.*

Gleichbedeutend: "alleyway".

**allure** /ə'ljʊə || ə'lʊr/ n. / V. tr.
1. n. (exotische usw.) *Attraktivität; Verlockung(en)*

| | |
|---|---|
| Even at sixty, Marlene Dietrich had lost none of her seductive allure. | *Auch mit sechzig hatte Marlene Dietrich nichts von ihrer verführerischen Attraktivität verloren.* |
| The allure of exotic places attracts millions of tourists every year. | *Die Verlockungen exotischer Orte ziehen jedes Jahr Millionen von Touristen an.* |

2. V. tr. "To allure" *verlocken, anziehen* ist heutzutage selten, gebräuchlicher ist das Adjektiv "alluring", *verlockend, anziehend.*

**also** Adv.
*So . . .; . . . then; i. e.; that is*

| | |
|---|---|
| Er war also da! Die anderen, also die Schmidts, waren noch nicht da. | *So he was there! / He was there, then! The others, i.e. the Schmidts, weren't there yet.* |

„Also“ als Satzeinleitung kann mit *“now”* übersetzt werden; meistens bleibt es aber besser unübersetzt:

| | |
|---|---|
| Also, deine Brüder sind einfach unmöglich! | *Your brothers are just awful!* |
| „Also, Theo, du solltest wirklich nicht soviel Mayonnaise essen“, sagte seine Freundin. | *“(Now) Theo, you really shouldn't eat such a lot of mayonnaise,” said his girlfriend.* |

die **Ambulanz**, -en
*outpatients' department (in a hospital)*; AmE *outpatients' clinic*

| | |
|---|---|
| Ein Isolationskrankenhaus hat normalerweise keine Ambulanz. | *An isolation hospital normally has no outpatients' department.* |

In der selteneren – meist militärischen – Bedeutung „Krankenwagen“ ist „Ambulanz“ natürlich kein falscher Freund mit “ambulance”. In der Bedeutung „Feldlazarett“ heißt es *field hospital.*

| | |
|---|---|
| ambulante Behandlung | *outpatient treatment* |

die **Angina**, – oder -nen
1. *inflammation of the throat; a sore throat; inflammation of the tonsils; tonsillitis;* (veraltet) *quinsy* / 'kwɪnzi /

| | |
|---|---|
| Er hatte eine schwere Angina mit 41° Fieber und konnte kaum reden. | *He had severe tonsillitis with a temperature of 105°F and could hardly talk.* |

Vgl. auch Katarrh[FF]
2. (nur Angina pectoris) *angina pectoris*

**annoncieren** V. intr.
*to advertise (in a newspaper etc.)*

**also** /'ɔːɫsəʊ || 'ɒːɫsoʊ/ Adv.
*auch; ebenfalls*

| | |
|---|---|
| Theo Pink was also there. | *Theo Pink war auch da.* |

"Also" klingt leicht förmlich und wird deswegen häufiger im geschriebenen als im gesprochenen Englisch verwendet. Im gesprochenen Englisch sagt man häufiger (am Schluss des Satzes): "… too" oder "… as well": "Theo Pink was there too". / "Theo Pink was there as well".

**ambulance** /'æmbjʊləns/ n.
*Krankenwagen; Krankentransportfahrzeug; Rettungsfahrzeug jeder Art*

| | |
|---|---|
| Theo Pink had an accident in the bathroom and had to be taken off in an ambulance. | *Theo Pink hatte im Bad einen Unfall und musste im Krankenwagen abgeholt werden.* |
| The Red Cross chartered a plane to use as a flying ambulance. | *Das Rote Kreuz charterte ein Flugzeug als fliegenden Krankentransporter.* |

**angina** /æn'dʒaɪnə/ n. (unzählbar)

1. Heutzutage ausschließlich eine Abkürzung für "angina pectoris": *Angina; Brustbeklemmung; Herzschmerzen*

| | |
|---|---|
| He had an another attack of angina and had to go to bed. | *Er hatte noch einen Anfall von Angina pectoris und musste ins Bett.* |

2. Die Bedeutung „Halsentzündung", „Rachenkatarrh[FF]" ist veraltet, wird aber in medizinischen Kreisen gelegentlich noch gebraucht.

**announce** /ə'naʊns/ V. tr.
*melden; verkünden; bekanntgeben; mitteilen*; (Radio, Fernsehen) *ansagen*
Das Substantiv zu "announce":

| | |
|---|---|
| an announcement | *Meldung; Bekanntgabe; Mitteilung*; (Radio, Fernsehen) *Ansage* |

die **Antike** (unzählbar)
*(classical) antiquity; the classical world, the ancient world; the Greeks and Romans*

| | |
|---|---|
| In der Antike waren die Wirkungen des Knoblauchs bestens bekannt. | *In classical antiquity the effects of garlic were well known. / The Greeks and Romans knew all about the effects of garlic.* |

**antik** Adj.
*antique*

der **Antiquar**, -e
(bei älteren, wertvollen Büchern) *an antiquarian bookseller*; (bei moderneren, weniger wertvollen Büchern) *a second-hand bookseller*

die **Antiquität**, -en
*an antique*

| | |
|---|---|
| Der alte Nachttopf von Theos Tante entpuppte sich als wertvolle Antiquität. | *Theo's aunt's old chamber-pot turned out to be a valuable antique.* |

Im Gegensatz zu „Antiquitäten“ (die man kaufen kann), findet man „Antiken“ meist in Museen o. ä.

**antics** /'æntɪks/ n. (Pl.)
*Possen* [FF] (meist Pl.); *Spässchen*

| The monkey's antics reminded me of Theo. | *Die Späßchen des Affen erinnerten mich an Theo.* |
|---|---|

**antique** /æn'ti:k/ n. / Adj.
*(eine) Antiquität; antik*

| Anything that says "Made in Hong Kong" on it is unlikely to be antique / to be an antique. | *Wenn auf einem Gegenstand „Made in Hong Kong" steht, handelt es sich wahrscheinlich nicht um eine Antiquität.* |
|---|---|

Das Wort "antique" kann als Adjektiv und als Substantiv verwendet werden.

**antiquary** /'æntɪkwəri || -kweri/ n.
1. *Antiquitätensammler(in); Antiquitätenhändler(in)*
2. ein *Geschichtsforscher* im Stil der großen Amateure des 17. und 18. Jahrhunderts, z. B. John Aubrey, 1626–1697

**antiquity** /æn'tɪkwəti/ n.
1. (unzählbar) *(großes, auffälliges) Alter*

| Theo possessed a set of wooden golf clubs of obvious antiquity. | *Theo besaß einen Satz hölzerner Golfschläger, deren fortgeschrittenes Alter offenkundig war.* |
|---|---|

2. *die (klassische) Antike*, unzählbar (siehe gegenüber)
3. *eine Antike*, zählbar (= eine römische Statue o. ä.)

Es gibt zwei Unterschiede zwischen einer "antique" und einer "antiquity":
(a) Eine "antiquity" muss mindestens einige Jahrhunderte alt sein; eine "antique" kann durchaus erst ca. 50 Jahre alt sein.
(b) Eine "antique" muss beweglich sein, z. B. eine Vase, ein Tisch usw.; eine "antiquity" ist typischerweise ein Tempel, eine Pyramide usw., kann aber auch eine Statue sein.

**apart** Adj.
*distinctive; striking; stylish*

| | |
|---|---|
| eine aparte Frau | *a woman with style* |
| ein apartes Kostüm | *a stylish costume* |

das **Appartement**, -s
BrE *a one- or two-room flat*; AmE *a one- or two-room apartment*

die **Armatur**, -en
1. (allg.) *fittings; connections* (of a machine etc.).
2. das Armaturenbrett: *instrument panel* (of a machine, aircraft, etc.); (Auto) *dash(board)*
3. (Wasserhahn) *mixer tap*
   Jeder Deutsche, der einmal in britischen Pensionen[FF] übernachtet hat, wundert sich, dass diese einfachen Mischbatterien den Sprung über den Kanal nicht geschafft haben.

*eine Armatur*

**ausfallen** V. intr.
1. Im Sinne von „nicht stattfinden“: *to be cancelled; not take place*

| | |
|---|---|
| Das Spiel ist wegen Nebel ausgefallen. | *The match was cancelled due to fog.* |

Englische Schulkinder drücken sich aber meist einfacher aus:

| | |
|---|---|
| Gestern ist Französisch ausgefallen. | *There was no French yesterday.* |

2. Im Sinne von „das Ergebnis sein“: *to turn out*; (Prüfungsergebnisse) *to be (good etc.)*

| | |
|---|---|
| Der Pullover ist etwas groß ausgefallen. | *The pullover's turned out a bit big.* |
| Die Englischprüfung ist schlecht ausgefallen. | *The results of the English exam were bad.* |

3. Im Sinne von „herausfallen“ (Haare, Zähne usw.): *to fall out*

**apart** /ə'pɑ:t ‖ ə'pɑ:rt/ Adv.
1. *abseits*

| She sat apart (from the others). | *Sie saß abseits (von den anderen).* |
|---|---|

2. In der Wendung “apart from”: *außer*

**apartment** /ə'pɑ:tmənt ‖ -'pɑ:r- / n.
AmE *Wohnung* (jeder Größe)
Das amerikanische “apartment” wird heutzutage auch in England in seiner amerikanischen Bedeutung verstanden; das britische Äquivalent “flat” ist ebenfalls vielen Amerikanern bekannt, für die meisten von ihnen bedeutet es aber nach wie vor einen „platten Reifen“ (BrE a puncture).

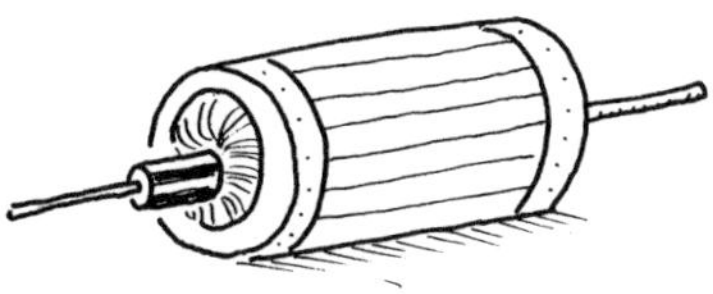

*an armature*

**armature** /'ɑ:mətʃə ‖ 'ɑ:rmətʃər/ n.
1. *Anker (eines Elektromotors)*, d. h. der bewegliche Teil des Motors, der von einem Magneten angezogen wird. Auch “coil”.
2. (Skulptur, Modellieren) *Gerüst* (aus Draht o. ä.), auf dem mit Ton, Gips, usw. modelliert wird.

**fall out** /fɔ:l 'aʊt ‖ fɑ:l . . . / V. intr.
1. *herausfallen; ausfallen*

| Theo’s new false teeth have a tendency to fall out when he laughs. | *Theos neue dritte Zähne neigen dazu herauszufallen, wenn er lacht.* |
|---|---|

2. *sich in die Haare kriegen/geraten; mit einem Freund, Bekannten usw. ins Streiten geraten*

| Theo fell out with his girlfriend over the name of their first child. | *Theo und seine Freundin sind sich über den Namen ihres ersten Kindes ordentlich in die Haare geraten.* |
|---|---|

Diese Doppelbedeutung von “fall out” ermöglicht den Witz, bei dem eine Krankenschwester zu einem Patienten sagt: “Mr Jones, if you make your bed like that, you and I are going to fall out!”

**ausgesprochen** Adv.
*distinctly; decidedly; markedly*

| Dieser Hummer schmeckt ausgesprochen seltsam. | *This lobster tastes distinctly odd.* |
|---|---|

**ausländisch** Adj.
*foreign*

**outspoken** /aʊt'spəʊkən || -'spoʊ-/ Adj.
(Kritik[FF]) *schonungslos; unverblümt; ungeschminkt; unverhohlen*; (Person) *direkt, offen*

| | |
|---|---|
| He's an outspoken critic of the government | *Er ist ein schonungsloser Kritiker der Regierung.* |

**outlandish** /aʊt'lændɪʃ/ Adj.
*exotisch; fremdartig*

die **Bagage**, -n
*crowd; crew; lot (of people)*

| die ganze Bagage | *the whole lot (of them)* |
|---|---|

der **Bagger**, -
*(mechanical) digger; (mechanical) excavator*; (Schiff) *dredger*
Da die Aussprache dieses deutschen Wortes mit der des englischen Wortes "bugger" fast identisch ist, soll man es in englischsprachigen Kreisen (außer unter guten Freunden) möglichst nicht aussprechen. Man ist natürlich in einer fremden Sprache geneigt, für ein momentan fehlendes Wort zuerst einmal das deutsche Wort – probeweise – in den Satz einzufügen. Doch bei diesem harmlosen deutschen Wort verursacht der Versuch bei jungen Engländern Belustigung, bei älteren Horror. Unser älterer Sohn schockierte einmal bei einem Besuch in England eine Gruppe von Rentnern, indem er als zweisprachiger Dreijähriger die beiden Sprachen einfach kombinierte und lauthals schrie: "Look at that great big Bagger!" Man soll also folgende Sätze nie in den Mund nehmen: "What's the English for 'Bagger'?" oder "Today I saw a huge … er, … Bagger …" usw., wenn man seiner Zuhörer nicht sehr sicher ist.

**baggern** V. tr.
*to dig; to excavate (with a mechanical digger / excavator)*; (im Meer, in einem Fluss) *to dredge*

**baggage** /ˈbægɪdʒ/ n.

1. (allg., bes. AmE) *(Reise)gepäck* (BrE: luggage)
2. (bei Flugreisen) sowohl AmE als auch BrE *(Reise)gepäck*

| | |
|---|---|
| baggage allowance | *Freigepäck* |
| baggage check | *Gepäckkontrolle*[FF] |
| baggage reclaim | *Gepäckausgabe* |

**bugger** /ˈbʌɡə ‖ -ər/ n. / V. tr.

1. n. (ursprüngliche Bedeutung) *Sodomit*; (seltener) *Päderast*
2. n. (im übertr. Sinne) ein nicht gesellschaftsfähiges Schimpfwort (BrE):

| | |
|---|---|
| You bugger! | *Sie/Du Drecksau/Dreckskerl!* |

3. n. *armer Teufel* (aber nicht gesellschaftsfähig)

| | |
|---|---|
| Look at those poor buggers! | *Schau die armen Teufel an!* |

4. V. tr. *Sodomie begehen mit*

| | |
|---|---|
| There was a young man of St. John's,<br>Who wanted to bugger the swans.<br>"Oh no!" said the porter,<br>"Won't you please take my daughter –<br>The swans are reserved for the dons!" | *Es war einmal ein junger Mann vom St. John's College, der es mit den Schwänen machen wollte.*<br>*„Ach nein!" sagte der Pförtner, „Bitte, nehmen Sie doch meine Tochter – die Schwäne sind für die Dozenten reserviert!"* |

5. V. tr. (übertragen) *zum Teufel mit ...* (aber nicht gesellschaftsfähig)

| | |
|---|---|
| "Where's my hat?" – "Bugger your hat! Let's get a move on!" | *„Wo ist mein Hut?" – „Scheiß auf deinen Hut! Los, weiter!"* |

6. (Ausruf) *Scheiße! Verdammt!* (aber stärker, vulgärer als im Deutschen)

| | |
|---|---|
| Bugger! I've cut my finger! (Auch: Bugger it! – Vgl. 5.) | *Scheiße! Ich habe mich in den Finger geschnitten!* |

Das ungefähre amerikanische Äquivalent "booger" /ˈbʊɡər/, „unangenehmer Mensch", auch „Popel", ist kein „lautlicher" FF. In Großbritannien wird "bugger" (theoretisch) nur von Aristokraten und Arbeitern verwendet – die Mittelschicht flucht offiziell nicht!

**bannen** V. tr.
1. (Gefahr usw. abwenden) *to avert; to ward off*
2. (faszinieren) *to spellbind*

| Die Zuhörer saßen wie gebannt. | *The audience sat spellbound.* |
|---|---|

3. (etwas auf Träger bannen) *to capture*

| Es gelang ihm endlich, die Geburt eines Nilpferds auf Film zu bannen. | *He finally managed to capture the birth of a hippopotamus on film.* |
|---|---|

4. (relig.) *to excommunicate*

die **Baracke**, -n
1. *shack; (wooden) hut*

Eine alte Baracke wurde in einen Jugendtreff umfunktioniert.

*An old shack was transformed into a youth centre.*

*eine Baracke*

2. (tunnelförmig, aus Wellblech) *BrE Nissen hut* (nach dem britischen Erfinder P.N. Nissen); *AmE Quonset hut* (nach Quonset Point, Rhode Island, wo sie in Amerika zuerst hergestellt wurden). Keines dieser beiden Wörter hat den Sprung über den Atlantik geschafft – "Quonset hut" ist in England genauso unbekannt wie "Nissen hut" in Amerika.
3. (Baubaracke) *contractor's hut; building workers' hut*

die **Basis**, **Basen**
1. *base*
   Im konkreten Sinne ein FF – es heißt *base,* wenn es sich z. B. um einen militärischen Stützpunkt, um die unterste Wolkengrenze oder um eine Säulenbasis handelt: *(military) base, cloud base* oder *cloudbase; base of a pillar.*
2. Im abstrakten Sinne, in der Bedeutung „Grundlage", heißt es *basis* oder *foundation.*

**ban** /bæn/ n. / V. tr.
1. n. *Verbot*

| | |
|---|---|
| He demanded a ban on foreign films. | *Er forderte ein Verbot ausländischer[FF] Filme.* |

2. V. tr. *verbieten*

| | |
|---|---|
| The government banned the film.<br>He was banned from entering the country. | *Die Regierung hat den Film verboten.*<br>*Er erhielt Einreiseverbot.* |

*a barracks*

**barracks** /ˈbærəks/ n. (Pl. wie Sing.)
*Kaserne*

| |
|---|
| At the end of the road was an infantry barracks. |
| *Am Ende der Straße stand eine Infanteriekaserne.* |

**barrack** /ˈbærək/ V. tr.
*(einen Schauspieler, Politiker) auspfeifen; ausbuhen*

**basis** /ˈbeɪsɪs/ n.
*Grundlage; Basis* (nur in der Bedeutung „Grundlage“)

| | |
|---|---|
| I refuse to cooperate on that basis. | *Ich weigere mich, auf dieser Grundlage mitzumachen.* |

der **Bastard**, -e

1. (bei Tieren) *cross;* (bei Hunden = „Promenademischung“) *mongrel* /'mʌŋgrəɫ/; (bei Pflanzen) *cross, hybrid*

| | |
|---|---|
| *Mein Hund ist ein Bastard.* | *My dog is a mongrel.* |

(*“My dog is a bastard”* würde heißen „Mein Hund ist ein Scheißvieh“! Vgl. gegenüber, 3.)

2. Wenn aber bei einem Hund die Abstammung des Bastards näher bestimmt wird, heißt es nicht *mongrel* sondern *cross*:

| | |
|---|---|
| Dieser Hund ist ein Bastard zwischen Schäferhund und Pudel. | *This dog is a cross between an Alsatian and a poodle.* |

3. Als intransitives Verb „bastardieren“: (bei Pflanzen und Tieren) *to cross*; (nur bei Tieren) *to miscegenate* /mɪ'sedʒəneɪt/; (nur bei Pflanzen) *to crosspollinate, to hybridise*

| | |
|---|---|
| Japanische Kirschbäume haben eine starke Neigung zum Bastardieren. | *Japanese cherry trees have a strong tendency towards crossing / a strong tendency to hybridise / to crosspollinate.* |

**bedecken** V. tr.

*to cover*; (Himmel) *to cloud over*

| | |
|---|---|
| Das Dach des alten Hauses war ganz mit Efeu bedeckt. | *The roof of the old house was completely covered with ivy* /'aɪvi/. |
| bedeckt (Himmel) | *cloudy* |

das **Beefsteak**, -s

1. deutsches Beefsteak: *fried mincemeat patty*; (kind of) *hamburger*
2. englisches Beefsteak: *beef; beefsteak*

**bastard** /'bɑ:stəd || 'bæstərd/ n. / Adj.
1. n. (ursprüngliche Bedeutung) *uneheliches Kind*

| | |
|---|---|
| Of all his many bastards, Charles II loved the Duke of Monmouth best. | *Von all seinen vielen unehelichen Kindern hatte Charles II. den Herzog von Monmouth am liebsten.* |

2. Adj. (ursprüngliche Bedeutung) *unehelich*

| | |
|---|---|
| Augustus Fitzclarence was a bastard son of William IV. | *Augustus Fitzclarence war ein unehelicher Sohn Williams IV.* |

3. n. (übertragen, Schimpfwort) *Mistkerl; Scheißkerl; Dreckskerl; Drecksau*

| | |
|---|---|
| "Those boys have cut my tyres!" – "The bastards!" | *„Diese Buben haben meine Reifen zerstochen!" – „Diese Mistkerle/Scheißkerle!"* |

Manchmal gibt es kein ganz befriedigendes deutsches Äquivalent:

| | |
|---|---|
| I like all my teachers except Mr Hackett – he's a bastard. | *Ich mag alle meine Lehrer außer Mr Hackett – der ist ein gemeiner Hund.* |

**bedeck** /bɪ'dek/ V. tr. (meist Passiv)
*schmücken; zieren*
Bezieht sich meist auf das Dekorieren eines größeren Objektes, z. B. eines Gebäudes oder Fahrzeugs, durch viele kleine dekorative Elemente (Blumen, Juwelen usw.):

| | |
|---|---|
| The Carnival Queen's float was bedecked with flowers. | *Der Wagen der Karnevalskönigin war über und über mit Blumen geschmückt.* |

**beefsteak** /'bi:fsteɪk/ n.
In allen englischsprachigen Ländern immer ein Stück vom besten Rindfleisch, niemals Hackfleisch. Seit dem BSE-Skandal in Großbritannien besonders populär, da der Preis für britisches Rindfleisch stark gesunken ist.

**befallen** V. tr.

1. (jemanden) befallen (Hunger, Müdigkeit, Fieber): *to strike; to overcome;* (förmlich) *to assail*

| Eine tiefe Müdigkeit befiel sie. | *A profound tiredness overcame her.* |
|---|---|

2. von etwas befallen sein (Krankheit, Schädling): *to be infested / infected / affected by something (illness, pests*[FF]*)*

| Die Wände der Küche sind vom Hausschwamm befallen. | *The walls of the kitchen are infested with dry rot.* |
|---|---|

**bei** Präp.

Nur in Ausdrücken wie „bei Gott“ kann man „bei“ zuverlässig mit *by* übersetzen.

1. Im Sinne von „in der Nähe von“ heißt es *near*:

| Garching bei München | *Garching near Munich* |
|---|---|

2. Da das Englische kein Äquivalent für Ausdrücke wie „bei uns“, „bei mir“ usw. besitzt, übersetzt man von Fall zu Fall mit der beabsichtigten Bedeutung:

| Bei uns fährt man rechts. | *In Germany / In Austria / In Switzerland etc. we drive on the right.* |
|---|---|
| Bei uns gibt's Müsli zum Frühstück. | *(At our house) we have muesli for breakfast.* |

3. Manchmal heißt „bei“ soviel wie „wenn etwas der Fall ist“; dann muss man das entsprechend formulieren:

| Vorsicht bei offenen Türen! | *Take care when doors are open.* |
|---|---|

4. Die typische deutsche Wendung „Bei diesem … handelt[FF] es sich um …“ heißt normalerweise schlicht *This is a …*

| Bei dieser Statue handelt es sich um eine schlechte römische Kopie eines griechischen Originals. | *This statue is a bad Roman copy of a Greek original.* |
|---|---|
| bei diesem Wetter / bei Regen | *in this weather / in rain / if it's raining* |

**befall** /bɪ'fɔːɫ || -'fɒːɫ/ V. tr.
*(jemandem) widerfahren; (jemandem) passieren; aus jemandem werden* (förmlich, nur 3. Person Singular)

| | |
|---|---|
| The climbers were unprepared for the disaster which befell them when the weather changed. | *Die Bergsteiger waren auf die Katastrophe nicht vorbereitet, die über sie hereinbrach, als das Wetter umschlug.* |
| He was seen in Vienna in 1956; what befell him after that is unknown. | *Er wurde 1956 in Wien gesehen; was danach aus ihm wurde, ist unbekannt.* |

**by** /baɪ/ Präp.
1. *neben; an*

| | |
|---|---|
| He lives by the church. | *Er wohnt neben der Kirche.* |

2. *durch; von*

| | |
|---|---|
| Theo was hit by a snowball. | *Theo wurde von einem Schneeball getroffen.* |

3. (by ... ing) *indem* + Verb

| | |
|---|---|
| She opened the jar by jamming it in the door. | *Sie öffnete das Glas, indem sie es in die Tür klemmte.* |

4. *bei* (mit Ausrufen)

| | |
|---|---|
| By God! | *Bei Gott!* |

**bekommen** V. tr.
*to get*; (förml.) *to receive*

| | |
|---|---|
| Zum 11. Geburtstag bekam ich ein Fahrrad. | *For my 11th birthday I got / was given a bicycle.* |

In manchen Kollokationen steht häufiger *have*:

| | |
|---|---|
| Als Theo Pink seinen Bankauszug sah, bekam er einen Schock. | *When Theo Pink saw his bank statement, he had a shock. (…, he got / received a shock.)* |
| Vor ein paar Tagen bekam ich einen Brief von Bill. | *The other day I had a letter from Bill. (… I got / received a letter …)* |

In solchen Fällen ist *have* neutral, *get* umgangssprachlich und *receive* sehr förmlich bzw. beim Sprechen ironisch oder scherzhaft.

| | |
|---|---|
| ein Kind bekommen | *to have a baby* |
| Sie bekam ihr Kind im Taxi. | *She had her baby in the taxi.* |
| ein Kind erwarten | *to be expecting a baby* |
| „Ich bekomme wieder ein Kind!" rief Gertrude. | *"I'm expecting another baby!" shouted Gertrude.* |

Das Adjektiv „bekömmlich" bedeutet *good for you.*

| | |
|---|---|
| Zu viel Muskat ist nicht bekömmlich. | *Too much nutmeg isn't good for you.* |

das **Benzin**, -e
BrE *petrol*; AmE *gasoline, "gas"*
Wenn eindeutig von Autos die Rede ist, sagt man im britischen wie im amerikanischen Englisch häufig einfach *fuel* (= Treibstoff):

| | |
|---|---|
| Benzinpumpe | *fuel pump*; BrE *petrol pump;* AmE *gasoline pump* |

In verschiedenen technischen Bedeutungen heißt „Benzin" auch *benzine* (= Leichtbenzin), *benzyne, white spirit, naphtha*, u. a.

**become** /bɪ'kʌm/ V. intr.

1. *werden* (in der Regel nur vor Substantiven gebräuchlich)

| | |
|---|---|
| He became a doctor. | *Er wurde Arzt.* |
| Churchill became Prime Minister in 1940. | *Churchill wurde 1940 Premierminister.* |

Auch vor wenigen Adjektiven wird es im geschriebenen Englisch so benützt:

| | |
|---|---|
| He became aware of a curious smell in the room. | *Er bemerkte einen seltsamen Geruch im Zimmer.* |

Vor Adjektiven des körperlichen Befindens wirkt es im geschriebenen Englisch äußerst förmlich und wird im gesprochenen Englisch in dieser Bedeutung gar nicht benützt:

| | |
|---|---|
| Mr Pickwick became somewhat agitated. | *Mr Pickwick wurde etwas unruhig.* |

2. *jemanden kleiden; jemandem (gut usw.) stehen; passen für jemanden*
Hier wirkt "become" sehr förmlich und / oder altmodisch:

| | |
|---|---|
| That hat becomes you, Esmeralda. | *Der Hut kleidet dich, Esmeralda.* |
| Modesty is very becoming, but you get further without it. | *Bescheidenheit ist eine Zier, doch weiter kommt man ohne ihr.* |

3. Als Adjektiv (altmodisch) "becoming": *geziemend*

**benzene** /'benzi:n/ n.
*Benzol*
Bei den meisten chemischen Verbindungen gibt es international einheitliche Bezeichnungen. So heißt bei neu entdeckten Verbindungen die deutsche Endung „-in“ auf Englisch "-ene", und das deutsche "-ol" heißt auf Englisch "-ol". Es gibt jedoch eine Reihe älterer Namen, sogenannte "trivial names", deutsch „Trivialnamen“, bei denen das Verhältnis der Endungen genau umgekehrt ist und die nur deswegen in Gebrauch bleiben, weil sie fest etabliert sind, so z. B.:

| deutsch -in, englisch *-ol:* | | deutsch -ol, englisch *-ene:* | |
|---|---|---|---|
| Cholesterin | *cholesterol* | Nitrobenzol | *nitrobenzene* |
| Tachysterin | *tachysterol* | Polystyrol | *polystyrene* |
| Zymosterin | *zymosterol* | Toluol | *toluene* |

**beraten** V.tr. / V. intr.

1. V. tr. *to advise; to give (someone) advice*

| | |
|---|---|
| Seine Mutter hatte ihn gut beraten, als sie ihm von der Heirat mit Brünhilde abriet. | *His mother had given him some sound advice in advising him against marrying Brünhilde.* |

2. V. intr. *to discuss; to meet (for discussions)*

| | |
|---|---|
| Heute berät der Bundestag über die Bezüge der Minister. | *Today the Bundestag will be discussing Ministers' salaries.* |

**besiegen** V. tr.

*to defeat*

| | |
|---|---|
| *1683 besiegten die Österreicher die Türken vor Wien.* | *In 1683 the Austrians defeated the Turks outside Vienna.* |

die **Beule**, -n

1. (nach außen gewölbt) *lump; bump*

| | |
|---|---|
| Er hatte eine Beule an der Stirn, wo Theos Bierflasche ihn getroffen hatte. | *He had a lump / bump on his forehead where Theo's beer bottle had hit him.* |

2. (nach innen gewölbt, bei Auto usw., = Delle) *dent*

die **Billion**, -en

BrE (früher) *a billion*; AmE *a trillion*

Zwar wird im britischen Englisch, unter amerikanischem Einfluss, die alte Bedeutung von "billion" immer seltener; um Verwirrung zu vermeiden, wird aber in Radiosendungen der beiden Länder, die für das Ausland bestimmt sind (BBC World Service, Voice of America), das Wort "billion" oft vermieden; stattdessen verwenden beide Länder die sonst ungebräuchliche Bezeichnung "a million million", und für „eine Milliarde" die sonst nur im britischen Englisch übliche Bezeichnung "a thousand million".

**berate** /bɪ'reɪt/ V. tr.
(polit.) *in scharfen Worten vorwerfen; attackieren*; (allg.) *schelten; (jmdn) schimpfen*

| | |
|---|---|
| The Speaker of the Senate berated the President for neglecting America's vital interests. | *Der Sprecher des Senats warf dem Präsidenten in scharfen Worten vor, er habe die zentralen Interessen Amerikas vernachlässigt.* |

*Berate* ist förmlich aber nicht altmodisch, im Gegensatz zum eher altmodischen deutschen „schelten" und dem leicht veralteten englischen "scold". "Scold" wird meist auf Kinder bezogen und wäre in diesem Beispiel nicht möglich. Umgangssprachlicher sind "to tell someone off for …", bzw. deutsch *schimpfen.*

**besiege** /bɪ'si:dʒ/ V. tr.
*belagern*

| | |
|---|---|
| The Turks besieged the Austrians in Vienna in 1683. | *1683 belagerten die Türken die Österreicher in Wien.* |

**boil** /bɔɪɫ/ n.
*Furunkel*

| | |
|---|---|
| He had a boil on his forehead. | *Er hatte einen Furunkel auf der Stirn.* |

**billion** /'bɪljən/ n.
BrE (früher) *eine Billion* (1 000 000 000 000);
AmE *eine Milliarde* (1 000 000 000)
Im Zuge des Wirtschaftswachstums und der fortschreitenden Inflation setzt sich die Bedeutung „eine Milliarde" immer mehr durch. Das Wort "milliard" /'mɪljəd/ existiert zwar, wird aber nicht benützt, weil es so klingt, als wolle man mit einem Schnupfen "million" sagen. Wenn von Dollar oder Pfund die Rede ist, bezeichnet "billion" immer eine Milliarde; der britische "Daily Telegraph" benützt "billion" seit 1982 ausschließlich in dieser Bedeutung, und alle anderen britischen Zeitungen haben diesen Gebrauch mittlerweile übernommen.

das / der **Biskuit**, – oder -e
*sponge; sponge cake* / 'spʌndʒ keɪk/

| | |
|---|---|
| Für diese Torte[FF] brauchen Sie einen Tortenboden aus einfachem Biskuit. | *For this cake (gateau, flan) you need a cake base of ordinary sponge (sponge cake).* |
| Biskuitteig | *sponge (cake) mixture* |

**blamabel** Adj.
*embarrassing*; (stärker) *humiliating; disgraceful*

| | |
|---|---|
| Die Tories erlitten durch Tony Blair eine blamable Niederlage. | *The Tories suffered a humiliating defeat at the hands of Tony Blair.* |

**blamieren** V. tr. / V. refl.
1. V. tr. *to embarrass someone (in front of someone); to make a fool of someone*

| | |
|---|---|
| Mit deinem Herumblödeln hast du mich ja ganz schön vor all den Leuten blamiert, Theo! | *You really embarrassed me in front of all those people with your fooling about, Theo!* |
| Für alle Untergebenen heißt die oberste Devise: Den Chef[FF] niemals blamieren. | *For all subordinates the most important rule is never make a fool of the boss.* |

2. V. refl. *to make a fool of oneself* (sich blamieren)

| | |
|---|---|
| Theo Pink hat sich auf der Party furchtbar blamiert – er war sturzbesoffen und machte der Gastgeberin einen Heiratsantrag. | *Theo Pink made an awful fool of himself at the party – he got blind drunk and proposed to the hostess[FF].* |

**biscuit** /ˈbɪskɪt/ n.

1. BrE *Keks, Plätzchen*
2. AmE *kleines, festes Brötchen*
   "Biscuit" ist also nicht nur ein Falscher Freund zwischen Englisch und Deutsch, sondern auch zwischen britischem und amerikanischem Englisch. BrE "biscuit" entspricht im AmE "cookie" (obwohl "cookie" im BrE immer bekannter wird); "biscuit" ist für einen Amerikaner das, was ein Engländer "scone" nennt (/skɒn/ oder /skəʊn/).

| | |
|---|---|
| to take the biscuit (BrE ugs.) | *der Gipfel (an Frechheit) sein; das Letzte sein* |

**blamable** /ˈbleɪməbł/ Adj.
*sträflich; tadelnswert*
Veraltet; heutzutage üblicher sind "culpable" und "blameworthy", die zwar förmlich, aber nicht altmodisch sind.

**blame** /bleɪm/ n. / V. tr.

1. n. *Schuld*

| | |
|---|---|
| Theo took the blame for the disaster. | *Theo nahm die Schuld an der Katastrophe auf sich.* |

2. V. tr. *(jemandem) die Schuld geben; (jemandem) die Schuld in die Schuhe schieben*

| | |
|---|---|
| Sprichwort: A bad workman blames his tools. | *Ein schlechter Handwerker schiebt die Schuld aufs Werkzeug.* |
| We all blamed Theo for the disaster. / We all blamed the disaster on Theo. | *Wir alle gaben Theo die Schuld an der Katastrophe.* |
| to have only oneself to blame | *selber schuld sein* |
| Well, Doris, if you insist on marrying a sailor, you have only yourself to blame. | *Also, Doris, wenn du unbedingt einen Matrosen heiraten musst, bist du selber schuld.* |

**blank** Adj.
*shiny; shining; bright; clean*

| | |
|---|---|
| Die Türgriffe waren blank wie Silber. | *The door-handles were as bright as silver.* |
| blitzblank | *sparkling bright, sparkling clean* |
| Ich bin blank (= pleite). | *I'm broke / stony broke* |

**blauäugig** Adj.
1. (naiv) *naive* /naɪ'i:v/

| | |
|---|---|
| Wenn du meinst, dass er dich aus Liebe heiratet, bist du ganz schön blauäugig. | *If you think he's marrying you for love, you're being pretty naive.* |

2. (mit blauen Augen) *blue-eyed*

**blenden** V. tr.
1. (durch Helligkeit) *to dazzle*
2. (täuschen) *to deceive*
3. (Augenlicht zerstören) *to blind*

**blendend** Adj. / Adv.
(Licht) *dazzling;* (Plan usw.) *brilliant*; (bei Menschen) *(looking) great*

| | |
|---|---|
| Das ist eine blendende Idee! | *That's a brilliant idea!* |
| Du schaust blendend aus, Theo! | *You look great, Theo!* |

**blank** /blæŋk/ Adj. / n.
1. Adj. *unbeschrieben; leer*

| a blank sheet of paper | *ein leeres Blatt* |
|---|---|

2. Adj. *verständnislos; ausdruckslos*

| He looked at me blankly. | *Er schaute mich verständnislos an.* |
|---|---|

3. n. (Mil.) *Platzpatrone*; (Stahlindustrie) *Rohling*
4. n. (bes. AmE) *unausgefülltes Formular*[FF]

**blue-eyed** /ˌbluː ˈaɪd/ Adj.
1. (blue-eyed boy) *(gehätschelter) Schützling; Liebling; Star*

| Until his disgrace, he was the Prime Minister's blue-eyed boy. | *Bis er in Ungnade fiel, war er der besondere Schützling des Premierministers.* |
|---|---|
| Two months after his election victory, Tony Blair was still the blue-eyed boy of the Labour Party. | *Zwei Monate nach seinem Wahlsieg war Tony Blair immer noch der Liebling/Star der Labour-Partei.* |

2. (mit blauen Augen) *blauäugig*

**blend** /blend/ V. tr. / V. intr. / n.
1. V. tr. *vermengen, (ver)mischen*
2. V. intr. *verschmelzen*
3. n. *Mischung*

**blinken** V. intr.
*to flash; to twinkle; to signal*

| | |
|---|---|
| ein blinkendes Lichtsignal | *a flashing light; a flashing signal light* |
| Die Fixsterne blinken, die Planeten blinken nicht | *The stars twinkle but the planets do not.* |
| (Auto) rechts / links blinken | *to signal / indicate right / left* |
| Sie blinkte zwar links, bog aber nach rechts ab. | *She was signalling / indicating left, but turned off to the right.* |
| (Auto) Warnblinkanlage | *hazard warning lights* |

der **Blinker**, -
1. (beim Auto) *indicator; winker*[FF] (altmod.); *flasher;* (offiziell) *direction indicator (light);* (selten) *blinker*

Vati, du hast deinen Blinker noch an!

*Daddy, you're still flashing / winking*[FF]*! /*
*Daddy, you've still got your indicator / flasher / winker*[FF] *on!*

*ein Blinker*

2. (im Angelsport) *spoon*

**blink** /blɪŋk/ V. tr. / V. intr.

1. V. tr., V. intr. *zwinkern; blinzeln*

   Aber nur, wenn man beide Augen kurz schließt! Wenn man die Augen nur zusammenkneift, heißt es "to squint" (was auch „schielen" bedeuten kann), oder "to screw up one's eyes". Wenn man jemandem mit einem Auge zublinzelt, heißt es "to wink^FF".

| | |
|---|---|
| Barney Jackson blinked in the bright light of the policeman's torch. | *Barney Jackson blinzelte im grellen Licht der Taschenlampe des Polizisten.* |

   "She blinked at me" bedeutet: *Sie schaute mich an und machte beide Augen auf und zu.* Es kann einmal oder öfter sein, und alle möglichen Gründe haben – Nervosität, Überraschung, Schrecken, Tränen usw. Man müsste das bei einer Übersetzung vom Kontext her berücksichtigen, z. B. *Sie blinzelte mich nervös an; Sie zwinkerte, um die Tränen zurückzuhalten* usw.

2. Adj. "blinking" (BrE ugs.): *verflixt* (Euphemismus für "bloody^FF")

| | |
|---|---|
| I've lost the blinking hammer. | *Ich habe den verflixten Hammer verloren.* |
| a blinking idiot | *ein Vollidiot* |

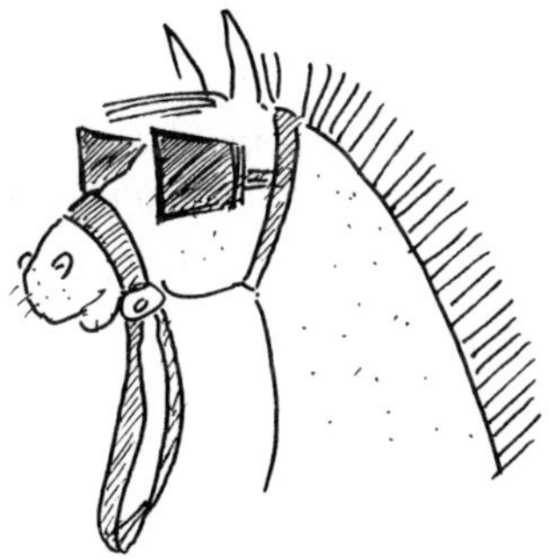

*blinkers*

**blinker** /ˈblɪŋkə ‖ -ər/ n., meist Pl.

1. BrE *Scheuklappe*

| |
|---|
| You can tell the favourite easily – it's the only horse wearing blinkers. (AmE blinders /ˈblaɪndərz/) |
| *Den Favoriten können Sie leicht erkennen – es ist das einzige Pferd mit Scheuklappen.* |

2. (selten) Synonym für "winker^FF"

der **Blitz**, -e

1. *lightning* (unzählbar; Pl.: *flashes of lightning*); *flash*

| | |
|---|---|
| Die alte Windmühle wurde vom Blitz getroffen und brannte nieder. | *The old windmill was struck by lightning and burnt to the ground.* |
| Am westlichen Horizont zuckten gelbliche Blitze. | *Yellowish flashes of lightning flickered on the western horizon.* |
| Blitzableiter | *lightning conductor* |
| Kugelblitz | *ball lightning* |

2. In der Fotografie:

| | |
|---|---|
| Blitz(gerät) | *flash; flashgun* |

3. In Verbindung mit dem Adjektiv „blitzblank“: *spick and span*

das **Blockhaus**, ¨-er

1. *a log cabin; log hut* (z. B. in Amerika, Kanada)

| | |
|---|---|
| Der Trapper wohnte in einem einfachen Blockhaus, das er mit eigenen Händen gebaut hatte. | *The trapper lived in a simple log cabin that he had built with his own hands.* |

2. (seltener) *a log-built house; a log-built chalet* / 'ʃæleɪ/

**blitz**, **Blitz** /blɪts/ n. / V. tr.

1. n. *die Bombenangriffe auf London* (und andere britische Städte), hauptsächlich im Jahre 1940 (Abkürzung von „Blitzkrieg")

| | |
|---|---|
| Miraculously St Paul's Cathedral survived the Blitz / blitz. | *Wie durch ein Wunder überstand die St.-Pauls-Kathedrale die Bombenangriffe.* |

2. V. tr. *in einem Bombenangriff zerstören* (fast immer im Passiv)

| | |
|---|---|
| St Clement Danes was blitzed on 10th May 1941. | *(Die Londoner Kirche) St. Clement Danes wurde am 10. Mai 1941 von Bomben zerstört.* |

3. n. (übertragen) "to have a blitz on something": *etwas energisch in Angriff nehmen; sich auf eine Arbeit stürzen*

| | |
|---|---|
| I still haven't written that article, but if I have a real blitz on it over the weekend, I'll have it finished by Monday. | *Ich habe den Artikel immer noch nicht geschrieben, aber wenn ich mich am Wochenende ordentlich reinhänge, werde ich ihn bis Montag fertig haben.* |

**blockhouse** /ˈblɒkhaʊs ‖ ˈblɑːk-/ n.

Seit dem Zweiten Weltkrieg ein *Beobachtungsbunker,* z. B. zur Beobachtung einer Explosion, oder ein *Verteidigungsbunker,* z. B. mit Schießscharten (shooting slits, loopholes).

| | |
|---|---|
| The Maginot Line consisted of a row of blockhouses with connecting tunnels. | *Die Maginot-Linie bestand aus einer Reihe von Verteidigungsbunkern mit Verbindungstunnels.* |

In älteren Texten *ein kleines Fort* aus behauenen Stämmen oder Steinen, z. B. im amerikanischen Westen oder in Südafrika während des Burenkrieges. "Block" hat hier nichts mit Blöcken zu tun; es war ursprünglich ein "blocking house", das den Anmarsch des Feindes blockieren sollte. Als „Blockhaus" im deutschen Sinne wird das Wort nicht mehr verstanden.

**blutig** Adj.

1. In gewissen Redewendungen: *a complete / absolute / raw beginner;* sonst auch: *deadly; awful; ghastly*

| | |
|---|---|
| Dieses Handbuch ist nicht für blutige Anfänger gedacht. | *This manual is not intended for complete beginners.* |

(Aufpassen: "Bloody beginners" wären „Scheißanfänger"!)

| | |
|---|---|
| Es war sein blutiger Ernst. | *He was deadly serious.* |
| eine blutige Schinderei | *an awful grind / a deadly chore* |
| Wir mussten das ganze Feld umgraben – bei 35 Grad im Schatten eine blutige Schinderei. | *We had to dig the whole field over – a ghastly chore at 95 degrees in the shade.* |

2. (im buchstäblichen Sinne) *bloody*, aber mit Vorsicht zu übersetzen!

| | |
|---|---|
| Dieses Steak ist ja innen noch blutig! | *This steak's raw in the middle!* |
| das blutige Mittelalter | *the bloodstained Middle Ages* |

"Bloody" wäre in beiden Fällen theoretisch möglich; viele Engländer aber vermeiden das Wort auch in seinem buchstäblichen Sinne, um nicht in den Verdacht des Fluchens zu kommen.

der **Boiler**, -

*(domestic) water heater*

| | |
|---|---|
| Warmwasserboiler (= Behälter) | *hot water tank* |

das **Bollwerk**, -e

1. (Kai, Anlegeplatz) *quay* /ki:/; *quayside* /'ki:saɪd/

| | |
|---|---|
| Die kleinen Logger[FF] dümpelten am Bollwerk. | *The little luggers bobbed at the quayside.* |

2. (Festung, auch übertragen, Bastion) *bulwark*

| | |
|---|---|
| Jahrelang war Westberlin das wichtigste Bollwerk des Westens gegen den Kommunismus. | *For years West Berlin was the West's main bulwark against Communism.* |

**bloody** /'blʌdi/ Adj. / Adv.

1. (nicht in USA, Kanada) Ein starkes, nicht gesellschaftsfähiges Schimpfwort, ungefähr: *verdammt; Scheiß- …* (keine genaue deutsche Entsprechung). In Australien besonders häufig, in England generell von der Mittelklasse vermieden.

| | |
|---|---|
| He's a bloody idiot. | *Er ist ein verdammter Idiot.* |
| "How was Rome?" – "Awful! Full of bloody tourists!" | *„Wie war Rom?" – „Schrecklich! lauter blöde Touristen!"* |
| What a bloody nuisance! | *Verdammter Mist!* |
| The weather was bloody awful. | *Wir hatten ein richtiges Sauwetter.* |

Häufige Euphemismen für "bloody" sind "ruddy" (stark) und "blooming" (viel schwächer, aber auch seltener). In den USA und Kanada wird "bloody" nur im buchstäblichen Sinne verwendet, also nicht als Schimpfwort. "Goddam" wäre das nächste amerikanische Äquivalent.

2. (im buchstäblichen Sinne) *blutig; blutüberströmt*

| | |
|---|---|
| Bill successfully fought the two men off, giving one a black eye and the other a bloody nose. | *Bill konnte die zwei Männer in die Flucht schlagen; er verpasste dem einen ein blaues Auge, dem anderen eine blutige Nase.* |

**boiler** /'bɔɪlə || -lər/ n.

*Kessel*

"Boiler" bezieht sich sowohl auf Kessel von Lokomotiven, Schiffen, dampfgetriebenen Modellen usw. als auch auf Heizkessel, aber nicht auf Teekessel und andere Kleingeräte zur Wassererwärmung. „Teekessel" heißt *kettle*, unabdingbare Grundausstattung jedes englischen Haushaltes.

**bulwark** /'bʊłwək || -wərk/ n.

1. meist Pl. (Schiff): *Seitenwände oberhalb des Oberdecks*

| | |
|---|---|
| bulwarks | *Schanzkleid* |

2. (übertragen) *Bollwerk* (der Demokratie usw.)

**bombardieren** V. tr.
1. *to bomb*

| | |
|---|---|
| München wurde zum ersten Mal am 4.6.1940 bombardiert. | *Munich was bombed for the first time on 4 June 1940.* |

2. (Mil., veraltet für „beschießen") *to bombard*
3. (im übertragenen Sinne) *to bombard (someone with something)*

| | |
|---|---|
| Die Demonstranten bombardierten den Kanzler mit Eiern. | *The demonstrators bombarded the Chancellor with eggs.* |

die **Box**, -en
1. (Musikanlage) *loudspeaker; speaker*

Du, Peter, komm heute Nachmittag zu mir und hör dir meine neuen Boxen an!

*Hey, Peter, come round to my place this afternoon and listen to my new speakers!*

*eine Box*

2. Pferdebox: *stall*FF *(for a horse); box (for a horse)* – nicht jedoch "horse-box"!
3. (Motorsport) die Boxen: *the pits*

| | |
|---|---|
| Nach der zweiten Runde musste der Weltmeister zum Reifenwechseln an die Boxen. | *After the second lap the world champion had to make a pitstop to change tyres / had to stop at the pits to change tyres.* |

4. (selten, meist in Gebrauchsartikelbezeichnungen) *box*, z. B. in „Kühlbox" *a portable ice-box*, „Skibox" *special box for skis*

die **Branche**, -n
*line of business; trade*

| | |
|---|---|
| In meiner Branche habe ich wenig mit Schrottautos zu tun.<br>Er ist in der Textilbranche tätig. | *In my line of business I don't see many scrap cars.*<br>*He works in the textile trade.* |

**bombard** /bɒm'bɑ:d || bɑ:m'bɑ:rd/ V. tr.
1. *beschießen*

| | |
|---|---|
| The German High Seas Fleet bombarded Scarborough in 1914. | *1914 beschoss die deutsche Hochseeflotte Scarborough.* |

2. *bewerfen; bombardieren*

| | |
|---|---|
| to bombard (s.o. with things, questions, etc.) | *(jemanden mit Gegenständen, Fragen usw.) bewerfen/bombardieren* |

**box** /bɒks || bɑ:ks/ n. / V. tr.
1. n. *Kasten; Kiste; Schachtel; Futteral; Büchse*

| | |
|---|---|
| toolbox | *Werkzeugkasten* |
| money-box | *Sparbüchse* |
| collecting box | *Sammelbüchse* |
| witness-box (BrE jur.) | *Zeugenstand* |
| horse-box | *Pferdetransporter* (Anhänger, auch Lastwagen oder Eisenbahnwaggon) |

2. V. tr. / V. intr. *boxen*

*a box*

**branch** /brɑ:ntʃ || bræntʃ/ n. / V. tr.
1. n. (of a tree etc.) *Ast* (eines Baumes usw.).
2. n. (of a firm etc.) *Filiale; Zweigstelle* (einer Firma usw.)
3. V. intr. *abzweigen; sich verzweigen* (Straße, Fluss usw.)

**brav** Adj.
1. *good; well-behaved* (of children)

| | |
|---|---|
| Sei brav!<br>Braver Bub! | *Be good!*<br>*Good boy!* |

2. (selten, altmod. = tapfer) *brave, courageous* / kə'reɪdʒəs/
„Brav“ und “brave” haben sich in leicht verschiedenen Richtungen entwickelt – beide gehen zurück auf das lateinische “barbarus” – „fremd“, „wild“!

**bringen** V. tr.
1. *to bring* oder *to take*
Das entscheidende Unterscheidungskriterium im Englischen ist die Richtung zusammen mit dem Ziel. Im Allgemeinen reicht folgende Unterscheidung: Wenn etwas (a) zum Sprecher hin oder (b) durch den Sprecher zum Gesprächspartner gebracht wird: *to bring*. Wenn aber etwas (c) vom Sprecher weg oder (d) durch den Sprecher an einen anderen Ort (nicht zum Gesprächspartner!) gebracht wird: *to take*.

| | |
|---|---|
| (a) Rosi hat mir Erdbeeren gebracht. | *Rosi brought me some strawberries.* |
| (b) Ich bringe dir einige Trauben. | *I'll bring you some grapes.* |
| (c) Bitte, bring die Kartoffeln in den Keller. | *Take the potatoes down in the cellar, would you, please.* |
| (d) Komm, ich bringe dich zum Bahnhof! | *Come on, I'll take you to the station!* |

2. (in der Bedeutung „senden“[FF]) *to show* (Fernsehen); *to broaadcast* (Radio)

| | |
|---|---|
| Von 13 bis 17 Uhr bringen wir die Bundestagsdebatte. | *From 1 o'clock till 5 we'll be showing the Bundestag debate.* |

Die Übersetzung “bring” ist im Radio und Fernsehen nur mit dem persönlichen Objekt “you” möglich:

| | |
|---|---|
| Um 16 Uhr bringen wir (Ihnen) den neuesten Stand der Debatte. | *At 4 o'clock we'll be bringing you the latest news of the debate.* |

3. jemanden dazu bringen, etwas zu tun: *to get someone to do something; to make someone do something*

4. Redewendung:

| | |
|---|---|
| Das bringt mich auf die Palme. | (bes. BrE) *That drives me round the bend. / That drives me up the wall.* (bes. AmE) *That drives me crazy / nuts.* |

**brave** /breɪv/ Adj. / n.

1. Adj. *tapfer; mutig*

| | |
|---|---|
| Be brave and take your medicine! | *Sei tapfer und nimm deine Medizin!* |
| Fortune favours the brave. (Sprichwort) | *Dem Mutigen gehört die Welt.* |

2. n. "a brave": *ein (indianischer) Krieger*

| | |
|---|---|
| Big Chief Sitting Bull sat surrounded by his braves. | *Der große Häuptling Sitting Bull saß umringt von seinen Kriegern.* |

**bring** /brɪŋ/ V. tr.

*bringen; mitbringen*

Dies ist einer der Fälle, in denen die Fehlergefahr ganz einseitig verteilt ist. Vom Deutschen ins Englische muss man aufpassen, vom Englischen ins Deutsche gibt es aber eine beinahe problemlose Wort-für-Wort-Übersetzung, also "bring" = „bringen", da das breitere Bedeutungsspektrum von „bringen" die Bedeutung von "bring" beinhaltet.

Das gilt natürlich nur bedingt für idiomatische Wendungen, die ja nur selten wörtlich übersetzt werden können. Redewendungen:

| | |
|---|---|
| He was brought to book / account for his misdeeds. | *Er wurde wegen seiner Missetaten zur Rechenschaft gezogen.* |
| Could you bring your influence to bear with the boss to let me have a couple more days' holiday? | *Könntest du deinen Einfluss beim Chef[FF] nutzen, damit er mir noch ein paar Tage Urlaub gibt?* |
| Theo's rendering of "La donna è mobile" really brought the house down! | *Theos Darbietung von „La donna è mobile" war ein Bombenerfolg!* |
| No charges were brought against him. | *Gegen ihn wurde keine Anzeige erstattet. / Er wurde nicht angeklagt.* |
| (BrE) Strawberries bring me out in spots/in a rash. | *Von Erdbeeren kriege ich einen Ausschlag.* |

der **Broiler**, -
(bes. ehemalige DDR) *a broiler (chicken)*
In der Richtung Deutsch – Englisch ist „Broiler“ kein FF.

die **Brühe**, -n
1. (Fleisch-, Gemüsebrühe) *(meat, vegetable) broth* / brɒθ/
2. (dünner Kaffee, Tee usw.) *dishwater*
   “Dishwater” (= Abwaschwasser) ist jedoch vielleicht etwas umgangssprachlicher als „Brühe“ und wird nicht mit beschreibenden Adjektiven benützt (wie z. B. *“weak”*, *“thin”* usw.), sondern nur mit verstärkenden:

| | |
|---|---|
| Erwartest du wirklich, dass ich diesen Kaffee trinke? Das ist ja eine sehr schwache Brühe! | *D'you really expect me to drink this coffee? It's absolute dishwater!* |

3. (schmutziges Wasser) *soup*
   Meist aber wird „Brühe“ adjektivisch mit “soupy” übersetzt:

| | |
|---|---|
| Die braune Brühe des Flusswassers schwappte durch das Fenster herein. | *The soupy brown water of the river sloshed in through the window.* |

das **Bullauge**, -n
*(ship's) porthole*

*ein Bullauge*

**broiler** /'brɔɪlə || -lər/ n.

1. AmE *Grill, Grillaufsatz* (eines Ofens, Gartengrills usw.) (BrE: grill, gridiron)
2. (AmE ugs.) "a broiler": *ein kochend heißer Tag* (BrE: a scorcher)
3. (Huhn) *Broiler*

**brew** /bru:/ n. / V. tr.

1. n. *Gebräu*
   *Brew* ist aber meist nicht so negativ wie „Gebräu" und muss daher oft anders übersetzt werden:

| | |
|---|---|
| Captain Cook's crew made themselves a refreshing brew from the leaves of a tree which they afterwards called the "tea tree". | *Kapitän Cooks Mannschaft braute ein erfrischendes Getränk aus den Blättern eines Baumes, den sie dann „Teebaum" nannten.* |

2. V. tr. (Bier) *brauen;* (Tee) *kochen*
   "to brew up" (BrE): *Tee kochen*

| | |
|---|---|
| We generally brew up about five o'clock. | *Den Tee machen wir meistens gegen fünf Uhr.* |

3. (übertragen) to be brewing: *sich zusammenbrauen*

| | |
|---|---|
| There's trouble brewing at the factory. | *In der Fabrik braut sich was zusammen.* |

**bull's-eye** /'bʊłzaɪ/ n.

1. (Bogenschießen; auch: **bull**) *das Schwarze, das Zentrum*

| | |
|---|---|
| to hit the bull's-eye<br>(Ausruf) Bull's-eye! | *ins Schwarze treffen*<br>*Getroffen!* |

2. (BrE) *große, runde, harte schwarz-weiße Pfefferminzbonbons* (kein genaues deutsches Äquivalent)
3. (selten, veraltet) *Bullauge*

*a bull's-eye*

die **Butterbohnen** Pl.

1. (auf Speisekarten) *runner beans*
   Genaugenommen "tender stringless runner beans boiled and tossed in butter". Während in englischsprachigen Ländern "butter beans" lediglich eine Bohnenart sind, sind Butterbohnen in Deutschland in erster Linie ein fertiges Gericht. Die Bohnen für dieses Gericht heißen auf Englisch "runner beans" oder "French beans". In England werden sie meist einfach in Salzwasser gekocht und dann gegessen (ohne Butter!); manchmal gibt es einen Klecks dicker weißer Soße darauf, die nach wenig schmeckt.
2. Als Bohnenart sind „Butterbohnen" Bohnen mit gelben Hülsen – *golden beans* oder *waxpod beans* – oder (sehr selten) die fettreichen Samen der Pflanze *Vateria indica*, die zur Herstellung von verschiedenen Ölen und Fetten verwendet werden.

**butter beans** /'bʌtə bi:nz || 'bʌtər-/ n., Pl.

1. *große, flache, getrocknete weiße Bohnenkerne*
   Diese mehlig schmeckenden Bohnen werden heutzutage seltener gegessen als etwa vor 20 Jahren; sie sind vielen Engländern in unliebsamer Erinnerung als häufiges Gemüse bei "school dinners", d. h. beim Mittagessen, das in den meisten englischen Schulen serviert wird, und nicht einmal für englische Gaumen einen kulinarischen Höhepunkt darstellt.
2. (viel seltener) *eine Bohnenart mit fast weißen Schoten*

der **Caravan**, -s

1. verlängerter PKW (Kombiwagen): BrE *estate car*; AmE *station wagon* Die deutsche Bezeichnung „Caravan“ war ursprünglich ein Markenzeichen diverser Autohersteller für diese PKWs mit verlängerter Karosserie und Heckklappe; mittlerweile hat sich der Ausdruck verallgemeinert.
2. (Wohnwagen) BrE *caravan*; AmE *trailer*

*ein Caravan*

**charakterlos** Adj.

Es gibt kein einfaches Äquivalent; man muss sagen *of no principles, have no principles, be without / devoid of principles.*

| | |
|---|---|
| Also, ich finde, Theo ist ein völlig charakterloser Mensch. | *Well, I think Theo is completely without principles.* |

das **Charivari**, -s

1. (Katzenmusik) *caterwauling* /ˈkætəwɔːlɪŋ ǁ -tərwɒːlɪŋ/
2. (Durcheinander) *mess; muddle; confusion; mix-up*
3. (bayerische Tracht: Bauchkette meist für Männer, mit diversen Anhängseln wie Münzen, Wildschweinzähne u. ä.) *decorative Bavarian chain with pendants*[FF]

**checken** V. tr.

1. (Slang, = verstehen) *to get*

| | |
|---|---|
| Checkst du’s immer noch nicht? | *D’you still not get it?* |

2. (überprüfen) *to check*

Einige englische Wörter mit "**c-**" findet man gegenüber ihren deutschen Pendants[FF] mit "**k-**".

*a caravan*

**caravan** /'kærəvæn / n.
1. (BrE; AmE = trailer) *Wohnwagen; Wohnanhänger*
2. (ziehende Gruppe von Reisenden) *Karawane*

**characterless** /'kærɪktələs || -tər-/ Adj.
*farblos; langweilig; nichtssagend; eintönig* (englisches Synonym: anodyne /'ænədaɪn/); (Wein, Geschmack, usw.) *fade*

| | |
|---|---|
| You certainly can't accuse Theo of being characterless! | *Man kann Theo wirklich nicht vorwerfen, dass er farblos ist!* |
| Most modern housing estates are pretty characterless. | *Die meisten modernen Siedlungen sind ziemlich eintönig.* |

**charivari** /ˌʃɑ:rɪ'vɑ:ri/, AmE auch **shivaree** /ˌʃɪvə'ri:/ n.
1. *Geklapper; Geschepper; Krach* (mit Töpfen usw., als „Ständchen“ für ein neuvermähltes Paar)
2. (allg.) *Getöse; Radau*
   Das französische Ursprungswort «charivari» bezeichnete einen Radau mit Töpfen usw., als ironische Serenade für eine unbeliebte Person; im Englischen ist es harmloser geworden.

**check** /tʃek/ V. tr. / n.
1. V. tr. *überprüfen; kontrollieren*[FF]; *verlangsamen; hemmen*[FF]; (AmE) *abhaken* (BrE: to tick)
2. n. *Überprüfung; Kontrolle*[FF]
3. n. (AmE) *Scheck* (BrE: cheque)
4. n. (AmE, schriftliches Zeichen für „richtig“) *Haken* (BrE: a tick)
5. n. *Hindernis; Stop*

der **Chef**, -s
*boss; chief*

| | |
|---|---|
| Wenn ich nur eine Minute zu spät zur Arbeit komme, meckert der Chef sofort. | *If I'm a minute late to work, the boss moans at once.* |
| Personalchef | *personnel^FF manager* |
| Chefkoch | *head chef* |

*ein Chef*

der **Chip**, -s
1. (meist Pl., Kartoffelchips) BrE *(potato) crisps*; AmE *potato chips*
2. Die Plastikmarke „Chip", die man z. B. auf Volksfesten für Autoscooter ("bumper cars" oder "dodgems" /'dɒdʒəmz ‖ 'dɑ:-/) u. ä. braucht, heißt *token.*
3. (Elektr., Computer) *chip*
4. Im Spielkasino^FF: *chip*

der **Christ**, -en
*Christian* /'krɪstʃən/

| | |
|---|---|
| Ein echter Christ soll auch seine Feinde lieben. | *A true Christian should love his enemies.* |

das **Christentum** unzählbar
*Christianity; the Christian religion*

**chef** /ʃef/ n.
*Koch*

| | |
|---|---|
| personal[FF] chef | *Leibkoch* |

*a chef*

**chip** /tʃɪp/ n.
1. meist Pl.: BrE *Pommes frites*; AmE *Kartoffelchips* wie im Deutschen
2. Redewendungen:

| | |
|---|---|
| He's a chip off the old block. | *Er ist ganz der Vater. / Der Apfel fällt nicht weit vom Stamm.* |
| He's got a chip on his shoulder about being so small. | *Er hat einen Komplex, weil er so klein ist.* |
| when the chips are down | *im Ernstfall; wenn's hart auf hart geht* |

3. (Elektronik; Kasino[FF]) *Chip*

**Christ** /kraɪst/ Eigenname
*Christus*

| | |
|---|---|
| It's difficult to live like Christ in our day and age. | *Heutzutage ist es schwer, wie Christus zu leben.* |

**Christendom** /ˈkrɪsndəm/ n., unzählbar
*die Christenheit; die Gesamtheit aller Christen*

die **City**, -ies
*city centre; town centre*

| | |
|---|---|
| Die neuen Züge bringen Pendler viel schneller in dic Frankfurter City. | *The new trains bring[FF]/take commuters much faster into the centre of Frankfurt/into Frankfurt city centre.* |

Der Bedeutungswandel, den dieses englische Wort bei seiner Übernahme ins Deutsche erfahren hat, erklärt sich aus einer Besonderheit Londons. "The City of London" ist nämlich die – ursprünglich römische – Altstadt, die seit dem 7. Jahrhundert eine Kathedrale hat (St Paul's). Bis ins 17. Jahrhundert wuchs London kaum über die alten Grenzen hinaus; heute ist die "City" nur ein winziger Teil der Großstadt London, aber eben in der Mitte – daher der deutsche Gebrauch.

**clever** Adj.
*cunning; crafty; wily* /'waɪli/; *canny; sharp* [FF]

| | |
|---|---|
| Der natürliche Wunsch des Menschen, schöne Dinge zu besitzen, wird von cleveren Werbemanagern in klingende Münze verwandelt. | *People's natural desire to possess beautiful things is turned into hard cash by crafty advertising managers.* |

der **Clinch**, -(e)s
1. im Clinch liegen mit jemandem: *to be at loggerheads with someone; to be locked in dispute with someone*
2. (Boxen) *clinch*

**city** /'sɪti/ n.

1. (BrE) Streng genommen eine *Stadt mit einer Kathedrale*, also Sitz eines anglikanischen Diözesanbischofs, ungeachtet ihrer Einwohnerzahl.
   St Davids in Wales hat nur rund 1500 Einwohner, Wells in Somerset etwa 9000, und trotzdem sind sie "cities", weil dort eine anglikanische Kathedrale steht. Dagegen haben viele größere englische Städte keine Kathedrale und sind deshalb nur "towns". Darüber hinaus haben einige Städte ohne Kathedrale eine "City charter", die es ihnen erlaubt, die Bezeichnung "city" zu tragen, so z. B. Cambridge, das 1951 zur "city" wurde, wohl aus Gründen der Gleichberechtigung mit Oxford, das seit 1546 eine Kathedrale hat.
2. (BrE) the City (großgeschrieben): *die Londoner Altstadt* (finanzielles Zentrum Großbritanniens; siehe gegenüber)

| | |
|---|---|
| He's something in the City. | *Er arbeitet an der Börse (o. ä.)* |

3. (AmE) eine Stadt mit "city charter" (Stadtverfassung), "mayor" oder "city manager" (Bürgermeister) und "council" (Stadtrat)
   Die Berechtigung, eine "city" zu sein, richtet sich nach der Einwohnerzahl, und variiert je nach Bundesstaat.

**clever** /'klevə ‖ -vər/ Adj.

1. (bes. BrE) *intelligent; klug; gewandt; gescheit; talentiert*

| | |
|---|---|
| His father was a very clever man who became one of the most famous lawyers of his day. | *Sein Vater war ein sehr intelligenter/ein brillanter Mann, der einer der berühmtesten Rechtsanwälte seiner Zeit wurde.* |
| (nur BrE ugs.) clever dick, clever clogs | *Schlaumeier* |

2. (bes. AmE und AusE) *clever*, mit leicht negativer Ladung wie im Deutschen

**clinch** /klɪntʃ/ V. tr. / n.

1. V. tr. (Wirtschaft) "to clinch a deal": *den Handel perfekt machen*
2. V. tr. (von 1. abgeleitet) "that clinches it": *das ist der Beweis; das beweist alles*

| | |
|---|---|
| He wore a green hat? That clinches it; the murderer had a green hat – it must be him. | *Er trug einen grünen Hut? Das ist der Beweis; der Mörder[FF] hatte einen grünen Hut – er muss es sein.* |

3. V. tr. (Nagel) *(zwecks besserem Halt) umbiegen*
4. n. (Boxen) *Clinch*; (scherzhaft) *innige Umarmung*

der **Comic**, -s (meist Pl.)
1. (Erzählung in Bildstreifen) *cartoon; comic strip*
2. (Heft) *comic*

der **Container**, -
1. (offen: zum Abtransport von Bauschutt usw.) *skip*
2. (Büro/Wohncontainer) *Portakabin*
3. (geschlossen: Standardgröße, zum Transport von Gütern auf Schiene, Straße und Schiffen) *container*

das **Cordon bleu**, -s -s
*veal cordon bleu*
Das Gericht ist aber in den englischsprachigen Ländern weitgehend unbekannt; man müsste es so beschreiben: *a doubled escalope of veal fried in breadcrumbs, with layers of cheese and ham inside.*

der **Crack**, -s
1. (Freizeit-, Amateursportler) *champion* (adjektivisch gebraucht)
2. (ugs. der/die Beste) (etwa) *the greatest*

| Hansi, du bist der Crack! | *Hansi, you're the greatest!* |
|---|---|

3. (Droge) *crack*

der **Crash-Kurs**, -e
1. *collision course*

| Die Opposition befindet sich auf Crash-Kurs zur Regierung. | *The opposition is on a collision course with the government.* |
|---|---|

2. (Sprachen u. ä.) *crash course*

**comic** /'kɒmɪk || 'kɑ:-/ Adj. / n.
1. Adj. *komisch; lustig*
2. Als Substantiv: *Komiker*

| | |
|---|---|
| a stand-up comic | *Bühnenkomiker(in); Alleinunterhalter(in)* |

3. Als Substantiv: *Comic-Heft*

**container** /kən'teɪnə || -ər/ n.
1. (allgemein) *Behälter; Gefäß*
2. (für den Gütertransport) *Container*

**cordon bleu** /ˌkɔ:dɒn 'blɜ: || ˌkɔ:rdɒ:n-/ Adj.
Fast nur in den Verbindungen:

| | |
|---|---|
| a cordon bleu chef[FF] | *Meisterkoch/-köchin* |
| cordon bleu cookery | *feine Küche* |
| Your mother's a real cordon bleu cook! | *Deine Mutter ist eine echte Spitzenköchin!* |

**crack** /kræk/ n. / Adj. / V. tr.
1. n. (in Felsen, Mauern usw.) *Spalte; Spalt; Riss; Ritze*
2. n. (fein, in Porzellan usw.) *Sprung*
3. n. (Geräusch) *Knacks; Knall*
4. n. (Droge) *Crack*
5. Adj. *Meister-* Fast nur in:

| | |
|---|---|
| a crack shot / a crack marksman | *ein Meisterschütze / ein Top-Scharfschütze* |

6. V. intr. (Zweige usw.) *knacksen; krachen*
7. V. tr. *anknacksen; anbrechen*

| | |
|---|---|
| to crack one's fingers | *mit den Fingern knacken* |

**crash course** /'kræʃ kɔ:s || … kɔ:rs/ NP
*Intensivkurs; Schnellkurs* (bei Sprachen usw.); seltener: *Crash-Kurs*

| | |
|---|---|
| I took a crash course in Icelandic before I went to Iceland. | *Bevor ich nach Island gefahren bin, habe ich einen Schnellkurs in Isländisch gemacht.* |

die **Dame**, -n
1. (Frau) *lady*
2. (Brettspiel) BrE *draughts* /drɑ:fts || dræfts/; AmE *checkers*
3. (Schach) *queen*
4. (Sport) *woman; lady*

| | |
|---|---|
| 500-Meterlauf der Damen | *the women's/ladies' 500-metre race* |

der **Dealer**, -
(Rauschgifthändler) *(drug) pusher* /ˈpʊʃə || -ʃər/; *dealer*

**decken** V. tr.
1. In der Grundbedeutung: *to cover,* aber in der einfachen konkreten Bedeutung werden im Deutschen meist andere Verben, z. B. „bedecken", „verdecken", benützt.
2. „sich paaren mit" bei Zuchttieren: *to cover*
3. Im übertragenen Gebrauch heißt es meist ebenfalls *to cover:*

| | |
|---|---|
| Einer der Gangster[FF] blieb draußen, um die Flucht der anderen zu decken. | *One of the gangsters[FF] remained outside to cover the others' getaway.* |
| Der Scheck war nicht gedeckt. | *The cheque wasn't covered.* |

4. Einige Wendungen haben aber ein spezielles englisches Äquivalent:

| | |
|---|---|
| den Tisch decken | *to lay the table* |
| ein Dach decken | *to roof a house; to cover a roof* |

**Dame**, **dame** /deɪm/ n.

1. (als Titel) Das weibliche Äquivalent zum Rittertitel “Sir” (kein Adelstitel), von der Königin für besondere Dienste verliehen. Wie “Sir” kann “Dame” nur mit dem Vornamen, nie mit dem Familiennamen, benützt werden, und ebenso wie “Sir” trägt der Titel “Dame” in Verbindung mit dem Namen keine Betonung. Keine deutsche Entsprechung.
   Dame Margaret Rutherford /deɪm 'mɑ:grət 'rʌðəfəd/ (britische Schauspielerin); Dame Kiri Te Kanawa /deɪm 'kɪri ti: 'kɑ:nəwə/ (neuseeländische Opernsängerin)
2. (in einer “pantomime[FF]”) “pantomime dame”: *komisches altes Weib (von einem Mann gespielt)*
3. (AmE Slang, veraltet, für „attraktive junge Frau“) *„dufte Biene“*

**dealer** /'di:lə || -ər/ n.

1. *Händler*

| | |
|---|---|
| antique(s)[FF] dealer | *Antiquitätenhändler* |
| used car dealer | *Gebrauchtwagenhändler* |

2. (Kartenspiel) *Kartengeber(in)*
3. (Drogen) *Dealer(in)*

**deck** /dek/ V. tr. / n.

1. V. tr. (etwas förmlich) *(aus)schmücken; (sich) herausputzen*

| | |
|---|---|
| The table was decked with flowers. | *Der Tisch war über und über mit Blumen geschmückt.* |
| He was decked out in his Sunday best. | *Er war (ganz) fesch (herausgeputzt) in seinem Sonntagsstaat.* |

2. n. (Schiff, Boot usw.) *Deck*
3. In der Wendung “to hit the deck” (ugs.): *sich zu Boden werfen; zu Boden stürzen*

**defekt** Adj.
*faulty;* (förml.) *defective*

| Die Elektrik meines Wagens war irgendwie defekt, so dass die Scheibenwischer nur bei[FF] ausgeschaltetem Motor funktionierten. | *The electrical system of my car had somehow gone wrong/had something wrong with it/was somehow faulty, so that the windscreen wipers would only work when the engine was switched off.* |
|---|---|

die **Dekade**, -n
1. *period of ten days/weeks/months*
2. (nur bei Horoskopen) *decade*
3. (Jahrzehnt) *decade*

der **Dekorateur**, -e
1. (Theater) *set designer*
2. (von Schaufenstern) *window dresser*
3. (Innendekorateur) *interior designer*

die **Dekoration**, -en
1. (Schaufenster) *(window) display*
2. (Theater, Film, Fotostudio) *set*
3. (Orden) *decoration*
4. (Raumschmuck, Christbaumschmuck) *decoration*

die **Delikatesse**, -n
*delicacy; dainty*

**defect** /'di:fekt/, selten /dɪ'fekt/ n.
*Mangel; Fehler; Defekt*
Im Englischen nur ein Substantiv, wird aber oft von Deutschen falsch als Adjektiv gebraucht. Das entsprechende Adjektiv, "defective", hat ein etwas breiteres Anwendungsgebiet als das deutsche „defekt":

| | |
|---|---|
| The accident was caused by defective brakes. | *Der Unfall wurde durch defekte Bremsen verursacht.* |
| The accident was caused by the driver's defective eyesight. | *Der Unfall wurde durch das mangelhafte Sehvermögen des Fahrers verursacht.* |

**decade** /'dekeɪd/ n.
*Jahrzehnt*

**decorator** /'dekəreɪtə || -tər/ n.
*(Häuser-)Maler; Anstreicher und Tapezierer*

**decoration** /'dekə'reɪʃn/ n.
1. *Verzierung; Schmuck*[FF]

| | |
|---|---|
| The decoration on the Adam brothers' fireplaces is always restrained. | *Die Verzierungen an den Kaminen der Gebrüder Adam sind immer zurückhaltend.* |

2. *Orden; Auszeichnung*

| | |
|---|---|
| She received/was awarded a decoration for bravery. | *Sie wurde mit einer Tapferkeits-medaille ausgezeichnet.* |

**delicatessen** /ˌdelɪkə'tesn/ n. (oft ugs. abgekürzt **deli** /'deli/)
*Feinkostladen*; *Feinkostrestaurant*

**demolieren** V. tr.
*to damage; to wreck* (Auto, Einrichtung usw.); *to break* (Spielzeug usw.)

| | |
|---|---|
| Unbekannte Rowdies[FF] haben in der Nacht zum Sonntag in München 16 Autos demoliert. | *On Saturday night 16 cars were damaged by vandals in Munich.* |
| Der Forscherdrang kleiner Kinder ist so groß, dass sie über kurz oder lang alle ihre Spielsachen demolieren. | *The curiosity of little children is so great that sooner or later they break all their toys.* |

*demolieren*

**deponieren** V. tr.
*to deposit (money etc.)*

**desolat** Adj.
*wretched* /ˈretʃɪd/; *desperate; parlous* /ˈpɑːləs ‖ ˈpɑːr-/

| | |
|---|---|
| der desolate Zustand der russischen Wirtschaft | *the parlous state of the Russian economy* |

**dezent** Adj.
1. *unobtrusive; restrained*

| | |
|---|---|
| Die dezente Borte aus dunkelblauem Band macht diesen Hut besonders elegant. | *The unobtrusive border of blue ribbon gives this hat its special elegance.* |

2. *soft; subdued*

| | |
|---|---|
| Im dezenten Licht der stilvollen Wandlampen sah Gertrude um 10 Jahre jünger aus. | *In the soft light of the elegant wall-lamps Gertrude looked 10 years younger.* |

demolish

**demolish** /dɪ'mɒlɪʃ || -'mɑ:-/ V. tr.
1. (Gebäude) *abreißen; niederreißen*

| | |
|---|---|
| Imagine Jack Smith's surprise on coming home from holiday to find that his house had been demolished by mistake. | *Man stelle sich Jack Smiths Erstaunen vor, als er vom Urlaub zurückkam und sah, dass sein Haus versehentlich abgerissen worden war.* |

2. (Argumente) *widerlegen*
3. (scherzhaft, bei essbaren Dingen) *verdrücken; verputzen*
4. (scherzhaft) *zerstören; demolieren*

| | |
|---|---|
| Lady Bathwater walked through a low doorway and demolished her new hairstyle. | *Lady Bathwater durchschritt einen niedrigen Torbogen und demolierte dabei ihre neue Frisur.* |

**depose** /dɪ'pəʊz || -'poʊz/ V. tr.
*(einen Herrscher usw.) absetzen; stürzen; entthronen*

**desolate** /'desələt/ Adj.
1. (Ort) *trostlos; verlassen*

| | |
|---|---|
| a desolate moorland[FF] | *eine trostlose Heidelandschaft* |

2. (Mensch) *tieftraurig; tief betrübt*

**decent** /'di:snt/ Adj.
1. *anständig; sittlich; geziemend; schicklich*

| | |
|---|---|
| In Victorian times it was not considered decent for a woman to go to the theatre alone. | *In der viktorianischen Zeit schickte es sich nicht für eine Frau, allein ins Theater zu gehen.* |

2. *anständig; nett; zuvorkommend* usw.; (ausreichend groß) *anständig*

| | |
|---|---|
| He's a very decent sort. | *Er ist ein sehr anständiger Kerl.* |
| Prison food's very plain but at least you get a decent helping. | *Das Essen im Gefängnis ist sehr einfach, aber man kriegt wenigstens eine anständige Portion.* |

**dick** Adj.

1. (bei Personen) *fat;* wenn sie dick und groß sind, oft auch *big*
   *"Fat"* ist ähnlich abwertend wie „fett", aber es gibt, wie im Deutschen, eine Reihe von Synonymen, die das Dicksein positiver machen:
   (bei älteren Menschen, bes. Männern) *well-built; stout* /staʊt/; (altm.) *portly;* (altm.-scherzhaft) *corpulent* /ˈkɔːpjʊlənt ‖ ˈkɔrp-/; (scherzhaft) *rotund* /rəˈtʌnd/; (bei Mädchen, Frauen) *plump*[FF]; *buxom* /ˈbʌksəm/
2. (bei Flüssigkeiten, Nebel usw.) *thick*
3. (bei festen Gegenständen) *thick; fat*

| ein dickes Buch | *a thick/fat book* |
|---|---|

der **Dom**, -e
*cathedral*

Der Bau des Domes zu Fulda dauerte 8 Jahre.

*Fulda Cathedral took 8 years to build.*

*Dom*

Im Deutschen sagt man „Dom" zu einer Kathedrale, die innerhalb der Grenzen des ehemaligen Heiligen Römischen Reiches steht – deutscher Sprachraum, Böhmen, auch Rom (Petersdom). Das Englische kennt eine solche Unterscheidung nicht; alle Bischofskirchen heißen *cathedral*, bis auf einige Ausnahmen, die "Minster" heißen: York Minster, Beverley Minster. Einige wenige "Minsters" sind jedoch keine Kathedralen, z. B. Wimborne Minster in Dorset.

die **Dose**, -n
*box; tin; can; container*

| | |
|---|---|
| Steckdose | *(wall) socket; (BrE) power point* |
| Zuckerdose | *sugar bowl; sugar basin; sugar jar* (je nach Beschaffenheit der Dose) |
| Teedose | *tea caddy* |

**thick** /θɪk/ Adj.

1. (bei Personen, ugs., bes. Schulkindersprache) *blöd; dumm*

| | |
|---|---|
| You must be thick if you can't do a simple sum like that. | *Du musst ja wirklich blöd sein, wenn du so eine einfache Rechnung nicht kannst.* |

Wenn britische Lehrer übelwollend über ihre Schüler(innen) reden, bezeichnen sie besonders schwache Schüler(innen) als *as thick as two short planks*, oder *as thick as they come*:

| | |
|---|---|
| Brown of 4C? He's as thick as two short planks – he's as thick as they come. | *Brown aus der 4C? Der ist einfach strohdumm – der ist dumm wie Bohnenstroh.* |

2. (bei Sachen) *dicht; dick*

*dome*

**dome** /dəʊm || doʊm/ n.

1. *Kuppel*

Fulda cathedral was rebuilt in the early 18th century; the great dome is modelled on that of St Peter's in Rome.

*Der Dom zu Fulda wurde im frühen 18. Jahrhundert neu gebaut; die große Kuppel wurde nach dem Vorbild des Petersdoms in Rom errichtet.*

2. (Deckel usw.) *Haube*

**dose** /dəʊs || doʊs/ n. / V. tr.

1. n. *Dosis; Dosierung*

| | |
|---|---|
| To ensure efficacy the stated dose must be strictly adhered to. | *Damit die volle Wirkung gewährleistet ist, muss die angegebene Dosierung genau eingehalten werden.* |

2. V. tr. *(voll)stopfen* besonders in Wendungen wie

| | |
|---|---|
| to dose someone up with medicines | *jdn. mit Medikamenten vollstopfen* |

**dotieren** V. tr.

1. (Posten) *to remunerate;* (Preis) *to endow* /ɪn'daʊ/
   Bei Preisen ist der Gebrauch von *endow* aber selten:

| | |
|---|---|
| Der Preis ist mit 10 000 Mark dotiert. | *The prize amounts to/is 10,000 German marks.* |

2. (Physik, Halbleiter beschichten) *to dope* (semiconductors)

der **Dress**, -e

1. Bei Mannschaftsspielen: *strip*

| | |
|---|---|
| Die Gastbegermannschaft spielt heute im roten Dress, die Auswärtsmannschaft im blauen. | *The home team are playing in the red strip today, the away team in the blue one.* |

2. Der typisch englische Reiterdress (scharlachrote Jacke, schwarzer Hut) heißt etwas verwirrend *hunting pink.*

**dubios** Adj.

Im Deutschen immer abwertend: *shady;* bei Menschen auch *shifty*

| | |
|---|---|
| dubiose Machenschaften | *shady machinations* /ˌmækɪ'neɪʃnz/ |
| Von so einem dubiosen Typen kaufe ich keinen Gebrauchtwagen! | *I'm not buying a used car from a shady character like that!* |

**dote** /dəʊt || doʊt/ V. intr.
Nur in den Wendungen:

| | |
|---|---|
| to dote on someone | *jemanden abgöttisch lieben* |
| his doting parents | *seine ihn vergötternden/abgöttisch liebenden Eltern* |

**dress** /dres/ n. / V. tr.
1. n. (allg.) *Kleidung*

| | |
|---|---|
| His dress was unconventional, to say the least. | *Seine Kleidung war, gelinde gesagt, unkonventionell.* |

2. n. (für Frauen) *Kleid*
3. V. tr. (jemanden) *anziehen*

| | |
|---|---|
| She dressed the children and out they went. | *Sie zog die Kinder an und dann gingen sie.* |

4. V. tr. "to dress a salad[FF]": *einen Salat[FF] anmachen*
5. V. refl. "to dress (oneself) ": *sich anziehen*
   Im Englischen wird das Reflexivpronomen nur dann gebraucht, wenn das Anziehen irgendwie auffällig ist:

| | |
|---|---|
| He dressed. | *Er zog sich an.* |
| He can dress himself, even though he's only three. | *Er kann sich (selber) anziehen, obwohl er erst drei ist.* |

**dubious** /'dju:biəs || 'du:-/ Adj.
1. to be dubious (about something): *nicht recht wissen; Zweifel haben (über etwas)*

| | |
|---|---|
| I'm a bit dubious about lending Theo any money. | *Ich habe Zweifel, ob ich Theo Geld leihen sollte.* |

2. *zweifelhaft; fragwürdig*

| | |
|---|---|
| The whole plan sounds highly dubious to me. | *Der ganze Plan klingt mir höchst fragwürdig.* |

3. (Charakter) *zwielichtig; dubios*

die **Duplizität**, -en

Fast nur in „die Duplizität der Ereignisse“. Im Englischen ist die nächste Entsprechung *the long arm of coincidence,* was man aber auf alle überraschenden Koinzidenzfälle beziehen kann, nicht nur die doppelten.

| | |
|---|---|
| „Am gleichen Tag, an dem ich über die Überschwemmungen in ganz Europa gelesen habe, ist meine Badewanne übergelaufen.“ „Da siehst du's wieder einmal – die Duplizität der Ereignisse!“ | *“On the same day as I read about the floods all over Europe, my bath overflowed.” “There you are, you see – the long arm of coincidence!”* |

**duplicity** /djuːˈplɪsəti || duː-/ n.
*Falschheit; Doppelspiel*

| Gertrude was shocked at Theo's duplicity in proposing to her and Minni on the same day. | *Gertrude war über Theos Falschheit entsetzt, als er ihr und Minni am gleichen Tag einen Heiratsantrag machte.* |
|---|---|

**editieren** V. tr.
*to edit*
In der Richtung Deutsch-Englisch ist es kein FF.

der **Eklat**, -s
*confrontation; showdown;* BrE *row* /raʊ/; *scandal;* (milder, Aufsehen) *sensation; stir*

| | |
|---|---|
| Als der Parteivorsitzende sich auf dem Parteitag weigerte, seinen neu gewählten Vize anzuerkennen, kam es zum Eklat. | *When the party leader refused to accept his newly elected deputy at the party conference, there was a row/a showdown.* |

die **Elle**, -n
1. (Unterarmknochen auf der Seite des kleinen Fingers) *ulna* /ˈʌlnə/
2. (Früheres Längenmaß, bes. bei Tuchen) *about two feet* (keine eindeutige Entsprechung). Die Länge einer deutschen Elle variierte stark – es gab mindestens 54 Werte in verschiedenen deutschen Landen, von 54,7 cm im Amt Homburg bis 80,3 cm in Salzburg – siehe „Alte Maße, Münzen und Gewichte aus dem deutschen Sprachgebiet" von Fritz Verdenhalven (1968).
3. In der Redewendung „ellenlang" (Adj.) (Liste usw.): *as long as your arm;* (Predigt usw.) *interminable* /ɪnˈtɜːmɪnəbł || -ˈtɜːr-/; (Mensch) *immensely/ amazingly tall*

**eminent** Adv./ Adj.
1. Als Adv. *exceedingly; extremely*

| | |
|---|---|
| eminent wichtig | *exceedingly/extremely important; of the utmost importance* |

2. Als Adj. (herausragend) *outstanding*

| | |
|---|---|
| ein eminentes Talent | *an outstanding talent* |

**edit** /'edɪt/ V. tr.
1. (Zeitung, Buchreihe, (Fach)zeitschrift) *herausgeben*
2. (Artikel, Schrift, für den Druck vorbereiten) *redigieren; edieren*
3. (Film, Tonband usw.) *schneiden; cutten* /'kœtn/; *montieren*
4. (Computer) *editieren*

**eclat**, auch **éclat** /eɪ'klɑː/ n. (Lit., bes. Theater-, Musikkritik)
1. *Bravur; Brillanz*

| | |
|---|---|
| Theo performed Mozart's horn concerto with great éclat. | *Theo spielte Mozarts Hornkonzert bravourös.* |

2. *Begeisterung* (beim Publikum)

| | |
|---|---|
| Theo's performance was received with eclat. | *Theos Spiel[FF] wurde bejubelt.* |

**ell** /eɫ/ n.
Altes Längenmaß, in England etwa 45 Zoll oder 3 Fuß 9 Zoll (rund 114 cm), in Schottland 37,2 Zoll oder 3 Fuß 1,2 Zoll (rund 95 cm). Keine brauchbare deutsche Entsprechung, da eine "ell" in Großbritannien deutlich länger war als eine deutsche „Elle".

| | |
|---|---|
| Give him an inch and he'll take an ell. | *Gib ihm den kleinen Finger, und er nimmt die ganze Hand.* (Sprichwort) |

**eminent** /'emɪnənt/ Adj., **eminently** Adv.
1. (bei Personen) *berühmt; hoch angesehen*

| | |
|---|---|
| His father is an eminent lawyer. | *Sein Vater ist ein berühmter Rechtsanwalt.* |

2. eminently: *recht/überaus; durchaus*

| | |
|---|---|
| That suggestion seems eminently reasonable. | *Der Vorschlag erscheint überaus vernünftig.* |

In der gesprochenen Sprache klingt *eminently* oft scherzhaft-gehoben.

**-ene** (Endung): Siehe unter deutsch **Benzin**

**energetisch** Adj. (Wiss.)
*related to the science of energetics; energetical* (selten)

**energisch** Adj. / Adv.
*forceful(ly); vigorous(ly); emphatic(ally)*

| | |
|---|---|
| eine energische Frau | *a forceful/vigorous woman* |
| Er lehnte meinen Vorschlag energisch ab. | *He emphatically rejected my suggestion.* |

**engagieren** V. refl. / V. tr.
1. V. refl. (sich für etwas engagieren) *to work for (something); to be active (on behalf of something)*
2. V. tr. (jemanden engagieren) *to engage someone*

| | |
|---|---|
| Ursprünglich war Theo Pink als Gesangslehrer für Minni Baldor engagiert worden. | *Originally Theo Pink had been engaged as (a) singing teacher to Minni Baldor.* |

**engagiert** Adj.
*committed; active (in a cause); convinced; energetic*[FF]

| | |
|---|---|
| Er war ein engagierter Kommunist. | *He was a committed Communist.* |
| Er war ein engagiertes Mitglied der Grünen. | *He was an active member of the German Green Party.* |
| Dank seines engagierten Eintretens wurde der alte Baum gerettet. | *Thanks to his energetic*[FF] *action*[FF]*/intervention the old tree was saved.* |

**entern** V. tr. / V. intr.
1. V. tr. (ein fremdes Schiff besteigen und in Besitz nehmen) *to board (an enemy ship)*
2. V. intr. (in die Takelage steigen) *to climb the rigging*

**energetic** /ˌenəˈdʒetɪk || -nər-/ Adj.
1. (bei Personen) *aktiv; tatkräftig; energiegeladen; voller Energie*

| | |
|---|---|
| She's an energetic woman. | *Sie ist eine tatkräftige Frau/eine Frau, die voller Energie steckt.* |

2. (Tätigkeit) *anstrengend*

| | |
|---|---|
| Mountain-climbing's too energetic for me – I prefer chess. | *Bergsteigen ist mir zu anstrengend – ich spiele lieber Schach.* |

3. (Ablehnung usw.) *mit Nachdruck; energisch*

**engage** /ɪnˈgeɪdʒ/ V. tr.
1. *(jemanden) einstellen; (jemanden) engagieren*
2. (Auto) to engage (third gear usw.): *(den 3. Gang usw.) einlegen*
3. to engage in something: *etwas praktizieren/ausüben/tun*

**engaged** /ɪnˈgeɪdʒd/ Adj.
1. *verlobt*

| | |
|---|---|
| Theo Pink and his wife were engaged for sixteen years before they got married. | *Theo Pink und seine Frau waren sechzehn Jahre lang verlobt, bevor sie heirateten.* |
| to get engaged | *sich verloben* |

2. (Toilette) *besetzt* (BrE und AmE)
3. (Telefon) *besetzt* (nur BrE; AmE "the line's busy" = *die Leitung ist besetzt*)

**enter** /ˈentə || -tər/ V. tr. / V. intr.
1. V. tr. *betreten; eintreten in*

| | |
|---|---|
| He entered the room. | *Er betrat das Zimmer.* |
| He entered a monastery. | *Er trat in ein Kloster[FF] ein.* |

2. V. intr. (Theater, Bühnenanweisung) *auftreten; Auftritt*

| | |
|---|---|
| Enter Hamlet | *Hamlet tritt auf/Auftritt Hamlet* |

3. Redewendung:

| | |
|---|---|
| She entered into the spirit of the game. | *Sie spielte begeistert mit.* |

das **Epitaph**, -e
1. *monument (in a church etc.)*

| | |
|---|---|
| Sein pompösesFF Epitaph steht an der Nordmauer des DomesFF. | *His ostentatious monument is on the north wall of the cathedral.* |

*ein Epitaph*

2. *grave slab; gravestone*

| | |
|---|---|
| Die Ausgrabungen brachten ein römisches Epitaph ans Tageslicht. | *The excavations unearthed a Roman grave slab.* |

"Grave slab" wird meist nur bei alten Funden usw. verwendet.

3. (nur Grabinschrift) *epitaph* wie im Englischen

**eventuell** Adj. / Adv.
1. Adj. *possible; conceivable*
2. Adv. *perhaps; possibly; conceivably*

| | |
|---|---|
| Wir könnten eventuell in München übernachten. | *We could perhaps spend the night in Munich.* |

3. Als Adverb vor einem Adjektiv manchmal übersetzbar mit "possibly"; oft muss man es aber unter Zuhilfenahme von "any" und/oder dem Hilfszeitwort "may" ausdrücken:

| | |
|---|---|
| Eventuell auftretende Trübungen haben keinen Einfluss auf die Wirksamkeit dieses Präparates. | *The efficacy of this product is not affected by any slight cloudiness which may occur.* |
| Eventuell hart gewordene Farbe kann durch Zusatz von Wasser wieder streichfähig gemacht werden. | *(Any) paint that has become hard can/may be rendered usable again by adding water.* |

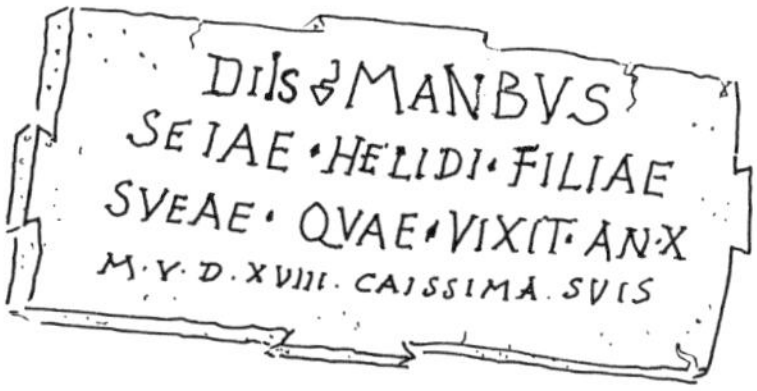


*an epitaph*

**epitaph** /ˈepɪtɑːf || -tæf/ n.
*Grabinschrift*; *Grabspruch*

Lie heavy on him, Earth! for he
Laid many heavy loads on thee!

*O Erde, liege auf ihm schwer,*
*Denn er hat dich belastet sehr!*

"Epitaph on Sir John Vanbrugh", von Abel Evans. (Sir John Vanbrugh entwarf Blenheim Palace und andere grandiose Gebäude.)

**eventual** /ɪˈventʃʊəɫ/ Adj., **eventually** /ɪˈventʃʊəli/ Adv.
*endlich; schließlich*

1. Als Adjektiv: Oft schwer zu übersetzen, da ein passendes deutsches Adjektiv fehlt. Die Bedeutung muss oft anders, meist adverbial, wiedergegeben werden:

| | |
|---|---|
| He had always been so keen on blondes that his eventual marriage to a brunette was a great surprise to his friends. | *Er hatte immer so sehr für Blondinen geschwärmt, dass seine Freunde sehr überrascht waren, als er schließlich eine Brünette heiratete.* |
| The eventual result of his efforts was a hat like a bird's nest. | *Das Endergebnis seiner Bemühungen war ein Hut, der aussah wie ein Vogelnest.* |

2. Das Adverb "eventually" (*endlich; schließlich; zu guter Letzt*) ist leichter zu übersetzen:

| | |
|---|---|
| Eventually we reached the summit. | *Schließlich erreichten wir den Gipfel.* |

"Eventually" mit Zukunftsbezug: *eines Tages; irgendwann (einmal)*

| | |
|---|---|
| Eventually we'll have a house of our own. | *Eines Tages werden wir ein eigenes Haus haben.* |

das **Exemplar**, -e
1. (eines Buchs usw.) *a copy*
2. (eines Tieres, einer Pflanze) *specimen* /'spesɪmən/

| | |
|---|---|
| Theo fand ein besonders schönes Exemplar der Schwarzen Wegschnecke auf seinem Kopfkissen. | *Theo found a particularly fine specimen of the Black Slug on his pillow.* |

3. (ideales Beispiel) *exemplar* (Bildungsspr.)

**exemplarisch** Adj.
1. *typical (of something)*

| | |
|---|---|
| „Buddenbrooks" ist exemplarisch für Thomas Manns frühen Stil. | *"Buddenbrooks" is typical of Thomas Mann's early style.* |

2. eine exemplarische Strafe: *an exemplary punishment*

die **Existenz**, -en
1. (Lebensgrundlage, Lebensunterhalt) *livelihood*

| | |
|---|---|
| Er fürchtet zwar nicht um sein Leben, wohl aber um seine Existenz. | *He does not fear for his life but for his livelihood.* |
| eine Existenz gründen | *to start a business; to start a new life* |
| eine Existenzgründung | *a (business) start-up* |

2. (in Zusammenhang mit einem Adjektiv je nach Kontext unterschiedlich) eine verkrachte/gescheiterte Existenz: *a failure*
3. (Sein, Vorhandensein): *existence*

die **Expertise**, -n
*expert's report; expert('s) opinion*

| | |
|---|---|
| Gegenstände mit einem Wert von über 1 000 € werden nur mit schriftlicher Expertise zur Versteigerung zugelassen. | *Objects with a value in excess of 1,000 euros will only be accepted for auction if accompanied by a written expert opinion.* |

**exemplar** /ɪɡ'zemplə, -lɑː || -lər, -lɑːr/ n.
1. (förmlich, gehoben) *Vorbild; (ideales) Beispiel*

| | |
|---|---|
| In our day and age it is unrealistic to choose a saint as one's exemplar. | *In der heutigen Zeit ist es unrealistisch, sich einen Heiligen zum Vorbild zu nehmen.* |

2. (Fachsprache) *(von einem Schreiber benützte) Vorlage*

| | |
|---|---|
| It was once thought that the scribes of "Beowulf" worked from a defective exemplar. | *Früher hat man angenommen, dass die Schreiber des „Beowulf" mit einer defekten*[FF] *Vorlage gearbeitet hatten.* |

**existence** /ɪɡ'zɪstəns/ n.
*Dasein; Vorhandensein; Bestehen; Existenz* (im Sinne von „Dasein")

| | |
|---|---|
| to come into existence | *entstehen* |
| continued existence | *der Fortbestand; das Weiterbestehen* |

**expertise** /ˌekspɜː'tiːz || -pɜːr-/ n.
1. *expertenhaftes Können; Fachwissen; Geschicklichkeit*

| | |
|---|---|
| He rode around on his bicycle with his arms folded to show his expertise. | *Er fuhr mit verschränkten Armen auf seinem Fahrrad herum, um sein Können zu zeigen.* |

2. (sehr selten, nur Fachspr.) *Expertise*

das **Exposé**, -s
1. (Skizze für Film, Buch usw.) *draft*
2. (Bericht, Darstellung) *report; account*

**extra** Adv. (selten Adj.)
1. (eigens) *specially; on purpose; purposely*

| | |
|---|---|
| Ich habe diesen Kuchen extra für dich aufgehoben! | *I kept this cake specially for you!* |

2. (getrennt) *separately*

| | |
|---|---|
| Nachtisch im Menüpreis[FF] enthalten; Getränke werden extra berechnet. | *Set meal includes dessert; drinks will be charged separately.* |

3. (zusätzlich) *extra*

| | |
|---|---|
| Brot ist im Preis inbegriffen, aber Wein ist extra. | *Bread is included in the price, but wine is extra.* |

4. (in deutschen Komposita) *extra*

| | |
|---|---|
| Ich habe dir eine Extraportion Pudding[FF] aufgehoben.<br>extragroß | *I've kept an extra helping of custard for you.*<br>*extra large* |

„Extrawurst“: *special treatment; more than one's (own) fair share*

**exposé** /ɪks'pəʊzeɪ || ˌekspə'zeɪ/ n.
1. *Enthüllung*
"Exposé" bezeichnet in der Regel einen Beitrag in der Presse, im Fernsehen oder im Radio, der Skandale, Korruption usw. aufdeckt.
2. (seltener) *Exposé*

**extra** /'ekstrə/ Adj. / Adv. / n.
1. Adj. *noch ein; mehr; noch mehr; zusätzlich*

| | |
|---|---|
| As we knew Theo Pink was coming, we ordered an extra bottle of brandy. | *Da wir wussten, dass Theo Pink auch kommen wollte, bestellten wir noch eine Flasche Kognak.* |

2. Adv. *zusätzlich; extra*

| | |
|---|---|
| The rent[FF] is £50 a week, with water and electricity extra. | *Die Miete beträgt 50 Pfund die Woche, Wasser und Strom sind extra.* |

3. n. (Theater, Film) *Komparse*

| | |
|---|---|
| Cecil B. de Mille often used thousands of extras in his films. | *Cecil B. de Mille drehte oft mit Tausenden von Komparsen.* |

4. n. *etwas, was es gegen Aufpreis gibt; „Extra"*

| | |
|---|---|
| A heated rear window is an optional extra.<br>A whole range of extras are standard on the de luxe model. | *Eine heizbare Heckscheibe gibt es gegen Aufpreis.*<br>*Das Luxusmodell bietet Ihnen serienmäßig eine ganze Reihe von Extras.* |

die **Fabrik**, -en
*factory; works; plant*

| | |
|---|---|
| Theo Pink arbeitete eine Zeit lang in einer Autofabrik. | *Theo Pink worked in a car factory for a while.* |

die **Fabrikation**, -en
*manufacture; production*

| | |
|---|---|
| Die Fabrikation dieser winzigen Teile ist sehr schwierig. | *The manufacture of these tiny parts is very difficult.* |

**fabulös** Adj.
*fantastic; made-up*

| | |
|---|---|
| Sie versuchte, mich mit fabulösen Ausreden abzuspeisen. | *She tried to fob me off with fantastic excuses.* |
| Das klingt mir ziemlich fabulös. | *That sounds made-up to me.* |

das **Fagott**, -e
*bassoon* /bə'su:n/
Kontrafagott: *double bassoon*, auch (AmE meist) *contrabassoon*

**fabric** /'fæbrɪk/ n.
1. *(gewebter ) Stoff; Gewebe*

| | |
|---|---|
| Up to the First World War all aeroplanes had fabric-covered wings. | *Bis zum Ersten Weltkrieg hatten alle Flugzeuge stoffbespannte Tragflächen.* |

2. (selten, Archit.) *Bausubstanz; Struktur (eines Gebäudes)*

| | |
|---|---|
| The fabric of this old church is in urgent need of repair. | *Die Bausubstanz dieser alten Kirche müsste dringend saniert werden.* |

**fabrication** /ˌfæbrɪ'keɪʃn/ n.
*reine/pure[FF] Erfindung; erlogene Geschichte; Lüge*

| | |
|---|---|
| Theo Pink's story of having been a submarine captain is (a) pure[FF] fabrication. | *Was Theo Pink da erzählt hat, dass er einmal U-Bootkapitän gewesen sei, ist pure[FF] Erfindung.* |

**fabulous** /'fæbjʊləs/ Adj.
1. (ugs.) *toll; sagenhaft; fabelhaft*
2. *Fabel-; fabelhaft*

| | |
|---|---|
| fabulous beasts | *Fabelwesen* |

**faggot** /'fægət/ n.
1. (bes. BrE) *Reisigbündel*
2. (nur BrE) *gebratenes Fleischklößchen; Boulette*
3. (nur BrE slang) (silly) old faggot:*(blöde) alte Schachtel*
4. (AmE slang) “faggot”; auch “fagot” oder “fag”: *Homosexueller, Schwuchtel*

die **Fahrt**, -en

1. Die Fahrt als „Zurücklegen einer Strecke“: *journey*

| | |
|---|---|
| Die Fahrt zu meinem Büro dauert 20 Minuten. | *My journey to the office takes 20 minutes.* |

2. Für Fahrten als Fahrer/Mitfahrer auf Fahrrad oder Motorrad, und als Passagier größerer Fahrzeuge (Zug, Bus, Hovercraft usw.): *a ride*
3. Als Fahrer/Mitfahrer größerer oder kleinerer Fahrzeuge (Auto, Bus, Kutsche usw.): *a drive*
4. Vergnügungsfahrt, Ausflug: *a trip; a tour*
5. Die Redewendungen „in Fahrt kommen“ (in Schwung kommen): *to get going*; (wütend werden) *to blow one's top; to fly off the handle*

Die deutschen Schilder „Einfahrt“ und „Ausfahrt“ rufen bei englischen und amerikanischen Touristen regelmäßig große Belustigung hervor.

**familiär** Adj.

1. (die Familie betreffend) *family* (+ Substantiv)

| | |
|---|---|
| Schichtarbeit kann zu einem familiären Problem werden. | *Shiftwork can become a family problem.* |

2. (unförmlich) *free and easy; informal; familiar*

| | |
|---|---|
| Heutzutage pflegen die Schüler einen recht familiären Umgangston mit ihren Lehrern. | *Today's schoolchildren adopt a very free and easy/a very familiar way of talking to their teachers.* |

**famos** Adj.

*great; fantastic*; AmE *swell*

| | |
|---|---|
| Das ist eine famose Idee! | *That's a great idea!* |

**fart** /fɑ:t || fɑ:rt/ n. / V. tr.
1. n. *Furz*

| | |
|---|---|
| This Earle of Oxford, making of his low obeisance to Queen Elizabeth, happened to let a Fart, at which he was so abashed and ashamed that he went to Travell, 7 yeares. On his returne the Queen welcomed him home, and sayd, My Lord, I had forgott the Fart. ("Edward de Vere, Earl of Oxford", in "Brief Lives", von John Aubrey, um 1690) | *Diesem Earl of Oxford widerfuhr es, bei seiner tiefen Verbeugung vor Königin Elizabeth einen Furz zu lassen, worüber er so verlegen und beschämt war, dass er auf Reisen ging, 7 Jahre lang. Bei seiner Rückkehr hieß ihn die Königin willkommen, und sagte. „My Lord, den Furz hatte ich ganz vergessen."* |

2. V. intr. *furzen; „einen fahren lassen"*

**fall out:** Siehe gegenüber **ausfallen**

**familiar** /fəˈmɪljə || -ljər/ Adj.
1. *vertraut; bekannt; wohlbekannt; altbekannt*

| | |
|---|---|
| The familiar voice of Big Ben boomed nine o'clock.<br>Shiftwork with its irregular working hours can lead to various familiar problems such as insomnia. | *Die vertraute Stimme von Big Ben schlug dröhnend neun Uhr.*<br>*Schichtarbeit und die damit verbundene unregelmäßige Arbeitszeit kann verschiedene wohlbekannte Probleme hervorrufen, z.B. Schlaflosigkeit.* |

2. too familiar: *zu frei; zu vertraulich*

| | |
|---|---|
| Theo was rather too familiar in addressing the Queen as "Liz". | *Theo war etwas zu frei, als er die Königin mit „Liz" anredete.* |

**famous** /ˈfeɪməs/ Adj.
*berühmt*

| | |
|---|---|
| Sir Winston Churchill was the most famous British statesman of the 20th century. | *Sir Winston Churchill war der berühmteste britische Staatsmann des 20. Jahrhunderts.* |

der **Fang**

1. (im Deutschen kein Plural) *catch; haul*

| | |
|---|---|
| Beim Angeln machten wir einen guten Fang – über 10 Kilo! | *We made/had a good catch when we went fishing – over 10 kilos!* |
| Am Montag und Dienstag machten wir einen guten Fang. | *On Monday and Tuesday we made/had two good catches.* |

2. (im Dt. kein Plural) Maul eines (Jagd)hundes: *mouth*
3. (Plural ¨-e, Klaue eines Greifvogels) *talon; claw*

| | |
|---|---|
| Die Fänge eines Adlers sind mörderische Waffen. | *The talons of an eagle*[FF] *are murderous weapons.* |

4. (Plural ¨-e, Eckzahn eines Jagdhundes): *eye tooth; canine tooth*
5. (immer Plural, übertragen) *clutches*

| | |
|---|---|
| in den Fängen der Mafia | *in the clutches of the Mafia* |

die **Fantasie**, -n oder unzählbar (frühere Schreibweise „Phantasie“)

1. (Einbildungskraft) *imagination*

| | |
|---|---|
| Benützt eure Fantasie und schreibt eine kurze Geschichte! | *Use your imagination and write a short story.* |

2. (zählbar) *fantasy*

| | |
|---|---|
| Seine erotischen Fantasien waren sehr konventionell. | *His erotic fantasies were very conventional.* |

3. (Mus.) *fantasia* /fæn'teɪziə ‖ -'teɪʒə/; seltener *fantasy*

**fang** /fæŋ/ n.
(Schlange) *(Gift)zahn*; (Vampir usw., auch übertragen) *Vampirzahn*; (scherzhaft) *Hauer;* (Hund, Jägersprache) *Fang*

| | |
|---|---|
| All cobras have poisonous fangs. | *Alle Kobras haben Giftzähne.* |
| Right, here's the pizza! Get your fangs into that! | *So, hier ist die Pizza! Haut ordentlich rein!* |

**fantasy** /'fæntəsi/ n.

1. *Traumvorstellung; Fantasiegebilde; Fantasie* (aber nur wenn „Fantasie" zählbar ist)
   In der Bedeutung „Vorstellungsvermögen" ist "fantasy" ungebräuchlich.

| | |
|---|---|
| In his adolescent fantasies he had always married a rich filmstar. | *In seinen jugendlichen Traumvorstellungen hatte er immer einen reichen Filmstar geheiratet.* |

2. *(erfundene) Erzählung; Geschichte*

| | |
|---|---|
| "Watership Down" is a delightful fantasy about the adventures of a group of rabbits who have to find a new home. | *"Watership Down" ist eine entzückende Geschichte über die Abenteuer einer Gruppe von Kaninchen, die ein neues Zuhause suchen müssen.* |

3. sheer[FF]/mere fantasy: *schiere[FF] Einbildung; pure[FF] Erfindung*

| | |
|---|---|
| That story Theo told about his wartime experiences was sheer fantasy. | *Die Geschichte, die Theo da über seine Kriegserlebnisse erzählt hat, war pure[FF] Erfindung.* |

**fast** Adv.
*almost; nearly* (nicht vor Verneinung)
Kurioserweise fällt den meisten Deutschen die schöne Doppeldeutigkeit von "Fast Food" nicht auf.

**fatal** Adj.
1. (peinlich) *awkward; embarrassing; unfortunate*

| | |
|---|---|
| Theo machte einen fatalen Fehler, als er seiner Freundin zum 49. Geburtstag 50 rote Rosen schenkte. | *Theo made an embarrassing/ unfortunate mistake – he gave his girlfriend 50 red roses for her 49th birthday.* |
| eine fatale Lage | *an awkward/embarrassing situation* |

2. (verhängnisvoll) *disastrous; calamitous;* (selten) *fatal*

| | |
|---|---|
| Premierminister Edward Heath machte einen fatalen Fehler, als er 1974 einen Wahlkampf ansetzte. | *Prime Minister Edward Heath made a disastrous mistake in going to the country in 1974.* |
| fatale Folgen | *dire consequences* |

die **Fatalität**, -en
Dieses Wort muss man im Englischen meist umschreiben:

| | |
|---|---|
| Theo erkannte die Fatalität seines Fehlers erst, als es zu spät war. | *Theo didn't realise what an awful/ embarrassing/unfortunate mistake he had made till (it was) too late.* |

**faul** Adj.
1. *lazy*

| | |
|---|---|
| ein Faulpelz | *a lazybones* |

2. *rotten; bad*

| | |
|---|---|
| faule Eier | *bad / rotten eggs* |

3. *fishy; shady*

| | |
|---|---|
| An der Sache ist etwas faul. | *There's something fishy about the whole thing.* |

**fast** /fɑːst || fæst/ Adj. / Adv.
1. *schnell; rapide*
2. (Film) *hochempfindlich; schnell*
3. to be stuck fast: *fest sitzen; eingeklemmt sein*

**fatal** /ˈfeɪtɫ/ Adj.
1. *tödlich*

| | |
|---|---|
| A mistake in repacking a parachute can have fatal consequences[FF]. | *Ein Fehler beim Packen eines Fallschirms kann tödliche Folgen haben.* |
| The bite of the adder is seldom fatal. | *Der Biss der Kreuzotter ist selten tödlich.* |

2. (selten, übertragen) *verhängnisvoll; verhängnisbringend*; auch *fatal*

| | |
|---|---|
| In 1974 Edward Heath made a fatal miscalculation which cost him the election. | *1974 machte Edward Heath eine verhängnisvolle/fatale Fehlkalkulation, die ihn den Wahlsieg kostete.* |

**fatality** /fəˈtæləti/ n.
*Todesfall; (Todes)opfer; Fatalität*

**foul** /faʊɫ/ Adj. / n. / V. tr. / V. intr.
1. Adj. *stinkend; verpestet; schlecht*

| | |
|---|---|
| foul air | *schlechte Luft* |

2. Adj. *schnöde; schmutzig*

| | |
|---|---|
| a foul trick | *ein schnöder/schmutziger Trick* |

3. n. (Sport) *Foul*
4. V. tr. / V. intr. *foulen*

**feist** Adj.
*fat; stout; plump*[FF]*; corpulent*

| | |
|---|---|
| Der feiste Dackel sah gelangweilt zu, wie die Ratten die Schuhe seines Herrchens auffraßen. | *The fat dachshund looked on bored as the rats ate his master's shoes.* (dachshund: /'dæksənd/) |

die **Fete**, -n
*party;* (scherzhaft) *festivity*

| | |
|---|---|
| Am Samstag lasse ich eine Fete steigen. | *I'm throwing a party on Saturday.* |
| Was sollte man zu deiner Fete mitbringen? | *What should one contribute to your festivity?* |

die **Fetthenne**, -n (Mehrzahl selten), auch **Fette Henne** (unzählbar)
*stonecrop;* (eine Gruppe von mehrjährigen sukkulenten Pflanzen der Gattung *Sedum)*

der **Fink**, -en
*finch*
Bei Finkenvögeln taucht im Englischen der Name *finch* viel häufiger auf als in den deutschen Namen:

| | |
|---|---|
| Grünling/Grünfink | *greenfinch* |
| Stieglitz/Distelfink | *goldfinch* |
| Buchfink | *chaffinch* |
| Gimpel/Dompfaff | *bullfinch* |
| Kernbeißer | *hawfinch* |

Das einzige häufige Gegenbeispiel ist:

| | |
|---|---|
| Bergfink | *brambling* |

Für „Schmutzfink" gibt es nur *dirty rascal;* BrE coll. *mucky pup,* derber *mucky blighter.*

**firm** Adj.
Nur in „firm sein" (auf einem Gebiet): *to be well up/well versed in something; good at something*

| | |
|---|---|
| Er ist firm in Französisch. | *He's well up in French.* |

**feisty** /'faɪsti/ Adj. (nur AmE)
*mutig; aggressiv; angriffslustig; temperamentvoll*[FF]

| | |
|---|---|
| The feisty terrier didn't stop until he'd killed every one of the thirty rats. | *Der angriffslustige Terrier hörte nicht auf, bis er alle dreißig Ratten getötet hatte.* |

**fete**, **fête** /feɪt/ n.
1. n. "village fete": *Dorffest; (Dorf)basar*
2. V. tr. *(jemanden) umjubeln*

| | |
|---|---|
| Pavarotti is feted wherever he appears. | *Wo immer er sich zeigt, wird Pavarotti umjubelt.* |

**fat hen** /'fæt 'hen/ n.
*Gänsefuß* (eine Gruppe von einjährigen Pflanzen der Gattung *Chenopodium)*

**fink** /fɪŋk/ n. / V. tr. (nur AmE)
1. n. (unangenehmer Mensch) *Saftsack; Arschloch*
2. n. *Petze; Informant*
3. n. *Streikbrecher*
4. V. tr. "to fink on someone": *jemanden verpfeifen*

**firm** /fɜ:m || fɜ:rm/ n. / Adj.
1. n. *Firma*
2. Adj. *fest; stabil; entschlossen*

| | |
|---|---|
| a firm decision | *eine endgültige; unumstößliche Entscheidung* |
| a firm refusal/rejection | *eine strikte Ablehnung* |

**fit** Adj.
Dieses Wort zeigt wieder einmal, dass meistens nur ein Aspekt eines Wortes in eine andere Sprache entlehnt wird, nicht das ganze Wort mit allen seinen Bedeutungen. Im Deutschen wird „fit“ nur im positiven Sinne benützt:

1. (durchtrainiert) *fit*
2. Verbindungen mit “fit for” werden in Deutschland am laufenden Band erfunden und sind für Deutsche sofort verständlich – “fit for fun”, “fit for finance” usw. Für Englischsprachige klingen sie aber seltsam oder lustig, weil die meisten Verbindungen im Englischen eher negativ geladen sind (siehe gegenüber).

**fix** Adj.

1. (Preise) *fixed*

| Fixkosten | *fixed costs* |
|---|---|

2. (ugs.) Nun mach mal fix! (bes. BrE): *Come on, chop-chop!*
3. fix und fertig: *worn out; done for;* ugs. *dead beat;* BrE ugs. *fagged out*

das (auch der) **Flair** unzählbar

1. *(special) atmosphere; special charm*

| In Soho spürt man das Flair der Großstadt London am deutlichsten. | *The special atmosphere of London as a big city[FF] can be felt most clearly in Soho.* |
|---|---|

2. (meist schweizerisch) *flair*

| ein Flair für etwas haben | *to have a flair for something* |
|---|---|

**fit** /fɪt/ Adj. / V. tr.
1. Adj. *geeignet; tauglich*

| | |
|---|---|
| to be fit for | *reif sein für; taugen (nur noch) für* |

Ausdrücke mit "fit" sind häufig entweder abwertend oder negativ:

| | |
|---|---|
| This old banger's fit for the scrapheap.<br>This food's not fit to be eaten. | *Die alte Klapperkiste ist reif für den Schrottplatz.*<br>*Dieses Essen ist ungenießbar.* |

2. Redewendungen:

| | |
|---|---|
| I was fit to drop.<br>They were laughing fit to burst. | *Ich war zum Umfallen müde.*<br>*Sie haben sich einen Ast gelacht.* |

3. Adj. *ziemend; passend; richtig*

| | |
|---|---|
| He's not a fit person to be entrusted with secrets. | *Er ist nicht der (richtige) Mensch, dem man Geheimnisse anvertrauen kann.* |

4. Adj. *(durch)trainiert; fit*
5. V. tr. *passen*

| | |
|---|---|
| These shoes don't fit me. | *Diese Schuhe passen mir nicht.* |

**fix** /fɪks/ V. tr. / n.
1. V. tr. *festmachen; befestigen; verankern; festlegen; ausmachen; regeln*
2. n. "to be in a fix": *in der Klemme sitzen*
3. n. (Drogen) *Fix*

**flair** /fleə || fleər/ n.
1. *Talent; Begabung; Gabe*

| | |
|---|---|
| She has a great flair for languages. | *Sie hat ein großes Sprachtalent.* |

2. *Gespür; Riecher*

| | |
|---|---|
| He's got a flair for playing the stock market. | *Er hat einen Riecher für das Spekulieren auf dem Aktienmarkt.* |

die **Flak**, - oder -s
*antiaircraft gun; (*Abk.: *AA-gun, ack-ack gun*)

| | |
|---|---|
| Wir brauchten eine Stunde, um die schwere Flak in Stellung zu bringen | *We took an hour to get the heavy AA-gun into position* |

der/das **Flakon**, -s /fla'kõ:/
*small (cut-glass) bottle*

*ein Flakon*

der **Flammeri**, -s
(meist BrE) *(fruit) blancmange* /blə'mɒndʒ ‖ -mɑ:ndʒ/
Man findet das Wort „Flammeri" nicht nur in Wörterbüchern (wo aber sein Ursprung aus dem Walisischen nicht erwähnt wird), sondern durchaus noch in modernen deutschen Kochbüchern, während "flummery" in englischen Kochbüchern nicht mehr erscheint.

**flak** /flæk/ n.
1. (im buchstäblichen Sinne) *Flakfeuer*

| | |
|---|---|
| The attack was called off – there was too much flak about. | *Der Angriff wurde abgeblasen – das Flakfeuer war zu stark.* |

Im Englischen bezieht sich "flak" immer auf das Feuer aus Abwehrkanonen, nie auf die Kanonen selber.
2. (übertragen, ugs.) *Beschuss*

| | |
|---|---|
| The Prime Minister's been getting a lot of flak from the Opposition over his new plan. | *Der Premierminister kommt schwer unter Beschuss von Seiten der Opposition wegen seines neuen Plans.* |
| You go ahead, but if you fail, I'm not taking the flak. | *Mach, wie du meinst, aber ich will es nicht ausbaden.* |

*a flagon*

**flagon** /'flægən/ n.
*(großer) Krug; (große) Flasche*
Im Gegensatz zum deutschen „Flakon" ist ein *flagon* immer groß, meistens einfach gemacht, oft etwas altmodisch (ein Krug aus Leder, eine Steingutflasche usw.) und immer für trinkbare Flüssigkeiten wie Bier, Wasser usw.

**flummery** /'flʌməri/ n.
1. Heutzutage meist im übertragenen Sinne: *leere Komplimente; wohltönende Phrasen*; auch *Flitterkram*
2. Im ursprünglichen Sinne *eine Süßspeise aus geschlagenen Eiern, Zucker, und Aromastoffen; eine Art Pudding*[FF]*;* deutsch auch *Flammeri*

*Flummery* (früher auch *thlummery*) ist eines der wenigen Wörter walisischen Ursprungs im Englischen. Die Aussprache mit *fl-* oder *thl-* ist ein englischer Versuch, das walisische Ursprungswort *llymru* /'ɬəmrɨ/ wiederzugeben – das "ll" ist ein stimmloses "l" mit starker Reibung.

der **Fleck**, -en

1. *mark; stain;* (Tintenfleck) *blot*

| | |
|---|---|
| Auf seinem Hemd war ein roter Fleck. | *There was a red mark on his shirt.* |

2. (fig.) *blot*

| | |
|---|---|
| Die Sache mit Gertrude war ein Fleck auf Theos weißer Weste[FF]. | *The business with Gertrude was a blot on Theo's escutcheon.* /ɪ'skʌtʃn/ |

3. (bestimmter Ort, Punkt) *spot*

| | |
|---|---|
| der blinde Fleck (im Auge) | *blind spot (in the eye)* |
| Er rührte sich nicht vom Fleck. | *He didn't move/He stood rooted to the spot.* |

4. (Stoff) *patch*

die **Flex**, -

*(electric) (rotary) cutter*

Ursprünglich ein Markenname für eine Trenn- und Schleifmaschine mit Trennscheiben, jetzt bes. in Süddeutschland verallgemeinert.

**flicken** V. tr.

*to patch; to mend; to repair; to put a patch on*

| | |
|---|---|
| Mutti, kannst du meine Jeans flicken? Die hat schon wieder ein Loch! | *Mummy, can you mend my jeans? They've got another hole in them!* |
| Flickkorb | *mending basket* |
| Flickenteppich | *rag rug* |
| Flickwerk | *hotchpotch;* bes. BrE *hodge-podge* |
| Flickzeug (für Fahrrad usw.) | *(puncture) repair kit* |

**fleck** /flek/ n. / V. tr.

1. n. *Tupfen; Farbtupfer; Spritzer; Flöckchen*

| | |
|---|---|
| She wore a pretty yellow scarf with flecks of red. | *Sie trug einen hübschen gelben Schal[FF] mit roten Tupfen.* |

2. V. tr. *(be)sprenkeln*

| | |
|---|---|
| The sky was flecked with clouds. | *Der Himmel war mit Wölkchen gesprenkelt.* |

**flex** /fleks/ n. / V. tr.

1. n. (nur BrE) *(häusliches) Stromkabel* (AmE: electric wire)
2. V. tr. (Arm, Bein) *beugen; abbiegen*

| | |
|---|---|
| to flex one's muscles | *die Muskeln spielen lassen* |

**flick** /flɪk/ V. tr.

1. *schnipsen; schnippen*
   Das heißt, den Zeigefinger gegen den Daumen anspannen und vorschnellen lassen, um z. B. Steinchen, Papierkügelchen oder Krümel schnell und weit wegzubefördern. Kein so präzises deutsches Äquivalent.

| | |
|---|---|
| He flicked an ink pellet at me. | *Er hat eine Tintenkugel nach mir geschnipst.* |

2. *(etwas mit einer leichten, schnellen Bewegung) wegwischen*

| | |
|---|---|
| She flicked the crumbs off her dress.<br>The horse flicked the troublesome flies away with its tail. | *Sie wischte die Brösel von ihrem Kleid.*<br>*Das Pferd schlug mit dem Schwanz nach den lästigen Fliegen.* |

die **Föhre**, -n
*pine; pine tree* (Gattung *Pinus*)

die **Folie**, -n
1. (Plastik) *film; wrapping film; plastic sheet; polythene sheet*

| Haftfolie | BrE *clingfilm; AmE plastic wrap* |
|---|---|

2. (Metall) *foil*

| Alufolie | *silver foil* |
|---|---|

3. Overheadfolie: *overhead transparency*[FF]

die **Folklore** unzählbar
*traditional dances; folk songs* usw.

| Höhepunkt des Volksfestes ist ein Folkloreabend am Donnerstag. | *The climax of the fair will be an evening of traditional dancing and singing on Thursday.* |
|---|---|

Heutzutage steht Englisch allein in seinem Gebrauch von „folklore". Das Wort wurde zum ersten Mal am 22. August 1846 von W. J. Thoms in der britischen literarischen Zeitschrift „Athenaeum" benützt, und zwar in der Bedeutung, die es im Englischen heute noch hat (siehe gegenüber).

das **Formular**, -e
*form*

| Um Mitglied in diesem Klub zu werden, muss man zuerst ein Formular ausfüllen. | *To become a member of this club you first have to fill in a form (*AmE *fill out a form).* |
|---|---|

In Großbritannien heißt ein unausgefülltes Formular "a form", in Amerika "a form blank[FF]" oder einfach "a blank[FF]".

**fir** /fɜ: ǁ fɜ:r/, **fir tree** /ˈfɜ: ˌtri: ǁ ˈfɜ:r/ n.
*Tanne* (Gattung *Abies*)
Alle Tannen (*firs*), Fichten (*spruces*), Lärchen (*larches*) und Kiefern/Föhren (*pines*) gehören der Familie *Pinaceae* (Kieferngewächse) an – daher vielleicht die Verwirrung bei den Namen.

**foil** /fɔɪɫ/ n. / V. tr.
1. n. *Metallfolie*; bes. *Alufolie*
2. V. tr. "to foil an attempt": *einen Versuch vereiteln*

| | |
|---|---|
| to foil a person | *jemandem einen Strich durch die Rechnung machen* |

3. n. (Fechten) *Florett*

**folklore** /ˈfəʊklɔ: ǁ ˈfoʊklɔ:r/ n., unzählbar
*Volksweisheit; traditioneller Volksglauben; Volksgut* (z. B. Volksmärchen, Volkssagen, volkstümliche Sprichwörter)

| | |
|---|---|
| In Irish folklore, the leprechauns or "little people" are always ready to help the virtuous[FF]: | *In den irischen Volkssagen sind die Leprechauns, die „kleinen Leute", immer bereit, den Guten zu helfen.* |

"Lore" heißt *Kunde*, *Wissen*, und beinhaltet sowohl die vernünftig begründeten wie auch die abergläubischen Verhaltensregeln einer Berufs- oder Volksgruppe. So ist z. B. "the lore of the sea" die untrennbare Einheit vom technischen Wissen der Seeleute und allen im Aberglauben begründeten Vorstellungen und Regeln, die das Leben auf und mit dem Meer bestimmen. „Folklore" ist also die Weisheit des Volkes, ausgedrückt in Sprichwörtern, Bauernweisheiten usw.

**formula** /ˈfɔ:mjʊlə ǁ ˈfɔ:rm-/ n.
Mehrzahl: **formulas** oder **formulae** /ˈfɔ:mjʊli: ǁ ˈfɔ:rm-/
*Formel*

| | |
|---|---|
| The most famous[FF] formula of all time is no doubt $e = mc^2$ (e equals m c squared) | *Die berühmteste Formel aller Zeiten ist wohl* $e = mc^2$. |
| (Motorsport) a formula 1 race | *ein Formel-1-Rennen* |
| (Werbesprache) "New formula!", "Improved formula!" | *„Mit neuer Formel"* |

der **Fotograf**, -en (früher Photograph)
*photographer* /fə'tɒgrəfə || -'tɑ:grəfər/

die **Fraktion**, -en
*parliamentary party; parliamentary group*

| | |
|---|---|
| Bei der letzten Wahl hat unsere Fraktion 10 Sitze verloren. | *In/At the last election our parliamentary party lost 10 seats.* |

In Bezug auf das britische Parlament heißen die Parteifraktionen "the parliamentary Labour Party", "the parliamentary Conservative Party" usw., in Bezug auf den deutschen Bundestag nennt man z. B. die SPD-Fraktion "the SPD group in the Bundestag".

der **Fraß** unzählbar
1. (ugs., abwertend) *muck*
2. *pests*

| | |
|---|---|
| Schäden durch Fraß, Fraßschäden | *pest damage / damage by pests* |
| den Löwen zum Fraß vorgeworfen werden | *to be thrown to the lions* |

**frivol** Adj.
1. (schlüpfrig) *naughty; scurrilous*[FF]*; indecent; (a bit) near the bone*

| | |
|---|---|
| Joe Ortons "What the butler saw" ist eine frivole Komödie über die Zustände in einer Nervenklinik. | *Joe Orton's "What the butler saw" is an amusing, naughty comedy about the goings-on in a psychiatric clinic.* |

2. (leichtsinnig) *frivolous*

**photograph** /'fəʊtəgrɑ:f || 'foʊtəgræf/ n. / V. tr.
1. n. *Foto; Lichtbild*
2. V. tr. *fotografieren*

**fraction** /'frækʃn/ n.
1. *(mathematischer) Bruch*

| | |
|---|---|
| vulgar fraction | *gemeiner Bruch* |
| compound fraction | *zusammengesetzter Bruch; Doppelbruch* |

In der Schule kann *fractions* „Bruchrechnung" heißen:

| | |
|---|---|
| We started fractions in the seventh year. | *Wir haben in der siebten Klasse mit Bruchrechnen angefangen.* |

2. *Bruchteil*

| | |
|---|---|
| He missed the world record by a fraction of a second. | *Er verfehlte den Weltrekord um den Bruchteil einer Sekunde.* |

**frass** /fræs/ n.; unzählbar
1. *Exkremente von Raupen*

| | |
|---|---|
| In a wood infested with larvae of the Black Arches moth, a constant pattering sound can be heard, caused by the fall of their frass. | *In einem von Nonnenraupen befallenen[FF] Wald hört man ein ständiges Rieseln, das von ihren herabfallenden Exkrementen verursacht wird.* |

2. (viel seltener) *Staub; Exkremente; Papierflimsel* usw., die von Schäden durch Insekten herrühren

**frivolous** /'frɪvələs/ Adj.
1. *albern; kindisch* (nur bei Erwachsenen)

| | |
|---|---|
| At the party last night we got all frivolous and spent the whole evening making paper hats. | *Auf der Party gestern waren wir furchtbar albern und haben den ganzen Abend Papierhüte gemacht.* |

2. *leichtsinnig; leichtfertig*

| | |
|---|---|
| She's so frivolous, she spends all her money on clothes and going to the cinema. | *Sie ist so leichtsinnig, sie gibt ihr ganzes Geld für Kleider und Kino aus.* |

der **Fund**, -e
*a find*

| | |
|---|---|
| Die Polizei machte einen erstaunlichen Fund. | *The police made an amazing find.* |

der **Funk**, unzählbar
(Abkürzung für Rund- und Fernsehfunk, Funktechnik usw.) *broadcasting*

| | |
|---|---|
| per Funk | *by radio* |
| der Bayerische Rundfunk | *The Bavarian Broadcasting Corporation* |
| Funk und Fernsehen | *radio and television* |

**funken** V. intr. / V. tr.
1. V. intr. *to transmit*

| | |
|---|---|
| Die Polizei hatte Schwierigkeiten, weil Amateure auf ihrer Wellenlänge funkten. | *The police were having difficulties because radio hams were transmitting on their wavelength.* |

2. V. tr. *to transmit; to radio; to send*[FF] *(a call by radio)*

| | |
|---|---|
| Die Polarforscher funkten einen Hilferuf zur Basis[FF] zurück. | *The polar explorers transmitted/radioed/sent a distress call back to base.* |

der **Funker**, -
*radio operator*

| | |
|---|---|
| Amateurfunker | *radio ham* |

**fund** /fʌnd/ n. / V. tr.
1. n. *Fonds*

| | |
|---|---|
| aid fund<br>fundraising campaign | *Hilfsfonds*<br>*Spendenaktion*[FF]*; Spendenkampagne* |

2. V.tr. *finanzieren*

**funk** /fʌŋk/ n. / V. tr.
1. n. (BrE ugs.) *Mordsangst; Bammel; Schiss*

| | |
|---|---|
| When the oral exam came, he was in such a (blue) funk that he couldn't say a thing. | *Als die mündliche Prüfung kam, hatte er so eine Mordsangst/so einen Schiss/so einen Bammel, dass er kein Wort herausbrachte.* |

2. V. tr. (BrE ugs.) "to funk doing something": *sich aus Angst vor etwas drücken*

| | |
|---|---|
| I funked telling her the truth. | *Ich habe mich davor gedrückt, ihr die Wahrheit zu sagen.* |

2. n. (Musik) *Funk*

**funker** /ˈfʌŋkə ‖ -kər/ n.
(BrE ugs., selten) *Angsthase*; (süddeut.) *Schisser*

der **Gabelstapler** siehe unter **Stapler**

der **Gaffer**, -
(sensationslüstern) *ghoul* /guːɫ/; (eher harmlos) *gawper; gaper*

| | |
|---|---|
| Die Rettungsarbeiten wurden durch zahlreiche Gaffer behindert. | *The rescue was hindered by crowds of ghouls.* |

*Gawper* bezeichnet herumstehende Zuschauer (bei einer Ausgrabung, Filmaufahmen u. ä.), die zwar unerwünscht und etwas lästig sind, aber nicht unmoralisch. Die Bezeichnung *ghoul* (leichenfressendes Gespenst) wurde in den 80er Jahren von der britischen Boulevardpresse auf solche Zuschauer bezogen, die sich an Verkehrsunfällen ergötzten.

der **Gag**, -s /gɛk/
1. (Höhepunkt) *highlight*

| | |
|---|---|
| Es war der Gag des Abends, als die Geburtstagstorte explodierte. | *The highlight of the evening was when the birthday cake exploded.* |

2. (Werbung, Wahlkampf u. ä.) *gimmick* /'gɪmɪk/

| | |
|---|---|
| Werbegag | *sales gimmick* |

3. (witziger Einfall) *beauty (of an idea, plan, etc.)*

| | |
|---|---|
| Der Gag an dem Plan ist, dass wir nach dem Überfall ganz gemächlich davonschlendern. | *The beauty of this plan is that after the hold-up we just saunter away casually.* |

4. (Theater, Film) *gag*

**galvanisieren** V. tr.
*to electroplate; to plate (with any metal)*

| | |
|---|---|
| Die Rohre sind mit Kupfer galvanisiert. | *The tubes are electroplated with copper.* |

**gaffer** /'gæfə || -fər/ n.
1. (BrE und AmE: Film, Fernsehen) *Chefelektriker; Beleuchtungstechniker*
2. (nur BrE) *Vorarbeiter; Boss; Chef*[FF]
3. (nur BrE ugs.) *alter Mann; „Opa"*
4. (nur BrE ugs.) *Wirt (eines Pubs)*

**gag** /gæg/ n. / V. tr.
1. n. *Knebel*; (Med.) *Mundsperre*
2. (Theater usw.) *Witz*; bes. *abgedroschener Witz; lustiger Einfall; Gag*

| | |
|---|---|
| the same old show with the same old gags | *die gleiche alte Show mit den gleichen alten Witzen/Gags* |

3. V.tr. *knebeln*; *mundtot machen; (über Presse usw.) einen Maulkorberlass verhängen*

**galvanize**, BrE auch **-ise** /'gæɫvənaɪz/ V. tr.
1. (Metall) *verzinken*
2. (übertragen) fast nur in "to galvanize someone into activity/into doing something": *jemanden elektrisieren; aufrütteln*

| | |
|---|---|
| The news that there was a ship on the rocks galvanized the villagers into action – they ran out of the church and down to the beach. | *Auf die Nachricht, dass ein Schiff auf die Felsen aufgelaufen war, rannten die Dorfbewohner wie elektrisiert aus der Kirche und hinunter zum Strand*[FF]. |

der **Gangster**, - /'gɛŋstɐ/
1. (Schwerverbrecher) *criminal; thief; thug;* (bewaffnet) *gunman*

| | |
|---|---|
| Nach dem Überfall benützte der Gangster einen Rolls-Royce als Fluchtauto. | *After the hold-up the gunman made his getaway in a Rolls-Royce.* |

2. (in einer Bande organisiert und gemeinsam agierend) *gangster*

die **Garderobe**, -n
1. (zum Aufhängen von Mänteln usw.) *coat-rack; hat-rack*
2. (Raum zur Kleideraufbewahrung) *cloakroom;* AmE auch *checkroom*
3. (Umkleideraum) *dressing room*
4. (Gesamtheit der Kleider) *wardrobe*

das **Gasthaus**, ¨-er
1. (mit Fremdenzimmern) *inn*
2. (nur Speiselokal) *restaurant*

*ein Gasthaus*

**genial** Adj.
*brilliant; gifted; of genius*

| | |
|---|---|
| Einstein war ein genialer Denker. | *Einstein was a brilliant thinker. / Einstein was a thinker of genius.* |

**gestresst** Adj.
*harassed* /'hærəst/; /hə'ræst/

| | |
|---|---|
| Kinder werden heutzutage oft zu kleinen Diktatoren gegenüber ihren gestressten Eltern. | *Nowadays children often behave like little dictators towards their harassed parents.* |

**gangster** /'gæŋstə || -stər/ n.
*Bandenmitglied*; nur in diesem Sinne auch *Gangster*
Im Englischen ist ein *gangster* immer Mitglied in einer *gang* (Bande); wenn ein Verbrecher allein auftritt, kann er nicht als *gangster* bezeichnet werden (siehe gegenüber).

**wardrobe** /'wɔ:drəʊb || 'wɔ:rdroʊb/ n.
1. *Kleiderschrank*
2. *Garderobe* (im Sinne von: alle Kleider, die jemand besitzt):

| | |
|---|---|
| A muff is a must in any woman's wardrobe. | *Einen Muff muss jede Frau in ihrer Garderobe haben.* |

*a guest-house*

**guest-house** /'gest haʊs/ n.
*kleine Privatpension*[FF]
In Großbritannien sind sie besonders in touristisch reizvollen Gegenden sehr zahlreich, man erkennt sie leicht an den Schildern mit "B & B" (Bed and Breakfast), die sie im Fenster oder am Zaun hängen haben.

**genial** /'dʒi:niəɫ/ Adj.
*herzlich; freundlich; leutselig*

| | |
|---|---|
| I remember Albert Einstein as a genial old man who loved children. | *Ich habe Albert Einstein als einen freundlichen alten Mann in Erinnerung, der Kinder gern hatte.* |

**stressed** /strest/ Adj. / Partizip
1. (Sprache) *betont*
2. (Windschutzscheibe o. ä.) *vorgespannt*

das **Gift**, -e
*poison*

| | |
|---|---|
| Der Weiße Knollenblätterpilz enthält ein tödliches Gift. | *The Destroying Angel contains a deadly poison.* |

Am Ende des Zweiten Weltkrieges sollen Lebensmittelpakete, die von der US-Luftwaffe über schwer verwüsteten Gebieten in Deutschland abgeworfen worden waren, von der Bevölkerung gemieden worden sein, weil sie die Aufschrift "Gift from USA" trugen.

die **Girlande**, -n
1. (bogenartig herunterhängend) *festoon* /fe'stu:n/
2. (aus Papier, zum Schmücken von Räumen bei Partys usw.) *paper chain*
3. (nur wenn ringförmig, bes. zum Tragen um den Hals, wie z. B. auf den Südseeinseln) *garland*

*eine Girlande*

**Glacé-** (nur in Verbindungen)

| | |
|---|---|
| Glacéleder | *kid leather* |
| Glacéhandschuhe | *kid gloves* |
| jmdn/etwas mit Glacéhandschuhen anfassen | *to handle someone/something with kid gloves* |

die **Glut**, -en
1. *glow; glowing coals; red heat*

| | |
|---|---|
| Beim Grillen muss man viel Geduld haben, bis man die richtige Glut hat. | *When you're barbecuing you have to wait till you've got a good glow.* |

2. (der Sonne, Wüste usw.) *(searing) heat*

**graduell** Adj.
*of/in degree*

| | |
|---|---|
| ein gradueller Unterschied | *a difference of/in degree* |

**gift** /gɪft/ n.
1. *Talent; Begabung; (Geistes)gabe*

| | |
|---|---|
| The Queen has a gift for remembering names and faces. | *Die Königin hat ein besonderes Talent, sich Namen und Gesichter zu merken.* |

2. *Geschenk* ("gift" ist etwas förmlicher als "present")

| | |
|---|---|
| The Queen and the President exchanged gifts. | *Die Königin und der Präsident tauschten Geschenke aus.* |
| gift shop | *Geschenkboutique* |

*a garland*

**garland** /'gɑ:lənd || 'gɑ:r-/ n.
*Blumenkranz; Blätterkranz*
Eine *garland* ist immer ein geschlossener Ring aus Blumen usw., meistens um den Hals getragen oder als Gebäudeschmuck usw., seltener zum Tragen auf dem Kopf.

**glacé** /'glæseɪ || glæ'seɪ/ Adj.
*kandiert*
Hauptsächlich in: "glacé cherries": *kandierte Kirschen*

| | |
|---|---|
| glacé icing | *dicke Puderzuckerglasur* |

**glut** /glʌt/ n. / V. tr.
1. n. *Schwemme; Überangebot*
2. V. tr. (Markt usw.) *überschwemmen*
3. V. refl. "to glut oneself": *sich vollfressen*

**gradual** /'grædʒʊəɫ/ Adj., **gradually** /'grædʒʊəli/ Adv.
*allmählich; sukzessive*[FF]

| | |
|---|---|
| The unemployment rate[FF] is gradually increasing. | *Die Arbeitslosenquote*[FF] *nimmt allmählich zu.* |

die **Gratifikation**, -en
*bonus (payment); gratuity*

| Weihnachtsgratifikation | *Christmas gratuity* |
|---|---|

„Weihnachtsgratifikation" heißt in England auch *Christmas box*, und von der Tradition, *Christmas boxes* an den Milchmann, die Müllabfuhr usw., am 26. Dezember zu verteilen, heißt dieser Tag "Boxing Day".

**graziös** Adj.
*graceful*

| Die Prima Ballerina machte einen graziösen Hofknicks vor der Königin. | *The prima ballerina made a graceful curtsy to the Queen.* |
|---|---|

der **Grill**, -s
1. (Garten) *a barbecue*
2. (Küche) *a grill*

**grillen** V. tr. / V. intr.
1. (im Garten) *to have a barbecue; to barbecue (something)*

| Heute Nachmittag wollen wir grillen. | *We're having a barbecue this afternoon.* |
|---|---|

2. (Küche) *to grill*

die **Grille**, -n
1. (Zool.) *cricket*
2. Grillen im Kopf haben: *to be full of silly ideas*

**gratification** /ˌgrætɪfɪ'keɪʃn/ n.
1. *Genugtuung*

| | |
|---|---|
| To win against such odds was a source of great gratification to us all. | *Dass wir unter so ungünstigen Bedingungen gewonnen hatten, erfüllte uns alle mit großer Genugtuung.* |

2. sexual gratification: *sexuelle Befriedigung*

**gracious** /'greɪʃəs/ Adj.
*gnädig; huldvoll*

| | |
|---|---|
| The queen smiled graciously at the prima ballerina. | *Die Königin lächelte der Prima Ballerina huldvoll zu.* |
| Goodness gracious!/ Good gracious (me)! (nur BrE) | *Du meine Güte!* |

**grill** /grɪɫ/ n. / V. tr.
1. n. *Grill* (meist im Ofen)
   Die meisten britischen Öfen haben ein separates Grillrohr oberhalb des Backrohrs.
2. V. tr. (im Ofengrill) *grillen*
3. V. tr. (übertragen) *braten*

| | |
|---|---|
| Children cannot understand why grown-ups love lying on a beach grilling (themselves). | *Kinder können nicht verstehen, warum Erwachsene so gern am Strand liegen und in der Sonne braten.* |

4. V. tr. (übertragen) *genau befragen; ausfragen*

| | |
|---|---|
| I was really grilled/I got a really good grilling in the oral. | *Im Mündlichen bin ich wirklich nach Strich und Faden ausgefragt worden.* |

**grille** /grɪɫ/ n.
*(Draht)gitter; Sprechgitter*; (Auto) *Kühlergrill*

**groß** Adj.

1. *large*

| | |
|---|---|
| Er gewann eine große Summe beim Pokerspiel. | *He won a large amount of money at poker.* |

2. *big*
   "Big" ist nicht förmlich und kann emotional gefärbt sein – es bedeutet immer, dass die Größe auch Eindruck macht. Kleine Kinder benützen *large* selten; sie nehmen lieber das imponierende *big*:

| | |
|---|---|
| Schau, Mutti, wie groß ich bin! | *Look how big I am, Mummy!* |

3. (Höhe, Körperlänge) *tall*
   Vgl. *a big woman* (euphem. für „eine große, dicke Frau") und *a tall woman* („eine große [lange] Frau")
4. *great* (etwas förmlich)

| | |
|---|---|
| Die Regierung wird große Schwierigkeit haben, ihre neuen Vorschläge in die Tat umzusetzen. | *The government will have great difficulty (in) implementing their new proposals.* |

5. (großartig) *great*

| | |
|---|---|
| Churchill war der letzte große Staatsmann der Geschichte. | *Churchill was the last great statesman in history.* |

der/das **Gully**, -s
*drain* (neben und unter Straßen, in Waschküchen usw.)

Die Gullys an beiden Seiten der Straße waren verstopft, was die Überschwemmung noch schlimmer machte.

*The drains were blocked on both sides of the road, which made the flooding even worse.*

*ein Gully*

**gross** /grəʊs || groʊs/ Adj. / V. tr. / n.

1. Adj. *grob*

| | |
|---|---|
| Showing the soles of one's feet to an Arab is a gross insult. | *Einem Araber die Fußsohlen zu zeigen ist eine grobe Beleidigung.* |

2. Adj. *Brutto-; brutto*

| | |
|---|---|
| His gross income was £80,000 a year. | *Sein Bruttoeinkommen betrug 80 000 Pfund im Jahr.* |

3. V. tr. "to gross": *brutto betragen*

| | |
|---|---|
| His income grossed £80,000 a year. | *Sein Einkommen betrug brutto 80 000 Pfund im Jahr.* |

4. n. "a gross" (zählbar, kein -s im Plural): *ein Gros* (144 Stück)

| | |
|---|---|
| Theo Pink dropped two gross of eggs on the road. | *Theo Pink ließ zwei Gros Eier auf die Straße fallen.* |

**gully** /'gʌli/ n.

1. *(kleine) Schlucht; (tief eingeschnittener) Wasserlauf; (von Wasser ausgewaschene) Rinne*

Bezieht sich besonders auf Gegenden, die starker Erosion ausgesetzt sind:

| |
|---|
| The torrential rain had cut deep gullies in the road. |
| *Die Regengüsse hatten tiefe Furchen in die Straße geschnitten.* |

*a gully*

2. (selten) *Abwasserkanal; Abwassergraben*
   "Gully" bezeichnet aber nie die Abwasseröffnungen ("drains") in der Straße.
3. (Cricket) Position auf dem Spielfeld, vom Bowler aus gesehen etwa 5 m links hinter dem Batsman (bzw. rechts, wenn er Linkshänder ist).

| | |
|---|---|
| Smith fielded all day in the gully. | *Smith spielte den ganzen Tag in der "gully"-Position.* |

das **Gymnasium**, -ien
1. (in Bezug auf deutschsprachige Länder) *a "Gymnasium"* /gɪm'nɑ:ziəm/
2. (in Bezug auf Großbritannien) *grammar school*

| | |
|---|---|
| Die meisten heutigen Tories gingen nicht auf teure Privatschulen, sondern auf öffentliche Gymnasien. | *Most modern Tories did not go to public schools, but to state grammar schools.* |

Das deutsche Wort „Gymnasium" wird in England nur in gebildeten Kreisen gebraucht, nur in Bezug auf deutsche Schulen, und meist in Anführungszeichen, um Verwechslungen mit "gymnasium" zu vermeiden. Zwar sind die allermeisten "grammar schools" durch "comprehensive schools" (Gesamtschulen) ersetzt worden, aber manche existieren noch in vorwiegend konservativ regierten Gegenden.

**gymnasium** /dʒɪm'neɪziəm/ n.
*Turnhalle*

| We often played badminton in our gymnasium. | *Wir spielten oft Federball in unserer Turnhalle.* |
|---|---|

"Gymnasium" wird umgangssprachlich oft zu *gym* /dʒɪm/ abgekürzt.

der **Handel** unzählbar
1. *trade; commerce; trading;* (Drogen usw.) *traffic; trafficking*
2. (Abmachung) *deal*

**handeln** V. intr.
1. *to act*

| | |
|---|---|
| Wir müssen sofort energisch[FF] handeln! | *We must act decisively at once!* |

2. *to trade*

| | |
|---|---|
| Diese Firma handelt hauptsächlich mit England. | *This firm trades mainly with Britain.* |

3. *to deal in (something); to trade in (something)*

| | |
|---|---|
| Mein Bruder handelt mit Alteisen. | *My brother deals/trades in scrap iron.* |

4. (mit etwas Illegalem handeln) *to deal in; traffic in*

| | |
|---|---|
| Er handelt mit Heroin. | *He deals/traffics in heroin.* |

5. (feilschen) *to bargain; to haggle*

| | |
|---|---|
| Auf Flohmärkten darf nach Herzenslust gehandelt werden. | *At fleamarkets you can haggle to your heart's content.* (/'hɑ:ts kən'tent/) |

6. In der Wendung „es handelt sich um …": *this is …; it is …*

| | |
|---|---|
| Es handelt sich hier um eine sehr gelungene Fälschung eines 10 Euro-Scheins. | *This is a very clever[FF] forgery of a 10 Euro note.* |

das **Handwerk**, -e
1. *craft[FF]; trade*

| | |
|---|---|
| das Handwerk des Schreiners | *the carpenter's craft/trade* |

2. (als Berufsstand; unzählbar) *the craftsman's trade*
Da das System der handwerklichen Ausbildung (Lehrling, Meister) in englischsprachigen Ländern nicht sehr ausgeprägt ist, benützt man oft einfach die Mehrzahl von "craftsman", wo man in Deutschland den Berufsstand als Ganzes bezeichnen würde:

| | |
|---|---|
| Die neue Steuer bringt[FF] viele Nachteile für das Handwerk. | *The new tax will bring[FF] many disadvantages for craftsmen.* |

**handle** /ˈhændɫ/ n.
*Griff; Henkel; (Tür)klinke*

**handle** /ˈhændɫ/ V. tr.
1. (wörtlich) *mit den Händen nehmen* (zu einem bestimmten Zweck); *anfassen; berühren; nehmen und anschauen*

| | |
|---|---|
| The old book had been handled so much that its pages were all greasy. | *In dem alten Buch war so viel geblättert worden, dass die Seiten ganz fettig waren.* |

2. *handhaben; behandeln; (mit etwas) hantieren; (mit etwas) umgehen*

| | |
|---|---|
| He handled his sledgehammer with the precision of a goldsmith. | *Er handhabte seinen Vorschlaghammer mit der Präzision eines Goldschmiedes.* |
| Handle with care! | *Vorsicht! Zerbrechlich! Vorsicht Glas!* u. ä. |
| The bishop handled the question of adultery very cautiously. | *Der Bischof behandelte das Thema Ehebruch sehr vorsichtig.* |

3. (eine Diskussion, eine Konferenz) *lenken; leiten*

| | |
|---|---|
| The presenter handled the discussion expertly. | *Der Moderator*[FF] *leitete/lenkte die Diskussion sehr geschickt.* |

**handiwork** /ˈhændiwɜːk ‖ -wɜːrk/ n., unzählbar
*Handarbeit; Arbeit* (im Sinne von „etwas, was man mit den Händen geschaffen hat“)

| | |
|---|---|
| He stepped back and admired his handiwork. | *Er trat einen Schritt zurück und betrachtete seine Arbeit mit Genugtuung.* |
| (Schule) to do handiwork | *am Werkunterricht teilnehmen* |

das **Handy**, -s
*mobile telephone; cellphone*; (seltener) *mobile*
So einleuchtend der Gebrauch dieses scheinbar englischen Wortes für einen Deutschen sein mag, so unbekannt ist es in der deutschen Bedeutung in englischsprachigen Ländern (siehe gegenüber).

der **Hausmann**, ¨-er
*househusband*

| Nach der Geburt seiner Tochter blieb Titus als Hausmann daheim, damit seine Frau weiterhin zur Arbeit gehen konnte. | *After the birth of his daughter Titus stayed at home as a househusband to allow his wife to go back to work again.* |
|---|---|

der **Hausmeister**, -
BrE *caretaker*; AmE *janitor*
*Caretaker* bezieht sich vor allem auf den Hausmeister einer Schule; den typischen deutschen Hausmeister eines Wohnblocks findet man in Großbritannien nur selten.

**heftig** Adj.
1. (Wind; Abneigung) *strong*
2. (Regen; Schlag) *heavy*
3. (Streit; Wind, Sturm) *violent; fierce*
4. (Liebe) *passionate*

**handy** /ˈhændi/ Adj.
*praktisch; handlich; nützlich*

| | |
|---|---|
| to come in handy | *sich als nützlich erweisen; gelegen/zupass*[FF] *kommen* |

Im Englischen nur Adjektiv; unter *handy* als Substantiv kann sich der Engländer – wenn überhaupt – nur ein Papiertaschentuch der Marke "Handy Andies" vorstellen.

**houseman** /ˈhaʊsmən/ n., BrE (AmE: **intern**[FF])
*Assistenzarzt* (vollqualifizierter Arzt, der einem Chefarzt im Krankenhaus unterstellt ist)

**housemaster** /ˈhaʊsmɑːstə ‖ -mæstər/ n., BrE
*Lehrer, der in einer Schule für ein "house" (Schülergruppe) zuständig ist* – keine deutsche Entsprechung
In den meisten britischen Schulen sind die Schüler nach dem Zufallsprinzip klassenübergreifend in etwa sechs Gruppen eingeteilt, in denen sie für ihre ganze Schulzeit bleiben. Diese *houses* haben z. B. ein verschiedenfarbiges Dress[FF] für den Sport, und treten in vielen Sportarten (Fußball, Cricket, Rugby, Netball, Basketball, Rounders, Lacrosse…) sowie in Musik, Schach, Debattieren usw., gegeneinander an – in vielen Disziplinen gibt es für das Sieger-*house* eine Wandertrophäe.

**hefty** /ˈhefti/ Adj. (leicht ugs.)
*(ganz schön) groß/dick/schwer; saftig; kräftig*

| | |
|---|---|
| a hefty fine | *eine saftige Geldstrafe* |
| a hefty book/tome | *ein (ganz schön) dickes Buch/eine dicke Schwarte; ein dicker Wälzer* |
| a hefty blow | *ein kräftiger Schlag* |

der **Helm**, -e
*helmet*; auf Baustellen auch *hard hat*

| | |
|---|---|
| Auf allen deutschen Baustellen herrscht Helmpflicht. | *All German building sites have a hard-hat policy. / The wearing of helmets is compulsory on all German building sites.* |
| Sturzhelm | *crash helmet* |

*ein Helm*

**hemmen** V. tr.
1. *hinder; obstruct; check; retard* /rɪ'tɑ:d || -'tɑ:rd/
2. (Psychologie) *inhibit*
3. die Hemmung, -en: *inhibition*

**herb** Adj.
1. (Geschmack) *bitter; tart*
2 (bei Wein) *dry*
3. In Verbindung mit gewissen Ausdrücken:

| | |
|---|---|
| eine herbe Enttäuschung | *a bitter disappointment* |
| herbe Kritik[FF] | *harsh criticism* |
| herbe Gesichtszüge | *hard features* |

**herein** Adv.
*in; inwards*

| | |
|---|---|
| Herein! | *Come in!* |

Die in „herein“ vorhandene Implikation „zum Sprecher hin“ wird im Englischen durch das Verb *come* ausgedrückt.

**helm** /hełm/ n.
1. *Schiffssteuer(rad); Steuerruder*; (nur Fachspr.) *Ruderstange; Ruderpinne*

| | |
|---|---|
| The storm was so violent that three men could hardly hold the helm. | *Der Sturm war so heftig*[FF], *dass drei Mann das Ruder kaum halten konnten.* |
| to be at the helm | *am Ruder sein* (auch übertragen) |

2. (veraltet, z. B. in König-Arthur-Geschichten) *Helm* wie im Deutschen

*a helm*

**hem** /hem/ n. / V. tr.
1. n. *Saum (am Rande eines Kleidungsstücks)*
2. V. tr. (Kleid usw.) *(ein)säumen*
3. V. tr. "to hem (someone) in": *jemanden (in seiner Bewegungsfreiheit) einschränken; beeinträchtigen*

**herb** /hɜ:b || ɜ:rb, hɜ:rb/ n.
*Heilkraut*[FF]*; Würzkraut*[FF]

| | |
|---|---|
| herb tea (häufiger: herbal tea) | *Kräutertee* |

**herein** /ˌhɪər'ɪn || ˌhɪr-/ Adv. (förmlich)
*hierin* (in Verträgen usw.)

| | |
|---|---|
| the conditions stated herein | *die hierin festgelegten Bedingungen* |

die **Hochschule**, -n
*university*
Im Englischen macht man keinen Unterschied zwischen einer Hochschule und einer Universität. Eine Fachhochschule entsprach in England früher ungefähr einem *polytechnic*; alle *polytechnics* wurden jedoch 1993 in Universitäten umgewandelt. Eine deutsche „Fachhochschule für . . .“ entspricht ungefähr dem britischen “College of . . .”, das jedoch meist privat oder höchstens halbstaatlich ist.

| | |
|---|---|
| Fachhochschule für Musik | *College of Music* |
| Fachhochschule für Sprachen | (etwa) *Language Training College* |

**hissen** V. tr.
1. (Fahne, Segel) *to hoist*
2. (Fahne) *to raise*

| | |
|---|---|
| Die Piraten hissten die Totenkopfflagge und eröffneten das Feuer. | *The pirates hoisted the Jolly Roger and opened fire.* |
| Als die französische Flotte gesichtet wurde, ließ Nelson alle Segel hissen. | *When the French fleet was sighted, Nelson gave (the) order to hoist all sail.* |
| Als die US-Flagge gehisst wurde, salutierte der Präsident. | *As the Stars and Stripes was raised, the President saluted.* |

die **Hose**, -n
BrE *(pair of) trousers*; AmE *(pair of) pants* (Achtung: beide immer Mehrzahl!); für Frauen BrE und AmE auch *slacks*

| | |
|---|---|
| Ist das die neue Hose, von der du mir erzählt hast? | *Are those the new trousers you told me about?* |

Windhose: (klein bis mittelgroß) *whirlwind*; (groß) *tornado*; (über Wasser) *waterspout*

**high school** /'haɪ sku:ɫ/ NP
AmE *allgemeine staatliche Höhere Schule* (Alter der Schüler ca. 14 bis 18); BrE keine Schulart, sondern Teil der Namen verschiedener, meist privater, weiterführender Schulen, z. B. "Brighton and Hove High School".

**hiss** /hɪs/ V. intr. / V. tr.

1. V. intr. *zischen; energisch flüstern*

| | |
|---|---|
| The rattlesnake hissed menacingly. /'menəsɪŋli/<br>"Shut up!" he hissed. | *Die Klapperschlange zischte drohend.*<br>*„Sei still!" zischte er.* |

2. V. intr. / V. tr. (Theater) "*Ssss!*" *zischen* (als Zeichen der Kritik[FF]) – in Deutschland würde man pfeifen; *(jemanden) auspfeifen*

| | |
|---|---|
| When Theo Pink appeared, he was greeted with hissing and booing/with hisses and boos/he was hissed and booed. | *Als Theo Pink die Bühne betrat, wurde er mit Pfiffen und Buhrufen empfangen.* |

**hose** /həʊz ‖ hoʊz/ n. / V. tr.

1. n. *(Wasser-, Garten-, Feuerwehr- usw.) Schlauch*

| | |
|---|---|
| During the drought the use of (garden) hoses is prohibited. | *Während der Dürre ist der Gebrauch von (Garten-)Schläuchen untersagt.* |

2. V. tr. *(mit einem Schlauch) bespritzen; abspritzen*
   Meistens *to hose down*:

| | |
|---|---|
| The dolphins had to be hosed down to keep them cool and moist. | *Die Delphine mussten mit Wasser bespritzt werden, um sie kühl und feucht genug zu halten.* |

3. AmE pantyhose: *Strumpfhose*

die **Hostess**, -en
1. (offizielle Betreuerin von Touristen) *courier* /'kʊriə || -ər/
2. (Auskunftsdame) *girl/woman at the information desk*
3. (Betreuerin von besonderen Gästen bei offiziellen Anlässen usw.) *hostess*
4. (in Nachtklubs) *hostess*

**human** Adj.
1. (die Würde des Menschen achtend) *humane* /hju:'meɪn/
2. (menschlichen Bedürfnissen entsprechend) *on a human scale*

| | |
|---|---|
| Unsere Städte müssen humaner werden. | *Our cities should be built on a more human scale.* |

3. (Medizin, Biologie) *human*

| | |
|---|---|
| Humanbiologie | *human biology* |

**hostess** /ˈhəʊstɪs || ˈhoʊ-/ n.
1. *Gastgeberin*

| | |
|---|---|
| Theo Pink made a fool of himself at the party as usual – he proposed to the hostess again. | *Theo Pink hat sich wie üblich auf der Party blamiert*[FF] *– er hat der Gastgeberin schon wieder einen Heiratsantrag gemacht.* |

2. air hostess: *Stewardess*
Statt der im normalen Sprachgebrauch weiterhin verwendeten Bezeichnung *air hostess*, früher *(air) stewardess*, wird heutzutage offiziell (z. B. in Flugzeugen) der geschlechtsneutrale Begriff *flight attendant* benützt, wie auch in Zügen *train attendant*, dt. „Zugbegleiter(in).“ Auf Schiffen ist *steward/stewardess* die einzige übliche Bezeichnung.
3. (in Nachtklubs, Touristik u. ä.) *Hostess*

**human** /ˈhjuːmən/ n. / Adj.
1. n. *Mensch* (häufiger: “human being”)
2. Adj. *menschlich*

| | |
|---|---|
| to do what’s humanly possible | *das Menschenmögliche tun* |

der **Igel**, -
*hedgehog* /'hedʒhɒg || -hɒ:g/

**-in**, Suffix: Siehe unter **Benzin**

die **Infusion**, -en
(Med.) *a drip*; (seltener, altmodisch) *infusion*

| | |
|---|---|
| Er bekommt gerade eine Infusion. | *He's on a drip.* |

das **Inland**, unzählbar
(in Bezug auf Deutschland) *within Germany*; (in Bezug auf andere Länder) *(with)in the country*

| | |
|---|---|
| im In- und Ausland | *at home and abroad; inside and outside Germany* |

**eagle** /'iːgł/ n.
*Adler*

| | |
|---|---|
| eagle-eyed | *mit Adleraugen* |

**infusion** /ɪn'fjuːʒn/ n.
1. *Tee; Aufguss*; z. B. Kamillentee: *camomile tea, an infusion of camomile*
2. fig. *das Einflößen.* Muss aber je nach Zusammenhang übersetzt werden:

| | |
|---|---|
| We need an infusion of new ideas! | *Wir brauchen frischen Wind!* |
| an infusion of capital | *eine Kapitalspritze* |

3. (Med., selten) *Infusion,* kein FF

**inland** Adj. / Adv.
1. Adj. /'ɪnlənd/: *Binnen-*; *im Landesinneren*

| | |
|---|---|
| inland waterways | *Binnenwasserstraßen* |
| inland areas | *Gebiete im Landesinneren* |

2. Adv. /ɪn'lænd/: *im Landesinneren; weit vom Meer entfernt*

| | |
|---|---|
| He lives inland. | *Er wohnt weit weg vom Meer.* |
| Summer temperatures are higher inland. | *Im Landesinneren sind die Sommertemperaturen höher.* |

3. Adj. /'ɪnlənd, ɪn'lænd/: (Post) *Inlands-*

| | |
|---|---|
| inland mail | *Inlandspost* |

**intern** Adj.
*internal; domestic; private*
Muss aber oft etwas präzisiert werden:

| | |
|---|---|
| Die Firmenleitung hatte gehofft, dass diese Probleme intern bleiben würden. | *The management had hoped that these problems would remain private within the firm.* |

**irritieren** V. tr.
1. *to put off; to distract; to puzzle*

| | |
|---|---|
| Lass dich nicht durch sein arrogantes Auftreten irritieren. | *Don't (let yourself) be put off by his arrogant manner.* |
| Das ständige Gemurmel meiner Banknachbarin irritierte mich so sehr, dass ich der Vorlesung kaum folgen konnte. | *The constant muttering of the girl next to me distracted me so much that I could hardly follow the lecture*[FF]. |
| Der ägyptische Skarabäus in dem aztekischen Grab irritierte mich. Wie war er nur dahingekommen? | *The Egyptian scarab in the Aztec grave puzzled me. How could it have got there?* |

2. (seltener) *to annoy; to irritate*

| | |
|---|---|
| Seine Unhöflichkeit irritierte sie. | *His rudeness annoyed her.* |

**intern** n. / V. tr.

1. n. /ˈɪntɜːn ‖ ˈɪntɜːrn/: Als Substantiv nur AmE: (polit., Wirt.) *Praktikant(in)*; (Med.) *Assistenzarzt* (BrE: houseman[FF])
2. V. tr. /ɪnˈtɜːn ‖ -ˈtɜːrn/: *internieren*

| | |
|---|---|
| internment | *Internierung* |

**irritate** /ˈɪrɪteɪt/ V. tr.

1. *reizen* (nur Med.)

| | |
|---|---|
| Some caterpillars have hairs which irritate the human[FF] skin. | *Einige Raupen haben Haare, die die menschliche Haut reizen/die auf der menschlichen Haut Juckreiz hervorrufen.* |
| Highly spiced food can irritate the stomach. | *Scharf[FF] gewürzte Speisen können den Magen reizen.* |

2. *ärgern; nervös machen*

| | |
|---|---|
| Her constant silly laugh irritates me beyond measure. | *Ihr dauerndes albernes Lachen bringt mich zur Weißglut.* |

3. irritating: *lästig*; auch *irritierend*

die **Jacke**, -n
1. (Strickjacke) *cardigan*
2. (Anzugsjackett) *jacket*

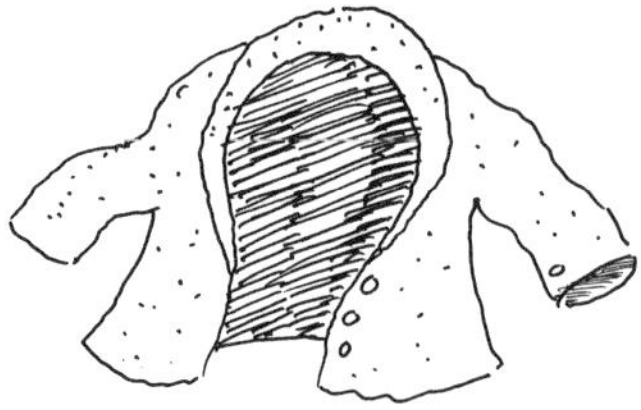

*eine Jacke*

die **Jalousie**, -n
*(window) blind*
Jalousien sind in englischsprachigen Ländern viel seltener als in Deutschland.

der **Jammer**, unzählbar
1. *misery; distress*

| | |
|---|---|
| ein Bild des Jammers | *a picture of misery* |

2. Ausruf:

| | |
|---|---|
| Das ist aber ein Jammer! | *What a pity!* |

**jammern** V. intr.
*to lament; moan; whimper*

**jobben** V. intr.
*to have/take a (temporary/holiday) job;* (in einem Büro) *to temp; to work (temporarily)*

| | |
|---|---|
| In den Ferien jobbte er in einem Gemüsestand. | *He got a holiday job on/at a vegetable stall.* |
| Bis sie einen richtigen Job kriegt, jobbt sie in einem Büro. | *She's just temping in an office till she can get a proper job.* |

**jacket** /ˈdʒækɪt/ n.
*Sacco; Jackett*; (altm.) *Weste*[FF]
Kann nicht für „Strickjacke", „Wolljacke" benützt werden ("cardigan")

| | |
|---|---|
| pyjama jacket / pyjama top (AmE pajama...) | *Schlafanzugoberteil* |
| jacket of a diving suit (auch "top") | *Oberteil eines zweiteiligen Taucheranzugs* |

*a jacket*

**jealousy** /ˈdʒeləsi/ n.
*Eifersucht*

**yammer** /ˈjæmə ‖ -ər/ V. intr. (bes. BrE, abwertend)
1. *schwatzen; quatschen*

| | |
|---|---|
| I stood in the middle of a crowd of yammering party guests. | *Ich stand umringt von einer Menge schwatzender/quatschender Partygäste.* |

2. (seltener) *klagen; beklagen;* auch *jammern*

**job** /dʒɒb ‖ dʒɑːb/ n. / V. tr.
1. n. *Stelle; Beruf*; auch *Job*
2. V. intr. (selten, nur Börsensprache) "to job": *mit Aktien handeln*[FF]

**joggen** V. intr.
*to jog; to go jogging*
Kein FF in der Richtung Deutsch-Englisch.

die **Justiz**, unzählbar
*the law*; (Gerichte) *the courts*; (Richterschaft) *judiciary*

| | |
|---|---|
| Theo hat immer wieder Schwierigkeiten mit der Justiz. | *Theo is constantly getting into trouble with the law.* |
| Das ist eine Frage für die Justiz. | *That is a matter for the courts.* |
| eine unabhängige Justiz | *an independent judiciary* |

**jog** /dʒɒg || dʒɑ:g/ V. tr. /V. intr. / n.
1. V. tr. *(jemanden) (an)rempeln; stoßen*

| | |
|---|---|
| While I was pouring the tea, Theo jogged me, and I spilt half of it. | *Als ich den Tee einschenkte, rempelte/stieß mich Theo an, und ich verschüttete die Hälfte.* |
| to jog someone's memory | *jemandes Gedächtnis nachhelfen* |

2. V. intr. (bes. mit "along"/"on"): *trödeln; zuckeln, holpern*; auch *joggen*

| | |
|---|---|
| If the boss isn't watching, the men just jog along at their own speed, and never get finished. | *Wenn der Chef[FF] nicht aufpasst, trödeln die Männer nach Lust und Laune und werden nie fertig* |

3. n. *Schubs; Stoß*; (südd.) *Rempler*; *Joggen*

| | |
|---|---|
| He gave me a jog. | *Er gab mir einen Rempler/Schubs.* |
| I went for a jog along the beach. | *Ich joggte den Strand entlang.* |

**justice** /ˈdʒʌstɪs/ n.
1. (unzählbar) *Gerechtigkeit*

| | |
|---|---|
| to administer justice | *Recht sprechen* |
| to bring (a criminal) to justice | *(einen Kriminellen) vor Gericht bringen* |

2. (zählbar) a justice: *ein (höherer) Richter*

das **Kanapee**, -s
*sofa; settee* /se'ti:/

ein Kanapee

| Wir versteckten uns hinter dem Kanapee. |
| --- |
| *We hid behind the sofa.* |

"Settee" ist etwas altmodisch und bezeichnet häufig ein größeres, schwereres Möbelstück.

die **Kanne**, -n
1. (für Kaffee, Tee) *pot*
2 (krugförmig) *jug*
3. (für Milch in der Molkerei) *churn; can*

die **Kapazität**, -en
1. (Experte) *authority; expert*

| Sherlock Holmes war eine Kapazität auf dem Gebiet der Tabakasche. | *Sherlock Holmes was an authority on the subject of tobacco ash.* |
| --- | --- |

2. (Fassungsvermögen) *capacity*

der **Karton**, -s
1. (Pappe) *(a piece of) cardboard*

| Er klebte das Bild auf Karton/auf einen Karton. | *He stuck the picture on cardboard/on a piece of cardboard.* |
| --- | --- |

2. (Schachtel) *a (cardboard) box*[FF]

| ein Schuhkarton | *a shoe-box*[FF] |
| --- | --- |

3. (seltener) *carton* (siehe gegenüber)

*a canopy*

**canopy** /'kænəpi/ n.
*Baldachin; (Trag)himmel*

| The Maharajah sat under a gold-embroidered canopy. |
|---|
| *Der Maharadschah saß unter einem goldbestickten Baldachin.* |

**can** /kæn/ n.
1. (bes. AmE) für Lebensmittel, Farbe usw.: *Dose[FF]* (BrE: "tin")

| | |
|---|---|
| canned tomatoes (BrE meist "tinned tomatoes") | *Dosentomaten* |
| a can of paint (BrE meist "a tin of paint") | *eine Dose Farbe* |

2. BrE und AmE *Getränkedose; Spraydose; Sprühdose*

| | |
|---|---|
| a can of beer | *eine Dose Bier* |

3. (größeres Gefäß für kalte Flüssigkeiten) *Kanne*

| | |
|---|---|
| watering-can | *Gießkanne* |

**capacity** /kə'pæsəti/ n.
1. *Fassungsvermögen; (Raum)inhalt;* auch (im selben Sinne) *Kapazität; Höchstlast; Hubraum*

| | |
|---|---|
| This barrel has a capacity of 80 litres. | *Dieses Fass hat ein Fassungsvermögen von 80 Litern.* |

2. in my/his etc. capacity as …: *in meiner/seiner usw. Eigenschaft als …*

**carton** /'kɑ:tn || 'kɑ:r-/ n.
*Pappbehälter*; auch *Karton* (für Flüssigkeiten)

| | |
|---|---|
| Milk from a carton always tastes of cardboard. | *Milch aus dem Karton schmeckt immer nach Pappe.* |

In dieser Richtung kein FF.

das **Kasino**, -s
1. (Mil.) *(officers') mess;* (seltener) *canteen*

| | |
|---|---|
| Im Offizierskasino war es am Abend zu einer Schlägerei gekommen. | *In the officers' mess a brawl had occurred in the evening.* |

2. (Spielkasino) *casino*

**kassieren** V. tr.
1. (Miete kassieren) *to collect (the) rent*[FF]
2. (ein Honorar usw. kassieren) *to charge; to get*

| | |
|---|---|
| Der Maler kassierte 150 Euro für die zwei kleinen Türen! | *The painter charged 150 euros for those two little doors!* |

3. einen Schlag (ab)kassieren: *to get/take/receive a blow*

| | |
|---|---|
| Auf dem Faschingsball kassierte Theo einen Schlag auf die Nase. | *Theo got a punch on the nose at the Carnival ball.* |

4. (Strafpunkte o. ä.) *to concede*

| | |
|---|---|
| Wir kassierten zwei Tore in der ersten Minute. | *We conceded two goals in the first minute.* |

der **Katarrh**, -e
1. *a cold*, wenn vom ganz ordinären[FF] Schnupfen die Rede ist
   Wenn der Schnupfen besonders schlimm ist, hat man "a stinking cold" oder schlicht "a stinker".
2. (Med.) *pharyngitis* /ˌfærɪn'dʒaɪtɪs/; *inflammation (of the throat etc.)*; auch *catarrh*
   In dieser Bedeutung wird "catarrh" nur in medizinischen Kreisen benützt. Wenn die Art des Katarrhs näher bezeichnet werden soll, muss, wie im Deutschen, auch im Englischen spezifiziert werden:

| | |
|---|---|
| Rachenkatarrh | *inflammation of the throat* |
| Darmkatarrh | *inflammation of the bowels* |

   Dabei bevorzugen englischsprachige Ärzte meist die lateinisch-griechische Bezeichnung, wenn es eine gibt:

| | |
|---|---|
| Sie haben einen leichten Rachenkatarrh. | *You've got a slight touch of pharyngitis.* |

**casino** /kə'si:nəʊ || -noʊ/ n.
*Spielkasino*

| | |
|---|---|
| Theo Pink lost nearly £8 at the casino in Monte Carlo. | *Theo Pink verlor beinahe 8 Pfund im Kasino in Monte Carlo.* |

**cash** /kæʃ/ n. / V. tr.
1. n. *Bargeld*
2. V. tr. Nur in folgenden Ausdrücken:

| | |
|---|---|
| to cash a cheque | *einen Scheck einlösen* |
| to cash in one's chips[FF] | *die Chips[FF] einlösen* (Kasino[FF]); (scherzhaft) *sterben* |
| to cash up (AmE auch to cash out) | *die Kasse abrechnen* (nach einem Geschäftstag) |
| to cash in on something | *aus etwas Kapital schlagen; etwas zu klingender Münze machen* |

**catarrh** /kə'tɑ: || -'tɑ:r/ n.
*Nasenschleim; Rotz*; (nur Med.) *Katarrh*
Wird nur im medizinischen Bereich für Rachen-, Nasen-, Darmkatarrh usw. benützt.

| | |
|---|---|
| Every time I get a cold, I get awful catarrh that lasts for weeks. | *Jedesmal, wenn ich eine Erkältung habe, läuft mir die Nase noch wochenlang ganz fürchterlich.* |

die **Kaution**, -en

1. *deposit*

| | |
|---|---|
| Die Kaution für diese Wohnung beträgt 3 Monatsmieten. | *The deposit for this flat is 3 months' rent*[FF]. |

(Was das bedeutet, müsste man einem Engländer oder Amerikaner näher erklären, da es in englischsprachigen Ländern nicht üblich ist, für eine Mietwohnung eine Kaution zu hinterlegen.)

2. (jur.) *bail* (unzählbar)

| | |
|---|---|
| Er wurde gegen eine Kaution von 10 000 Euro auf freien Fuß gesetzt. | *He was released on bail of 10,000 euros.* |
| eine Kaution für jemanden stellen | *to stand/put up bail for someone* |
| jemanden gegen Kaution freibekommen | *to bail someone out; to get someone out on bail* |

der **Kavalier**, -e

1. *gentleman*

| | |
|---|---|
| Der Theo ist der vollendete Kavalier! | *Theo is a perfect gentleman!* |

2. (scherzhaft Begleiter eines Mädchens) *admirer*; BrE ugs. *bloke*

| | |
|---|---|
| Die Gertrude hat einen neuen Kavalier, sehe ich. | *Gertrude's got a new admirer, I see.* |

3. Kavaliersdelikt: keine genaue Entsprechung. Kleine, meist vergangene, Sünden nennt man *peccadilloes* /ˌpekəˈdɪləʊz || -oʊz/, aber man muss den Begriff meist umschreiben:

| | |
|---|---|
| Steuerbetrug gilt als Kavaliersdelikt. | *Tax fraud is thought of as excusable.* |

die **Kerbe**, -n

1. (kurz, zufällig entstanden) *nick*
2. (kurz, regelmäßig, bewusst für irgendeinen Zweck gemacht) *notch*
3. (lang, Nut) *groove*

**caution** /ˈkɔːʃn || ˈkɒː-/ n. / V. tr.

1. n. unzählbar: *Vorsicht*

| | |
|---|---|
| One could certainly not accuse Hotspur of an excess of caution. | *Man könnte Hotspur gewiss nicht eines Übermaßes an Vorsicht bezichtigen.* |
| Caution Wet Paint | *Vorsicht! Frisch gestrichen!* |

2. n. zählbar: *(Ver)warnung*

| | |
|---|---|
| As this was his first offence he was let off with a caution. | *Da dies sein erstes Vergehen war, kam er mit einer Verwarnung davon.* |

3. V. tr. "to caution (someone)" (Sport, Beruf): *(jemanden) verwarnen*
4. (jur.) Wenn in Großbritannien jemand verhaftet wird, muss der verhaftende Polizist sagen: "You are not obliged to say anything, but anything you say will be taken down and may be used in evidence". Dieser Satz heißt "the caution", und "to caution someone" heißt, dem Verhafteten diesen Satz vorsagen. Es gibt kein deutsches Äquivalent, da es diese Praxis in Deutschland nicht gibt.

**cavalier** /ˌkævəˈlɪə || -ˈlɪr/ Adj. / n.

1. Adj. *anmaßend; arrogant; kaltlächelnd*
   Meistens in der Verbindung *show a cavalier attitude towards something*:

| | |
|---|---|
| Many motorists show a cavalier attitude towards the rights of pedestrians. | *Viele Autofahrer setzen sich kaltlächelnd über die Rechte der Fußgänger hinweg.* |

2. n. (meist: Cavalier) *Kavalier*
   Bedeutet aber im britischen Sprachgebrauch fast immer einen *Anhänger des Königs, einen Royalisten*, während des englischen Bürgerkriegs (1642–1651).

**kerb** /kɜːb || kɜːrb/ (AmE **curb**) n.
*Randstein*

der **Kerf**, -e
(Zool.) *insect*

der **Kessel**, -
1. (allgemein) *boiler*[FF]
2. (Teekessel) *kettle*
3. (zum Kochen) *cooking pot;* (altmodisch) *cooking vessel*

**kielholen** V. tr.
1. (Schiff zur Reinigung und Reparatur auf die Seite legen) *to careen (a ship)* /kə'ri:n/
2. (jmdn. zur Strafe unter dem Schiff durchziehen) *to keelhaul (someone)*

die **Kippe**, -n
1. *cigarette end; cigarette butt;* (nur BrE ugs.) *fag-end; dog-end*
2. Müllkippe BrE *(rubbish/waste) tip; (rubbish/waste) dump*; AmE *(garbage/waste) tip; (garbage/waste) dump*
3. auf der Kippe stehen: *to be on a knife-edge; to be touch and go*

**kippen** V.tr
1. *to tip*[FF]

| | |
|---|---|
| Er kippte die Diamanten auf den Tisch und betrachtete sie. | *He tipped*[FF] *the diamonds on the table and gloated at them.* |

2. (neigen) *to tilt*

| | |
|---|---|
| Sie kippte den Spiegel ein wenig, damit sie sich besser sehen konnte. | *She tilted the mirror slightly so as to be able to see herself better.* |

3. umkippen (Tisch, Bank usw.): *to tip up/tip over*; (Fahrzeug) *to overturn*; seltener *to turn over*

| | |
|---|---|
| Der Stuhl kippte um und Theo fiel betrunken zu Boden.<br>Theos neuer Mercedes kippte um. | *The chair tipped over and Theo fell to the floor, drunk.*<br>*Theo's new Mercedes overturned.* |

**kerf** /kɜ:f || kɜ:rf/ n.
1. (bes. mit einer Säge gemachter) *Schnitt; Schlitz* (oft: saw-kerf)
2. *das geschnittene Ende eines Baumstammes*

**kettle** /'ketł/ n.
*Kessel*, nur zum Kochen von Wasser für Getränke, *Teekessel; Kaffeekessel*

| | |
|---|---|
| I'll put the kettle on. | *Ich stelle mal Tee/Kaffeewasser auf.* |

Redewendungen:

| | |
|---|---|
| That's a different kettle of fish. | *Das ist ganz was anderes.* |

**keelhaul** /'ki:łhɔ:ł || -hɒ:ł/ V. tr.
1. *kielholen*; aber nur in der Bedeutung *jemanden an einem Tau unter dem Schiff durchziehen*
2. (scherzhaft) *schwer bestrafen*

| | |
|---|---|
| If I catch you eating my peanuts again I'll keelhaul you! | *Wenn ich dich nochmal dabei erwische, dass du meine Erdnüsse frisst, dann gnade dir Gott!* |

**kip** /kɪp/ n. / V. intr., (nur BrE ugs.)
1. n. *Schlaf;* (seltener) *Schlaf-, Übernachtungsmöglichkeit*

| | |
|---|---|
| Shut up and let me get some kip! | *Halt's Maul und lass mich schlafen!* |
| The first thing we must do when we get to Calais is (to) find a kip for the night. | *Wenn wir nach Calais kommen, müssen wir als erstes schauen, dass wir was zum Übernachten finden.* |

2. V. intr. *pennen* (ugs.)

| | |
|---|---|
| We won't need a tent in Greece – we'll be kipping in the open. | *In Griechenland brauchen wir kein Zelt – wir wollen im Freien pennen.* |

der **Kipper**, –
(Muldenkipper) *a dumper; a tipper, auch tipper truck, dumper truck, dumptruck;* nur BrE auch *tipper lorry; dumper lorry*

Für den künstlichen Strand[FF] wurde mit riesigen Kippern tonnenweise Sand aufgeschüttet

*Tons of sand were piled up by giant dumpers for the artificial beach.*

*ein Kipper*

der **Kitt**, -e
1. (für Fenster) *putty* /ˈpʌti/
2. (für Fliesen, Porzellan usw.) *adhesive; cement*
3. (zur Fugendichtung) *filling compound*

**klappen** V. intr.
1. *to work (out)*; ugs. *to be OK*

| | |
|---|---|
| Es hat geklappt! | *It worked!* |
| Hat es mit Dienstag geklappt? | *Was Tuesday OK?* |

2. (auf- und zugehen, -machen) *to open; to turn (up/down); to fold*

| | |
|---|---|
| Der Deckel klappt zur Seite auf. | *The lid opens sideways.* |
| Theo klappte seine Bibel zu. | *Theo shut his bible.* |
| Er klappte seinen Kragen hoch. | *He turned his collar up.* |
| ein Klappstuhl | *a folding chair* |

3. (Geräusch; selten) *to bang; to knock*

| | |
|---|---|
| Die Tür klappte gegen die Wand. | *The door banged against the wall.* |

*a kipper*

**kipper** /ˈkɪpə ǁ -pər/ n.
*Räucherhering*
Die Heringe werden ausgenommen, entgrätet und ausgebreitet. Dann werden sie gesalzen und geräuchert, und oft noch „appetitlich" gold-gelb gefärbt. Sie sind eine beliebte Frühstücksdelikatesse[FF] in England.

**kit** /kɪt/ n.
1. *(Modell)bausatz*
2. *Ausrüstung* (eines Sportlers, Soldaten usw.)
3. kitbag (Matrose): *Seesack*; (Sportler) *Sporttasche*
4. tool kit: *Werkzeugsatz*
5. puncture repair kit: *Flickzeug* (für Fahrrad)

**clap** /klæp/ V. tr. / V. intr.
1. V. intr. *(Beifall) klatschen*
2. V. tr. *(sich einen Hut usw.) aufstülpen*

| Theo clapped his ancient hat on his head and strode out into the rain. | *Theo stülpte sich seinen uralten Hut auf den Kopf und schritt hinaus in den Regen.* |
|---|---|

3. V. tr. "to clap someone on the back/shoulder": *jemandem auf den Rücken/die Schulter klopfen*
4. to clap eyes on something/someone: *etwas/jemanden zu sehen kriegen*

| He said he was my brother, but I'd never clapped eyes on him before. | *Er sagte, er sei mein Bruder, aber ich hatte ihn noch nie vorher gesehen.* |
|---|---|

**klingen** V. tr.
*to sound; to have a (funny/odd/familiar etc.) ring to it*

| | |
|---|---|
| Das klingt interessant! | *That sounds interesting!* |
| Das klingt verdächtig. | *That sounds suspicious. / That has a suspicious ring to it.* |
| klingende Münze | *hard cash* |

der **Klinker**, -
(tech., Architektur) *clinker brick*
In der Richtung Deutsch-Englisch kein FF.

das **Klosett**, -s oder -e
1. (altm., Klo) *toilet*
2. (Kloschüssel) *toilet bowl*

das **Kloster**, ¨
1. (für Mönche) *monastery* /'mɒnəstri || 'mɑ:nəsteri/
2. (Nonnenkloster) *convent*[FF] /'kɒnvənt || 'kɑ:nvent/

| | |
|---|---|
| Im April 1536 gab es über achthundert Klöster in England und Wales. Vier Jahre später, im April 1540, gab es keine mehr. | *In April 1536 there were over eight hundred monasteries in England and Wales. Four years later, in April 1540, there were none.* |

der **Kocher**, -
*(oil, paraffin*[FF]*, gas) stove*
“Stove” bedeutet auch „(Küchen)herd“.

| | |
|---|---|
| Campingkocher | *(primus) stove* /'praɪməs/ |
| Wasserkocher | *electric kettle*[FF] |
| Eierkocher | *egg boiler*[FF] |

**cling** /klɪŋ/ V. intr.
*(sich an etwas) festklammern*; *(an Meinungen usw.) festhalten*; (Geruch) *an etwas haften*

| | |
|---|---|
| Baby monkeys cling to their mothers. | *Affenbabys klammern sich fest an ihre Mütter.* |
| cling film BrE | *Haftfolie* [FF] |

**clinker** /ˈklɪŋkə ǁ -kər/ n.
1. (unzählbar) *Schlacke* (nach Kohleverbrennung, Metallverhüttung)
2. (Br Slang, etwas veraltet, zählbar) *ein Prachtstück*
3. (Musik, AmE Slang) *eine falsche Note* (BrE: a bum note)
4. clinker brick: *Klinker* (Ziegelstein); *Verblendziegel*

**closet** /ˈklɒzɪt ǁ ˈklɑː-, ˈklɒː-/ n. / V. tr.
1. n. AmE *Wandschrank* (BrE wall cupboard)
2. n. "water closet" (heute nur abgekürzt: WC /ˌdʌbl juː ˈsiː/): *WC*
3. V. tr. (nur in) "to be closeted with someone": *mit jemandem hinter verschlossenen Türen/in Klausur sitzen*

**cloister** /ˈklɔɪstə ǁ -tər/ n. (meist Pl., **cloisters**)
*Kreuzgang*

| | |
|---|---|
| The cloisters at Gloucester Cathedral are some of the most beautiful in the country. | *Der Kreuzgang der Kathedrale zu Gloucester ist mit der schönste im ganzen Land.* |

"Cloisters" (Pl.) heißt *„der Kreuzgang"*, d. h. die vier Arkaden eines Kreuzganges, a "cloister" ist eine dieser Arkaden.

**cooker** /ˈkʊkə ǁ -kər/ n.
*Küchenherd*

der **Koffer**, -
1. *suitcase; case*
2. (sehr großer, fester Koffer oder Schrankkoffer) *trunk*
3. (Auto) Kofferraum: BrE *boot*; AmE *trunk*

| | |
|---|---|
| Im Kofferraum des gestohlenen Autos entdeckten die Zöllner zwei Koffer voller Dollarblüten. | *In the boot (*AmE *trunk) of the stolen car customs officials discovered two suitcases full of counterfeit dollar bills.* (/ˈkaʊntəfɪt ǁ -tər-/) |

**kommandieren** V. tr. / V. intr.
1. V. tr. *to command; to be in command of*

| | |
|---|---|
| Im Zweiten Weltkrieg kommandierte er drei verschiedene U-Boote. | *In the Second World War he commanded three different submarines* |

2. V. intr. *to give/issue orders*

| | |
|---|---|
| Unsere Turnlehrerin kommandiert wie ein alter Feldwebel. | *Our gym teacher/P.E. teacher issues orders like a regimental sergeant major.* (gym /dʒɪm/ = gymnastics; P.E. /ˈpi: ˈi:/ = physical education) |

3. In der Redewendung „herumkommandieren“ (V.tr): *to order (someone) about/around*

das **Kommando**, -s
1. (Mil. Befehl) *order*

| | |
|---|---|
| Endlich kam das Kommando zum Zelte aufschlagen. | *At last the order to pitch tents arrived.* |

2. (Befehlswort) *order*; auch *command*

| | |
|---|---|
| Beim Kommando „Kehrtmachen!“ dreht man sich nach rechts um. | *On the order/command "About turn!" (*AmE *"About face!") you turn round to the right.* |
| etwas auf Kommando machen | *to do something to order* |
| Kommando zurück! (Mil., scherz) | *As you were!* |

3. (Befehlsgewalt; unzählbar) *command* (uncountable)

| | |
|---|---|
| Er hatte zwei Regimenter unter seinem Kommando. | *He had two regiments under his command.* |

4. (Schiff) Kommandobrücke: *bridge*

**coffer** /'kɒfə || 'kɒ:fər, 'kɑ:fər/ n.
1. *(Schatz)truhe; (Schmuck)kiste; (Schmuck)kasten; Säckel* (Pl.; häufig)

| | |
|---|---|
| The money that should have been going to help old people was in fact lining the coffers of the directors of the charity. | *Das Geld, das alten Leuten hätte helfen sollen, füllte in Wirklichkeit die Säckel/Truhen der Vorstandsmitglieder des wohltätigen Vereins.* |
| the coffers of the government | *der Staatssäckel* |

2. (Archit.) a coffered ceiling: *eine Kassettendecke*

**commandeer** /ˌkɒmən'dɪə || ˌkɑ:mən'dɪr/ V. tr.
1. (Mil.) *(für einen momentanen Zweck) requirieren*[FF]*; beitreiben*

| | |
|---|---|
| Our lorry broke down but we commandeered a tractor and managed to rejoin our unit. | *Unser LKW blieb liegen, aber wir requirierten*[FF] *einen Traktor und konnten uns unserer Einheit wieder anschließen.* |

2. (scherzhaft) *mit Beschlag belegen; in Beschlag nehmen*

| | |
|---|---|
| We had hardly entered the ski-hut when my brother commandeered the best bed. | *Wir hatten die Skihütte kaum betreten, als mein Bruder schon das beste Bett für sich in Beschlag nahm.* |

**commando** /kə'mɑ:ndəʊ || -'mændoʊ/ n.
*Angehöriger eines Kommandotrupps*; (seltener) *Kommandotrupp*

| | |
|---|---|
| commando raid | *Kommandounternehmen; Kommandoangriff* |

der **Kommerz**, unzählbar
Heutzutage im Deutschen meist abwertend wie im Englischen *commercialism*, oder (etwas ungenau, manchmal politisch geladen) *capitalism*

| | |
|---|---|
| Heute beherrscht der Kommerz alles. | *Commercialism is all-powerful nowadays.* |

die **Kommission**, -en
Nicht ganz so vielseitig wie "commission"; die meisten Bedeutungen können u. a. mit *commission* übersetzt werden – in dieser Richtung ist „Kommission" so gut wie unproblematisch.

1. *committee; commission; board*

| | |
|---|---|
| Der Verlauf der neuen Wahlkreisgrenzen wird von einer Sonderkommission festgesetzt. | *The new constituency boundaries will be fixed/set by a special commission/committee.* |

2. in Kommission nehmen, in Kommission verkaufen: *to sell on commission*

| | |
|---|---|
| Weiter kann ich mit dem Preis nicht heruntergehen – ich verkaufe diese Bilder nämlich in Kommission für den Künstler. | *I'm afraid I can't go any lower than that – I'm selling these pictures on commission from the artist.* |

der **Kommissionär**, -e
*(trading) agent*

| | |
|---|---|
| Alle unsere Geschäfte in Kanada werden von unserem amerikanischen Kommissionär betreut. | *All our business in Canada is handled*[FF] *by our American (trading) agent.* |

**commerce** /'kɒmɜ:s || 'kɑ:mɜ:rs/ n. (unzählbar)
*Handel*[FF] (im Allgemeinen); *Handelsverkehr*

| | |
|---|---|
| chamber of commerce | *Handelskammer* |

**commission** /kə'mɪʃn/ n. / V. tr.
Ein vielseitiges Wort mit einer ganzen Reihe verschiedener Bedeutungen. Viele davon (die wir hier nicht näher aufführen) können *Kommission* heißen, andere dagegen sind falsche Freunde und besonders irreführend:

1. n. *Provision*[FF]*; Vermittlungsgebühr*

| | |
|---|---|
| He gets 8% commission on everything he sells. | *Er kriegt 8 % Provision für alles, was er verkauft.* |

2. n. (in Namen von Behörden) *Verwaltung; Behörde*

| | |
|---|---|
| The Forestry Commission | *(die staatliche britische) Forstverwaltung* |

3. V. tr. *in Auftrag geben; (jemanden) beauftragen*

| | |
|---|---|
| The curtains for the new town hall were commissioned from the Royal School of Needlework. | *Die Vorhänge für das neue Rathaus wurden bei der Königlichen Stickereischule in Auftrag gegeben.* |
| Sir Norman Foster was commissioned to design the new town hall. | *Sir Norman Foster wurde beauftragt, das neue Rathaus zu entwerfen.* |

4. Redewendung “in/out of commission”: *in/außer Betrieb/Dienst*

| | |
|---|---|
| One of the four escalators was out of commission again. | *Eine der vier Rolltreppen war schon wieder außer Betrieb.* |

**commissionaire** /kəˌmɪʃə'neə || -'ner/ n.
(bes. BrE; AmE = uniformed doorman) *ein uniformierter Pförtner/Portier, bes. vor einem Luxushotel oder Theater*

| | |
|---|---|
| As we drew up at the Grand Hotel, our car door was opened by a commissionaire in a gold-braided uniform. | *Als wir vor dem Grand Hotel vorfuhren, öffnete uns ein Portier in goldbetresster*[FF] *Uniform den Wagenschlag.* |

die **Kommode**, -n
BrE *chest of drawers*; AmE *bureau* (was auch „Schreibtisch“ bedeutet)

*eine Kommode*

das **Konfekt** (Pl. -e, selten)
(Pralinen[FF] usw.) *confectionery[FF]*

die **Konfektion**, -en
1. *ready-to-wear clothes/clothing; off-the-peg clothes/clothing*

| | |
|---|---|
| Meine Tante Rosa macht alle ihre Kleider selbst; Konfektion trägt sie nie. | *My aunt Rosa makes all her own clothes; she never wears anything off the peg.* |

2. *manufacture/production of (ready-to-wear) clothing; clothing industry*

| | |
|---|---|
| Die Hauptindustrie dieser Kleinstadt ist die Konfektion. | *The main industry of this small town is clothing/is the manufacture of ready-to-wear clothing.* |

der **Konfektionär;** -e
*clothing manufacturer; executive in the clothing industry; clothes/clothing designer*

| | |
|---|---|
| Die meisten leitenden Konfektionäre tragen nur maßgeschneiderte Anzüge. | *Most executives in the clothing industry wear only tailor-made suits.* |

In manchen Wörterbüchern wird für „Konfektionär“ auch “outfitter” bzw. das altmodischere “clothier” /'kləʊðiə || 'kloʊðiər/ angegeben. Diese Bezeichnungen beziehen sich heutzutage aber weniger auf eine Person, als auf ein Geschäft, nämlich den „Herrenausstatter“.

*a commode*

**commode** /kə'məʊd || -'moʊd/ n.
1. *Nachtstuhl* (d. h. Stuhl mit eingebautem Nachttopf)
2. (AmE, veraltet) *Toilette*
3. (selten, meist in Bezug auf Antiquitäten[FF]) *Kommode*

**confection** /kən'fekʃn/ n. (selten, förmlich)
*süßer Kuchen; süßes Gericht*
In der Bedeutung „Süßigkeit“ ist *confection* heutzutage veraltet – man sagt “sweets” oder “confectionery[FF]”.

**confectioner** /kən'fekʃənə || -nər/ n.
*Konditor; Zuckerbäcker*

| Many confectioners cannot stand the sight of sweet things. | *Viele Konditoren können keine süßen Sachen mehr sehen.* |
|---|---|

**confectionery** /kən'fekʃnri || -neri/ n., unzählbar
*Konditoreiwaren; Süßigkeiten; Konfekt[FF]; Bonbons; Zuckerwerk*

| The British consumed more confectionery last year than ever before. | *Letztes Jahr verzehrten die Briten mehr Süßigkeiten und Konditoreiwaren als je zuvor.* |
|---|---|

**kongenial** Adj., auch **congenial**
*brilliant (in interpretation)*
Im Englischen wird gewöhnlich kein Unterschied gemacht zwischen „genial[FF]" (z. B. in Bezug auf ein Werk Beethovens) und „kongenial", in Bezug auf die Interpretation eines solchen Werks; beide heißen schlicht *brilliant.*

die **Konjunktur** unzählbar
1. (die Wirtschaft im Allgemeinen) *the economy*

| | |
|---|---|
| Streiks sind schlecht für die Konjunktur. | *Strikes are bad for the economy.* |

2. (Lage der Wirtschaft) *economic activity; economic situation*

| | |
|---|---|
| steigende/fallende Konjunktur | *increasing/decreasing economic activity* |

3. Konjunktur haben: *to be in (great) demand*

der **Konkurrent**, -en
*competitor; rival*

| | |
|---|---|
| „Unsere gefährlichsten Konkurrenten sind die Japaner", sagte ein Sprecher der deutschen Autoindustrie. | *"Our most dangerous competitors are the Japanese," said a spokesman for the German car industry.* |

die **Konkurrenz**, (Pl. -en, selten)
1. *competition*

| | |
|---|---|
| Seitdem auch die Japaner Whisky herstellen, ist die Konkurrenz auf diesem Markt viel schärfer[FF] geworden. | *Since the Japanese started producing whisky, the competition in this market has become much stiffer/keener.* |

2. (Konkurrenten) *(our etc.) competitors*

| | |
|---|---|
| Die Konkurrenz schläft nicht. | *Our competitors are wide awake.* |

**congenial** /kən'dʒi:niəɫ/ Adj.
(Ort, Person) *angenehm; sympathisch*; (Ort) *ansprechend*

| | |
|---|---|
| There's nothing more pleasant than a good conversation in congenial surroundings. | *Nichts ist angenehmer als eine gute Unterhaltung in ansprechender Umgebung.* |

**conjuncture** /kən'dʒʌŋktʃə ‖ -tʃər/ n. (förmlich, selten)
*das Zusammentreffen*

| | |
|---|---|
| It was the fatal[FF] conjuncture of Hitler's ruthlessness and the incompetence of the British and French governments at a vital time that made the Second World War possible. | *Das verhängnisvolle Zusammentreffen der Rücksichtslosigkeit Hitlers mit der Inkompetenz der britischen und französischen Regierungen im entscheidenden Augenblick machte den Zweiten Weltkrieg erst möglich.* |

**concurrent** /kən'kʌrənt ‖ -'kɜ:r-/ Adj.
*gleichzeitig; nebeneinander bestehend*

| | |
|---|---|
| Failure in the negotiations in Washington could have a negative effect on the concurrent negotiations in Geneva. | *Ein negatives Ergebnis/Scheitern der Verhandlungen in Washington könnte die gleichzeitig stattfindenden Verhandlungen in Genf ungünstig beeinflussen.* |

**concurrence** /kən'kʌrəns ‖ -'kɜ:r-/ n.
1. *Übereinstimmung*

| | |
|---|---|
| Despite the concurrence of four experts that the vase dated from the early Ming period, it proved, on being cleaned, to say "Made in Birmingham" on the bottom. | *Obwohl vier Sachverständige die Vase einstimmig in die frühe Ming-Zeit datiert hatten, stellte sich bei der Reinigung heraus, dass "Made in Birmingham" auf dem Boden stand.* |

2. (selten) *Gleichzeitigkeit*

**konkurrieren** V. intr.
*to compete against; to compete with; to rival*
*To compete against* hat dynamischen Charakter und beinhaltet immer die Anstrengung, es dem Rivalen gleichzutun; *to compete with* und *to rival* sind statisch (im Gegensatz zu „rivalisieren“) und beziehen sich nur auf die Beschaffenheit einer Sache oder Person in Vergleich mit einer anderen.

| | |
|---|---|
| Mit den Japanern kann man nur schwer konkurrieren. | *It's hard to compete against the Japanese. (compete with* möglich, *to rival* unmöglich*)* |
| Nur wenige Städte Italiens können mit der dekadenten Schönheit Venedigs konkurrieren. | *Few Italian cities can rival the decadent beauty of Venice. (compete with* vielleicht auch möglich, *compete against* unmöglich*)* |
| konkurrierende Theorien | *rival theories* |
| Keine der vielen konkurrierenden Theorien über die Entstehung des Universums ist befriedigend. | *None of the many rival theories of the origin of the universe are/is satisfactory.* |

der **Konkurs**, -e
*bankruptcy (of a firm); liquidation*

| | |
|---|---|
| Seit Anfang dieses Jahres haben drei Automobilhersteller Konkurs gemacht. | *Since the beginning of this year three car manufacturers have gone bankrupt/have gone into liquidation.* |

(jur.) Konkurs anmelden: *to file a petition in bankruptcy*

**concur** /kən'kɜː || -'kɜːr/ V. intr.
*übereinstimmen*

| I concur with my colleagues and find this man guilty. | *Ich stimme mit meinen Kollegen überein und erkläre diesen Mann für schuldig.* |
|---|---|

*To concur* ist förmlicher als “to agree” und wird fast nur in juristischen, seltener politischen, Zusammenhängen verwendet.

| *concurring theories* | *übereinstimmende Theorien* |
|---|---|

**concourse** /'kɒŋkɔːs || 'kɑːŋkɔːrs/ n.
1. *(große) Eingangshalle*, bes. *Bahnhofshalle* oder *Flughafenhalle*

| The station concourse is spanned[FF] by a Victorian cast-iron roof. | *Eine viktorianische Eisenkonstruktion überspannt die ganze Bahnhofshalle.* |
|---|---|

2. (AmE) *(überdachter) Fußgängerbereich*
3. (leicht altmod.) *(Menschen)auflauf; (Menschen)menge*

| We couldn’t see the winning team leave the stadium[FF] because of the immense concourse of people. | *Wegen der ungeheuren Menschenmenge konnten wir nicht sehen, wie die Siegermannschaft das Stadion verließ.* |
|---|---|

**konsequent** Adj. / Adv.

1. Adj. (gleichbleibend, unbeirrbar) *consistent*

| | |
|---|---|
| Seine Arroganz und sein konsequenter Widerstand gegen jede Art von Reform machten ihn bei den Wählern sehr unbeliebt. | *His arrogance and his consistent opposition to any kind of reform made him very unpopular with the electorate.* |

2. Adv. *consistently*

| | |
|---|---|
| Er verweigerte konsequent jede Aussage. | *He consistently refused to make a statement.* |

3. Adj. (logisch) *logical*

| | |
|---|---|
| Beim Schach muss man konsequent planen. | *In chess you have to plan logically.* |

die **Konsequenz**

1. (unzählbar) *consistency*

| | |
|---|---|
| Ohne Konsequenz in der Erziehung werden Hunde leicht neurotisch. | *If their training lacks consistency, dogs easily become[FF] neurotic.* |

2. (Stringenz[FF]) *rigour* (AmE *rigor*); *logicality*

| | |
|---|---|
| Für die Note[FF] 1 fehlt seiner Dissertation die notwendige Konsequenz in der Argumentation. | *His thesis lacks the essential rigour of argumentation for a First Class.* |

3. (zählbar, Plural -en, „Schlussfolgerung“) *conclusion*

| | |
|---|---|
| (aus etwas) die Konsequenzen ziehen | *to draw the (obvious) conclusions (from something)* |

4. (zählbar, Plural -en, „Folge“) *result; consequence*

| | |
|---|---|
| die Konsequenzen tragen | *to take/bear the consequences* |

das **Konservatorium**, -ien

1. BrE *conservatoire* /kən'sɜ:vətwɑ: ‖ -'sɜ:rvətwɑ:r/
2. AmE *conservatory*

**consequent** /'kɒnsɪkwənt || 'kɑ:n-/ Adj.
*auf etwas beruhend; aus etwas resultierend; folgend*

| | |
|---|---|
| His arrogance and his consequent unpopularity in the country led to his being passed over for a Cabinet post. | *Seine Arroganz und seine darauf beruhende Unbeliebtheit bei der Bevölkerung führten dazu, dass er bei der Verteilung der Kabinettsposten übergangen wurde.* |
| His unpopularity was consequent on/upon his arrogance. | *Seine Unbeliebtheit war die Folge seiner Arroganz.* |

**consequently** /'kɒnsɪkwəntli || 'kɑ:n-/ Adv. (leicht förmlich)
*infolgedessen; deshalb; daher; folglich*

| | |
|---|---|
| The butler was in the kitchen at the time of the crime, consequently he cannot be the murderer. | *Der Butler hielt sich zur Tatzeit in der Küche auf, folglich kann er auch nicht der Mörder sein.* |

**consequence** /'kɒnsɪkwəns || 'kɑ:n-/ n.
*Folge; Resultat; Konsequenz*, aber nur die zählbare Bedeutung von „Konsequenz" (siehe gegenüber)

| | |
|---|---|
| One of the consequences of the Great Fire of London in 1666 was a steep rise in the price of food. | *Eine Folge des Großen Brandes von London im Jahre 1666 war ein steiler Anstieg der Lebensmittelpreise.* |

**conservatory** /kən'sɜ:vətri || kən'sɜ:rvətɔ:ri/ n.
1. *Wintergarten*
2. (AmE) *Konservatorium*

**konservieren** V. tr.
*to preserve; conserve (fruit etc.)*

| | |
|---|---|
| Aprikosen lassen sich leicht konservieren. | *Apricots are easy to preserve.* |
| Konservierungsmittel | *preservative*[FF] |

die **Konsole**, -n
1. (Regal[FF]stütze) *(wall) bracket*
2. (kleines Holzregal[FF] mit einem Brett) *shelf*

| | |
|---|---|
| Telefonkonsole | *telephone shelf* |

3. (Archit. Mauervorsprung aus Stein) *corbel* /'kɔ:bł/
4. (Auto) *console*
5. (Konsolentisch) *console table*

die **Kontrolle**, -n
1. (zählbar, Plural -n, Überwachung usw.) *check*[FF]*; checking; inspection*

| | |
|---|---|
| Regelmäßige Ölkontrollen sind für ein Auto genauso wichtig wie regelmäßige Gewichtskontrollen für seinen Besitzer. | *Regular oil checks*[FF] *are as important for a car as regular weight checks*[FF] *for its owner.* |
| Die Kontrolle des Wasserpegels wird durch ein Fenster im Tank erleichtert. | (Fachsprache): *Inspection of the water level is facilitated by a window in the tank.* |
| Zollkontrolle | *customs inspection; customs check*[FF] |
| Radarkontrolle | *(radar) speed trap* |
| Ausnahme!: Qualitätskontrolle | *quality control* (Handelssprache) |

2. (Beherrschung) *control*

| | |
|---|---|
| Sie kann ihre Kinder nicht unter Kontrolle halten. | *She can't keep her children under control.* |
| Das Flugzeug geriet außer Kontrolle. | *The aircraft got out of control.* |

**conserve** /kəns'ɜːv || -'sɜːrv/ V. tr.

1. *sparsam umgehen mit; schonend nutzen; erhalten; bewahren*

| | |
|---|---|
| We must conserve our natural resources. | *Wir müssen mit unseren Lebensgrundlagen schonend umgehen.* |
| It's extremely important to conserve our wildlife. | *Es ist äußerst wichtig, unsere wild lebenden Tiere zu erhalten.* |

2. (selten für "to preserve") *(Obst usw.) konservieren*

**console** /'kɒnsəʊɫ || 'kɑːnsoʊɫ/ n.

1. *(fest eingebaute/s) Bedienungspult, -kanzel; Lehrerpult im Sprachlabor*

| | |
|---|---|
| In the new language lab all the students' booths can be controlled[FF] from the console. | *Im neuen Sprachlabor können alle Schülerkabinen vom Lehrerpult aus bedient werden.* |
| Commander Spink was sitting at the console of his interstellar cruiser when a strange being materialised behind him. | *Commander Spink saß in der Bedienungskanzel seines Interstellarkreuzers, als sich hinter ihm ein seltsames Wesen materialisierte.* |

2. *Mischpult*, z. B. in einem Fernsehstudio
3. (Orgel) *Spieltisch*, d. h. der Rahmen mit den Manualen und Registern
4. (Auto) *Konsole;* (Archit.) *Kragstein; Gesims*; auch *Konsole*
5. V. tr. /kən'səʊɫ || -'soʊɫ/ *trösten*

**control** /kən'trəʊɫ || -'troʊɫ/ n.

1. *Beherrschung; Kontrolle* (aber nur in der Bedeutung *Beherrschung*!); *Übersicht*[FF]

| | |
|---|---|
| Theo Pink lost his self-control and swore at the top of his voice. | *Theo Pink verlor die Selbstbeherrschung und fluchte lauthals.* |
| He lost control of the car. | *Er verlor die Beherrschung/Kontrolle über den Wagen.* |

2. the controls (Auto, Flugzeug): *Bedienungselemente, die das Fahren bzw. das Fliegen ermöglichen* – Im Deutschen gibt es hierfür keine gemeinsame Bezeichnung – hier hat die deutsche Sprache sozusagen ein Loch. Während im Deutschen z. B. der Blinker[FF]-Hebel zu den Bedienungselementen eines Autos zählt, gehört er nicht zu den *controls* – man braucht ihn nicht, um das Auto unter Kontrolle zu halten.

der **Kontrolleur**, -e / die **Kontrolleurin**, -nen
(Bahn, Bus usw.) *(ticket) inspector*

**kontrollieren** V. tr.
Die Grundbedeutung des deutschen Verbs ist „aufpassen, dass kein Fehler gemacht wird, bzw. gemacht worden ist“, also „überwachen“ bzw. „nachprüfen“. Die englischen Verben dafür sind *to check*[FF] und *to inspect*. Im Allgemeinen wird *check* gebraucht, wenn durch eine einfache Kontrolle geprüft wird, ob etwas richtig ist oder nicht:

| | |
|---|---|
| Viel zu wenige Leute lassen ihren Blutdruck regelmäßig kontrollieren. | *Far too few people have their blood pressure checked regularly.* |

Im technischen Gebrauch bei Maschinen ist *check* zwar normal, *inspect* wird aber oft vorgezogen, weil es förmlicher klingt:

| | |
|---|---|
| Der Wasserpegel muss regelmäßig kontrolliert werden. | *The water level must be checked/inspected regularly.* |

*Inspect* wird gebraucht, wenn die Kontrolle „offiziell“, von Beamten durchgeführt wird:

| | |
|---|---|
| Die Zollbeamten haben unseren Wagen an der Grenze eine ganze Stunde lang kontrolliert. | *The customs officers inspected our car for a whole hour at the border.* (*check* hier kaum möglich) |

*Check* oder *inspect* können benützt werden, wenn die Kontrolle zwar offiziell, aber ganz einfach ist – bei Fahrscheinkontrollen können beide natürlich nur auf die Fahrscheine bezogen werden, nicht auf die kontrollierten Menschen:

| | |
|---|---|
| Wir wurden in der S-Bahn zweimal kontrolliert. / Unsere Fahrkarten wurden in der S-Bahn zweimal kontrolliert. | *Our tickets were checked/inspected twice on the S-Bahn.* |

**kontrovers** Adj.
1. (heftig) *heated*

| | |
|---|---|
| eine kontrovers (geführte) Diskussion | *a heated discussion* |

2. (umstritten) *controversial*

**controller** /kən'trəʊlə || -'troʊlər/ n.
1. (Rundfunk) *Intendant*
2. air traffic controller: *Fluglotse*

**control** /kən'trəʊł || -'troʊł/ V. tr.
1. *bedienen; steuern; lenken; regeln; beherrschen; unter Kontrolle halten; Herr sein (über etwas)*
Das englische Verb *to control* ist schwierig zu übersetzen, weil es so umfassend ist. Ein entsprechendes allgemeines Verb fehlt im Deutschen, und alle diesbezüglichen Verben sind detailbezogen und enger auf die genaue Art der Kontrolle bezogen. Am nächsten kommt *beherrschen*, aber es wird nicht häufig gebraucht, außer reflexiv:

| | |
|---|---|
| When I saw my aunt Rosa in an aerobic suit I couldn't control myself and burst out laughing. | *Als ich meine Tante Rosa im Aerobicanzug sah, konnte ich mich nicht länger beherrschen und brach in schallendes Gelächter aus.* |

In anderen Fällen muss man im Deutschen je nach der Art der Kontrolle verschieden übersetzen:

| | |
|---|---|
| This lawnmower can be controlled with one hand. | *Dieser Rasenmäher kann mit einer Hand bedient werden.* |
| The water level in the tank is controlled electronically. | *Der Wasserpegel im Tank wird elektronisch gesteuert/geregelt.* |
| The first hovercraft were very difficult to control. | *Die ersten Luftkissenfahrzeuge waren sehr schwer zu steuern/unter Kontrolle zu halten.* |
| The Conservatives used to control all the larger towns in Sussex. | *Früher hatten die Konservativen die Mehrheit in allen größeren Städten der Grafschaft Sussex.* |

2. (seltener, meist Wirt. oder Journalismus) *kontrollieren*

| | |
|---|---|
| Quality is controlled very strictly. | *Die Qualität wird sehr streng kontrolliert.* |
| The Mafia controls a large part of the international drug trade. | *Die Mafia kontrolliert einen großen Teil des internationalen Drogenhandels.* |

**controversial** /ˌkɒntrə'vɜːʃł || ˌkɑːntrə'vɜːrʃł/ Adj.
*umstritten* (auch *kontrovers*, aber nur in der Bedeutung *umstritten*)

der **Konvent**, -e
(Versammlung der Mitglieder eines Klosters[FF]) *conventual meeting*; seltener *convent*

das **Konzept**, -e
1. (Rohentwurf) *draft (plan); notes[FF]; rough copy*

| Das neue Parteiprogramm liegt jetzt im Konzept vor. | *The draft of the new party manifesto[FF] is now ready.* |
|---|---|

2. (Gedankengang) *train of thought*

| jemanden aus dem Konzept bringen | *to put someone off; to break somone's train of thought* |
|---|---|

3. (Begriff) *concept*

der **Konzern**, -e
*(industrial) group*

| der Yamaha-Konzern | *the Yamaha group* |
|---|---|

Bei solchen Konzernen, deren Hauptsitz außerhalb Deutschlands liegt, sagt man meistens nach englischem Muster[FF] „Gruppe".

**köstlich** Adj. / Adv.
1. Adj. (Speisen) *delicious*
2. Adj. (übertragen) eine köstliche (Theater)vorstellung/Erzählung: *a highly enjoyable performance/story*
3. Adv. (übertragen, verstärkend) „sich köstlich amüsieren": *to enjoy oneself immensely/tremendously*

**convent** /'kɒnvənt ‖ 'kɑ:n-/ n.
*Nonnenkloster; Frauenkloster*

| convent school | *Klosterschule* (von Nonnen geleitet) |
|---|---|

**concept** /'kɒnsept ‖ 'kɑ:n-/ n.
*Begriff; Vorstellung; -bild*

| concept of the world | *Weltbild* |
|---|---|

**concern** /kən'sɜ:n ‖ -'sɜ:rn/ n. / V. tr.
1. n. *(größere) Firma; (größeres) Unternehmen*
2. n. *Angelegenheit*

| That's no concern of yours. | *Das geht dich nichts an.* |
|---|---|

3. n. *Sorge; Besorgnis*

| There is some/no cause for concern. | *Es besteht Grund/kein Grund zur Sorge.* |
|---|---|

4. n. *Wichtigkeit; Bedeutung*

| a matter of some concern | *eine Sache von einiger Bedeutung* |
|---|---|

5. V. tr. *betreffen; angehen*

**costly** /'kɒstli ‖ 'kɒ:-/ Adj.
*kostspielig; teuer*

die **Krabbe**, -n
*crab; shrimp; prawn; king prawn* – aber Vorsicht! Man muss sich im Klaren sein, was man mit „Krabben“ eigentlich meint.
Im biologischen Sinn sind Krabben nur Kurzschwanzkrebse (*Brachyura*), zu denen z. B. der Taschenkrebs gehört. In diesem Sinne heißt „Krabbe“ *crab*. Aber im Handel und im allgemeinen Sprachgebrauch werden mit „Krabben“ meist Garnelen bezeichnet, die zu den schwimmenden Langschwanzkrebsen (*Natantia*) gehören. Wenn man aber „Krabbe“ sagt und eigentlich „Garnele“ meint, heißt das im Englischen je nach Größe *shrimp* (die ganz kleinen), *prawn* (die etwas größeren) bzw. *king prawn*, die größten. *King prawns* werden in chinesischen, oder, unter dem Namen *scampi*, in italienischen Restaurants serviert.

*Krabben*

die **Kraft**, ⸚e
*strength; power; force*

**kräftig** Adj.
*strong; powerful; forceful*; (Schlag) *hefty*[FF]

a crab

**crab** /kræb/ n.

1. *Krebs*, auch *Krabbe*

   Aber *Krabbe* nur im streng biologischen Sinn, also zu den Kurzschwanzkrebsen (*Brachyura*) gehörig (das ist die Art mit dem flachen, mehr oder weniger runden Panzer und dem kleinen Schwanz, der immer nach vorn geklappt wird und von oben nicht sichtbar ist). *Crab* kann im Gegensatz zu *Krabbe* zwar nie „Garnele" heißen, aber es gibt andere Sonderfälle:

| | |
|---|---|
| hermit-crab (eigentlich ein Langschwanzkrebs) | *Einsiedlerkrebs* |
| king crab | *Pfeilschwanzkrebs, Schwertschwanzkrebs, Königskrabbe* |

2. crabs (Singular!): *die Krätze* (von Milben verursachte Hautkrankheit)

**craft** /krɑ:ft ‖ kræft/ n.

1. (Pl. craft) *(kleines) Boot*

| | |
|---|---|
| aircraft | *Flugmaschine* (also Ballon, Luftschiff, Flugzeug, Hubschrauber), *Flugzeug* (ungenau aber häufiger) |
| hovercraft | *Luftkissenfahrzeug* |

2. (Pl. crafts) *Kunstgewerbe; Handwerk*[FF]
3. (unzählbar) *List*

**crafty** /ˈkrɑ:fti ‖ -æ-/ Adj.
*schlau; listig; verschlagen*

**krass** Adj.
1. (bei Handlungen) *blatant* /'bleɪtnt/; *flagrant* /'fleɪgrənt/

| | |
|---|---|
| Es war ein krasser Fall von Bestechung. | *It was a blatant case of bribery.* |
| krasse Missachtung der Menschenrechte | *flagrant abuse of human rights* |

2. (bei Eigenschaften) *glaring* /'gleərɪŋ/

| | |
|---|---|
| Seine Taten stehen in krassem Gegensatz zu seinen Worten. | *His deeds are in glaring contrast to his words.* |

3. (bei persönl. Eigenschaften od. Handlungsweisen) *gross*[FF] /grəʊs ‖ groʊs/

| | |
|---|---|
| krasse Unhöflichkeit | *gross*[FF] *rudeness* |

das **Kraut**, ⸚er oder unzählbar
1. (zählbar) *herb*[FF]

| | |
|---|---|
| Kräuterbutter | *herb butter* |
| Kräutertee | *herb(al) tea; tisane* /tɪ'zæn ‖ -'zɑːn/ |

2. (im Deutschen unzählbar, Kohl) *cabbage* (im Englischen zählbar)

| | |
|---|---|
| Weißkraut | *summer/winter cabbage* (je nach Erntezeit) |
| Blaukraut | *red cabbage* |
| ein Krautkopf | *a cabbage* |

3. (Abkürzung für „Sauerkraut“) *sauerkraut* /'saʊəkraʊt ‖ saʊər-/
4. (die Blätter von Wurzel- und Knollengemüse, z. B. Radieschen) *tops; leaves*

die **Krawatte**, -n
*tie*; AmE *necktie*

der **Kriminaler**, -
(Abkürzung für „Kriminalbeamter“) *detective*; (in Zivil[FF]) *plain-clothes detective*

**crass** /kræs/ Adj.
*grob; haarsträubend*
Kommt fast nur in den Ausdrücken “crass stupidity”, “crass idiocy”, “crass ignorance” vor: *haarsträubende Dummheit/Idiotie/Ignoranz.*

**kraut** /kraʊt/ n., auch **Kraut**
Eine sehr abwertende Bezeichnung für *einen Deutschen*; oder (seltener) *die deutsche Sprache.*

| | |
|---|---|
| All the hotels in Torremolinos were full of bloody[FF] krauts. | *Alle Hotels in Torremolinos waren voller Scheißdeutscher.* |

Weil die Engländer ein so kulinarisch interessiertes Volk sind, nennen sie die Franzosen umgangssprachlich abwertend “frogs” nach ihrer Gewohnheit, Froschschenkel zu verspeisen, und die Deutschen eben *krauts*, weil sie gerne Sauerkraut essen.

**cravat** /krəˈvæt/ n.
Ein weiches *Halstuch* für Männer, zum offenen Kragen getragen.

**criminal** /ˈkrɪmɪnəɫ/ n. / Adj.
1. n. *Verbrecher; Krimineller*
2. Adj. *verbrecherisch; kriminell*

die **Kritik**, -en

1. (das Kritisieren) *criticism*

| | |
|---|---|
| Der Minister äußerte Kritik an den Landwirten wegen ihres Mangels an Umweltbewusstsein. | *The minister criticised farmers for their lack of concern*[FF] *for the environment.* |

2. (Rezension) *review; critique* /krɪ'ti:k/

| | |
|---|---|
| Die Kritik in der „Frankfurter Allgemeinen" war sehr positiv. | *The review in the Frankfurter Allgemeine was very favourable.* |

die **Kupplung**, -en

1. (zwischen Motor und Getriebe eines Autos usw.) *clutch*
2. (zum Anhängen von Anhängern usw.) *coupling*

**critic** /ˈkrɪtɪk/ n.
*Kritiker*

**coupling** /ˈkʌplɪŋ/ n.
*Kupplung*, aber nur im Sinne einer flexiblen Verbindung, z. B. zwischen Auto und Anhänger, nicht als Teil eines Getriebes.

das **Lager**, -
1. (Warenlager) *store; store room*
2. (Lagerhaus) *warehouse*[FF]
3. (Mil.; bei Expeditionen und Pfadfindern; auch übertragen) *camp*

| | |
|---|---|
| Natürlich müssen wir die Proteste aus dem Lager der Opposition ernst nehmen. | *Of course we have to take the protests from the opposing camp seriously.* |

4. (Tech., z. B. Kugellager) *bearing* /'beərɪŋ/

**lancieren** V. tr. /lã'si:rən/
*to put out; to put about (a rumour etc.)*

| | |
|---|---|
| eine Zeitungsmeldung lancieren | *to get a report into the papers* |

**lasziv** Adj.
*suggestive; lewd* /lu:d/ *(behaviour, pictures, etc.)*

die **Lektüre**, -n
1. (das Lesen) *reading*

| | |
|---|---|
| Die Lektüre deines Briefes hat uns alle sehr amüsiert. | *Reading your letter amused us all a lot.* |

2. (etwas zum Lesen) *(something) to read; reading matter*

| | |
|---|---|
| Als Lektüre nahm er einen Krimi mit. | *He took a thriller with him (for something) to read/as reading matter.* |

**lager** /'lɑ:gə ‖ -gər/ n.
*helles (Bier); Helles*
Auch “lager beer”, aus dem Deutschen „Lagerbier“, d. h. Bier, das zum Lagern bestimmt war. “Lager” ist ein leichtes, helles Bier, das als einziges englisches Bier dem deutschen Bier ähnlich ist. Das normale englische helle Bier heißt “bitter” (und ist es auch), die anderen Biersorten, “light ale”, “pale ale”, “brown ale”, “porter” und “stout” (in steigender Reihenfolge der Dunkelheit) sind nicht so bitter.

**lance** /lɑ:ns ‖ læns/ V. tr.
Fast nur in “to lance a boil[FF]/an abscess”: (Med.) *einen Furunkel/einen Abszess aufschneiden/öffnen*

**lascivious** /lə'sɪviəs/ Adj.
*lüstern; geil*

| | |
|---|---|
| Minni saw Theo was drinking too much and decided to leave before he started to get lascivious. | *Minni sah, dass Theo zu viel trank, und ging lieber, bevor er zum Lustmolch wurde.* |
| a lascivious wink[FF] | *ein lüsternes Zwinkern* |

**lecture** /'lektʃə ‖ -ər/ n. / V. intr.
1. n. *Vorlesung*

| | |
|---|---|
| The new professor of history’s lectures are the most boring I’ve ever been to. | *Die Vorlesungen des neuen Geschichtsprofessors sind die langweiligsten, die ich je besucht habe.* |

2. V. intr. *lesen* (d. h. Vorlesungen an einer Universität halten)

| | |
|---|---|
| Professor Juggs lectures on Parkinson’s Law. | *Professor Juggs hält Vorlesungen über/liest über das Parkinsonsche Gesetz.* |

der letzte **Strohhalm**, NP
*the last chance; the last hope*
Bei Beispielen wie dem folgenden könnte eine wörtliche Übersetzung sehr irreführend sein:

| | |
|---|---|
| Eine engere Bindung an die USA könnte für das Regime der letzte Strohhalm sein. | *Closer links with the US could be the last hope for the regime.* |

Das heißt, die Bindung könnte das Regime retten; wenn man mit "the last straw" übersetzen würde, hieße das das Gegenteil, nämlich, dass sie das Regime zu Fall bringen[FF] könnte (siehe gegenüber).

| | |
|---|---|
| sich an den letzten/an einen Strohhalm klammern | *to clutch at straws* |

das **Lifting**, -s
(auch übertragen) *facelift*
"Lifting" ist eines der vielen „englischen" Wörter, deren Heimat eigentlich in Deutschland zu suchen ist – vgl. Crack[FF], Handy[FF], Talkmaster[FF].

die **Limo**, -(s)
*(fizzy) lemonade*
Im Englischen gibt es keine Abkürzung.

die **Limone**, -n
1. (ungenaue Bezeichnung für „Limette", eine kleine grüne zitronenförmige Zitrusfrucht) *lime*
2. (altmod. für Zitrone) *lemon*
3. (eine Pflanze der Gattung *Limonium*) *sea lavender*

**the last straw** /ðə 'lɑːst 'strɔː || ðə 'læst 'strɒː/ NP
*das Ausschlaggebende; der Tropfen, der das Fass zum Überlaufen bringt*
Der vollständige Wortlaut des Sprichwortes ist: "It's the last straw that breaks the camel's back". Von Kamelen heißt es nämlich im Volksmund, dass sie Lasten bis zu einem ganz bestimmten Gewicht tragen können, aber ein einziger Strohhalm mehr bricht dem Kamel den Rücken.

| | |
|---|---|
| That's the last straw! | *Mir reicht's jetzt! / Das ist einfach zu viel!* |
| When Theo came home drunk last night for the third time running, that was the last straw – I went back to my mother. | *Als Theo gestern Nacht zum dritten Mal hintereinander betrunken heimkam, hat's mir gereicht – Ich bin zurück zu meiner Mutter.* |

**lifting** /'lɪftɪŋ/ n.
*das Heben* im Allgemeinen

| | |
|---|---|
| The lifting of the "Mary Rose" in 1982 after she had lain on the seabed for 450 years was no problem; the problem is the conservation of the wreck. | *Das Heben der „Mary Rose" im Jahre 1982, nachdem sie 450 Jahre auf dem Meeresboden gelegen war, war kein Problem. Das Problem ist die Konservierung des Wracks.* |

**limo** /'lɪməʊ || -oʊ/ n.
Eine umgangssprachliche, bes. amerikanische, Abkürzung für *Limousine*[FF], aber nur die besonders lange Art wie z. B. für den Präsidenten der USA, nicht der gewöhnliche PKW.

**lemon** /'lemən/ n. / Adj.
1. *Zitrone; Zitronenbaum; zitronengelb*
2. (BrE ugs., ein etw. altmodisches, mildes Schimpfwort) *Dummkopf*; *Dussel*

| | |
|---|---|
| You've got your pullover (on) inside out, you lemon! | *Du hast deinen Pullover links an, du Dummkopf!* |

3. (AmE ugs., bes. bei Autos) *„Schrott"*

| | |
|---|---|
| Theo's old Chrysler's a real lemon – he takes an hour to start[FF] it. | *Theos alter Chrysler ist echter Schrott – der braucht ja schon eine Stunde, bis er anspringt.* |

die **Limousine**, -n
1. (gewöhnlicher PKW) BrE *saloon (car)*; AmE, AusE *sedan (car)* /sɪ'dæn/
2. (sehr langer Luxuswagen, z. B. für den Präsidenten der USA) *limousine*

der **Logger**, –
(kleines Schiff für den Heringsfang) *lugger*

der **Lump**, -en
1. (altmodisches Schimpfwort) *scoundrel; rogue*
   *Scoundrel* verwendet man heutzutage meistens, um einen viktorianisch-melodramatischen Effekt zu erzielen:

| | |
|---|---|
| „Ein Mann, der meine Tochter entführt und nicht vorhat, sie zu heiraten, ist ein Lump", wetterte Baron von Wasserstein. | *"A man who abducts my daughter without the intention of marrying her is a scoundrel," thundered Baron von Wasserstein.* |

2. (altmodisch) *rascal; scamp*
   Diese milderen Wörter benützt man heutzutage fast nur für kleine Buben, die man „trotzdem" mag:

| | |
|---|---|
| Du kleiner Lump! | *You little rascal!* |

3. Redewendung: „sich nicht lumpen lassen": *not be stingy* /'stɪndʒi/; *be generous; not be mean*

| | |
|---|---|
| Als Pate eines 12jährigen Neffen darf man sich nicht lumpen lassen. | *You can't (afford to) be stingy when you're the godfather of a 12-year-old nephew.* |

der **Lüster**, - (österr. auch der Luster, -)
1. (Kronleuchter) *chandelier* /ʃændə'lɪə ‖ -lɪr/
2. (Schimmer auf Perlen[FF], Glas, Porzellan usw.) BrE *lustre*; AmE *luster*

**limousine** /ˈlɪməziːn, ˌlɪməˈziːn/ n.
*Limousine* (aber nur wenn eine der großen *Luxuslimousinen* gemeint ist); *Luxusschlitten*

**logger** /ˈlɒgə || ˈlɒːgər, ˈlɑː-/ n.
(seltener für: "lumberjack") *Holzfäller*

**lump** /lʌmp/ n. / V. tr.
1. *Brocken; Klumpen*

| | |
|---|---|
| He threw a lump of earth at me. | *Er hat einen Erdbrocken nach mir geworfen.* |

2. *Beule[FF]; Schwellung*

| | |
|---|---|
| Theo's beer-glass left a lump on my head. | *Theos Bierglas hinterließ eine Beule[FF] an meinem Kopf.* |

3. *Zuckerwürfel*

| | |
|---|---|
| lump sugar | *Würfelzucker* |

4. *„schwerer Brocken"; stämmiger Kerl*
Wird oft zu kleinen Buben (seltener Mädchen) gesagt, wenn man sie aufhebt und so tut, als wären sie ungeheuer schwer:

| | |
|---|---|
| My goodness! You are a big lump! | *Meine Güte! Bist du ein schwerer Brocken!* |

5. V. tr. nur in Redewendungen:

| | |
|---|---|
| like it or lump it | *etwas hinnehmen müssen; in den sauren Apfel beißen müssen* |
| lump (different things) together | *(verschiedene Sachen) in einen Topf werfen; über einen Kamm scheren* |

BrE **lustre** /ˈlʌstə/ AmE **luster** /ˈlʌstər/ n.
*Glanz; schimmernder Glanz*; auch *Lüster* (z. B. bei Perlen[FF])

der **Magistrat**, -e
*town council; municipal authorities*
(Schweiz; Pl. -en) *member of government; civil servant*

(Das Wort „Mangelwurzel" gibt es im Deutschen genausowenig wie etwa "Talkmaster[FF]" oder "Handy[FF]" im Englischen!)

der **Manager**, -
*executive*

| | |
|---|---|
| Top-Manager | *top executive* |
| die Managerkrankheit | *stress disease;* (scherzhaft) *executivitis* |

die **Mappe**, -n
1. (aus Pappe) *folder*
2. (Aktenmappe, Tasche) *briefcase; case*
3. (Zeichenmappe) *portfolio; drawings folder*

*Mappen*

die **Markise**, -n
*awning*; (vor einem Laden, Fenster usw.) *sunshade*

**magistrate** /ˈmædʒɪstreɪt/ n.
1. *Friedensrichter(in); Laienrichter(in)*
   Diese unbezahlten Laienrichter spielen in etwa die gleiche Rolle in englischsprachigen Ländern wie der Schöffe/die Schöffin in Deutschland, aber in den englischsprachigen Ländern sitzt ein "magistrate" allein, höchstens zusammen mit anderen "magistrates", also ohne einen professionellen Richter als Vorsitzenden wie in Deutschland.
2. stipendiary magistrate: (etwa) *Amtsrichter in Strafsachen*

**mangelwurzel** /ˈmæŋgłwɜːzł || -wɜːr-/ n.
*Runkelrübe; Futterrübe*
Dieses scheinbar deutsche Wort ist im 18. Jahrhundert in England aus einer Verballhornung von „Mangold-Wurzel" entstanden und wird sogar gelegentlich fälschlich als "root of scarcity" o. ä. übersetzt.

**manager** /ˈmænɪdʒə || -dʒər/ n.
1. *Filialleiter(in); Betriebsleiter(in); Abteilungsleiter(in); Geschäftsführer(in)*
   Während ein deutscher Manager eine wichtige Stellung in einer großen Firma usw. innehat, bezeichnet *manager* im Englischen den Leiter/die Leiterin eines (meist kleineren) Betriebes, z. B. Laden, Bank, Restaurant usw.
2. (Sport) *Trainer; Manager*

*a map*

**map** /mæp/ n. / V. tr.
1. n. *Landkarte; Stadtplan; Straßenkarte*
2. V. tr. *vermessen; eine Karte anfertigen von*

**marquee** /mɑːˈkiː || mɑːr-/ n.
1. *Festzelt* (bei Volksfesten usw.)
2. (nur AmE) *Vordach* (eines Theaters/Kinos, mit Reklame für das laufende Stück/den laufenden Film)

die **Marmelade**, -n (südd. das **Marmelad**, -en)
Obwohl laut den EU-Richtlinien vom 31.10.82 „Marmelade“ nur mehr aus Zitrusfrüchten gemacht werden darf, und alles andere, was bisher unter diesem Namen lief, nun „Konfitüre“ gennant werden muss, ist wohl nicht anzunehmen, dass sich deutsche Verbraucher so einfach umschalten lassen. Traditionellerweise wird Marmelade eben nicht aus Zitrusfrüchten gemacht; in diesem Sinne heißt es *jam*:

| | |
|---|---|
| Erdbeer-/Pflaumen-/Aprikosen-marmelade | *strawberry/plum/apricot jam* |
| Orangenmarmelade | *marmalade* |

der **Maschinist**, -en
1. (Schiffsingenieur) *(ship's) engineer*
2. (Lokführer) BrE *engine driver*; AmE (auch Indien) *engineer*

**massiv** Adj.
1. *solid*[FF]

| | |
|---|---|
| Dieser Tisch ist massive Eiche. | *This table is solid oak.* |

2. *huge; enormous; immense; vast*; auch *massive*

| | |
|---|---|
| Der Weltmeister im Hammerwerfen ist ein massiver Schotte namens Donald Macleod. | *The world hammer-throwing champion is a huge Scotsman called Donald Macleod.* /mə'klaʊd/ |

**maulen** V. intr.
*to moan; to grumble*; BrE *to grouse*; bes. AmE *to grouch*

das **Medaillon**, -s
1. (zum Öffnen, mit diversem Inhalt: Haar, Bildnis usw.) *locket*
2. (rundes/ovales Reliefbild) *roundel; round/oval relief*
3. (Fleisch) *medallion* (selten)

**marmalade** /'mɑ:məleɪd || 'mɑ:r-/ n.
In England existierte der Unterschied zwischen “marmalade” (aus Zitrusfrüchten) und “jam” (Konfitüre aus anderem Obst) schon immer, und zwar nicht nur im Handel, sondern auch in der Alltagssprache. Dabei heißt “marmalade” allein fast immer *Orangenmarmelade*, Marmelade aus anderen Zitrusfrüchten muss näher bezeichnet werden, z. B. “lemon[FF] marmalade”.

**machinist** /mə'ʃi:nɪst/ n.
1. (bes. BrE) *Näherin* an einer Nähmaschine in einer Kleiderfabrik o. ä.
2. *Fabrikarbeiter*, der an einer Maschine arbeitet (normalerweise kein ausgebildeter Facharbeiter)

**massive** /'mæsɪv/ Adj.
1. *wuchtig; ungeheuer; gewaltig; riesig; stattlich[FF]; massig*; auch *massiv*

| | |
|---|---|
| Even the massive safe was stolen in the burglary. | *Bei dem Einbruch wurde sogar der wuchtige Safe gestohlen.* |
| Our baker's wife is a massive woman with jet-black hair. | *Unsere Bäckersfrau ist ein stattliches[FF] Weib mit rabenschwarzen Haaren.* |

2. (Kritik usw.) *heftig*; auch *massiv*

| | |
|---|---|
| The government gave way in the face of massive criticism in the press. | *Die Regierung beugte sich der heftigen/massiven Kritik[FF] in der Presse.* |

**maul** /mɔ:ɫ || mɒ:ɫ/ V. tr.
(Raubtier usw.) *zerfleischen; übel zurichten*; (Film usw.) *verreißen*

**medallion** /mɪ'dæljən/ n.
1. *(als Schmuck getragene) Münze oder Medaille*
2. (Fleisch, selten) *Medaillon*

**meinen** V. intr. / V. tr.

1. V. intr. (einer Meinung[FF] sein) *to think*

| | |
|---|---|
| Meinst du, es regnet heute noch? Was meinst du dazu? | *Do you think it'll rain today? What do you think of that?* |

2. V. intr. (eine Meinung[FF] äußern) *to say*; (förmlich-scherzhaft) *to opine* /ə'paɪn/

| | |
|---|---|
| „Sie werden noch nicht zu Hause sein", meinte er. | *"They won't be home yet," he said.* |

3. V. tr. *to mean*

| | |
|---|---|
| „Wie meinen Sie das?" „Ich meine genau das, was ich gesagt habe: Sie Rindvieh!" | *"How do you mean?" "I meant just what I said: you berk!"* |

die **Meinung**, -en
*opinion*

| | |
|---|---|
| Zu diesem Punkt gehen die Meinungen auseinander. | *Opinions differ on this point.* |
| meiner Meinung nach | *I think; as I see it; as far as I can see*; (steif, förmlich) *in my opinion* |
| eine Meinung äußern | *to express an opinion* |
| einer Meinung Ausdruck verleihen | *to give an opinion* (letzteres besonders in der Bedeutung „eine Stellungnahme abgeben") |

*In my opinion* klingt arrogant und zurechtweisend, im Gegensatz zu „meiner Meinung nach" – man sollte es also in einer normalen Unterhaltung vermeiden.

das **Menü**, -s

1. (Restaurant) *a set meal*

| | |
|---|---|
| Ich nehme das Menü zu € 12,95. | *I'll have the set meal for 12 euros 95.* |

2. (Computer) *menu*

**Mittelamerika**, Eigenname
*Central America*

| | |
|---|---|
| Belize ist eines der englischsprachigen Länder Mittelamerikas. | *Belize is one of the English-speaking countries in Central America.* |

**mean** /mi:n/ V. tr. / V. intr. / Adj.

1. V. tr. (Wort, Ausdruck) *bedeuten; heißen*

| | |
|---|---|
| What does "smug" mean? | *Was bedeutet "smug"?* |

(Der Vollständigkeit halber sei es erklärt: Es heißt „selbstgefällig".)

2. V. intr. *meinen*; *sagen wollen*

| | |
|---|---|
| When I say he was dirty, I mean he was downright filthy. | *Wenn ich sage, er war schmutzig, meine ich, er war regelrecht verdreckt.* |

Bei diesem Wortpaar besteht die Gefahr in erster Linie in der Richtung Deutsch-Englisch.

3. Adj. *geizig*; (charakterlich) *gemein*

**meaning** /'mi:nɪŋ/ n.

*Bedeutung*

| | |
|---|---|
| The meaning of "Bome boon for boon prescian" in Shakespeare's "Love's Labour's Lost" is unclear. | *Die Bedeutung von "Bome boon for boon prescian" in Shakespeares „Verlorene Liebesmüh" ist unklar.* |

Redewendungen:

| | |
|---|---|
| What is the meaning of this? (altmod. Ausruf der Entrüstung) | *Was soll das heißen?* |
| He's a bit of a crank, if you get my meaning. | *Er ist ein bisschen exzentrisch/eigenbrötlerisch – Sie wissen schon, was ich meine.* |

**menu** /'menju:/ n.

1. *Speisekarte*

| | |
|---|---|
| What's on the menu today? | *Was steht heute auf der Speisekarte?* |

2. (Computer) *Menü*

**Middle America** /'mɪdł ə'merɪkə/ NP

1. *„das typische/durchschnittliche Amerika"*, insbesondere die Mittelklasse in den kleineren Städten ("small-town America"), typischerweise als besonders konservativ betrachtet
2. (seltener) *der Mittlere Westen der USA*

der **Mime**, -n
*actor*

| | |
|---|---|
| Heute wäre der berühmte viktorianische Mime Sir Beerbohm Tree 150 Jahre alt. | *The famous[FF] Victorian actor Sir Beerbohm Tree would have been 150 years old today.* |

**mimen** V. tr.
1. *to act; to play (a role)*

| | |
|---|---|
| Sarah Bernhardt mimte noch den Hamlet, als sie schon über 70 war und ein Holzbein hatte. | *Sarah Bernhardt was still playing Hamlet when she was over 70 and had a wooden leg.* |

2. *to pretend; to feign (surprise etc.)* /feɪn/

| | |
|---|---|
| Obwohl meine Mutter uns immer begleitete, wenn wir für sie Geschenke kauften, mimte sie beim Auspacken doch jedesmal große Überraschung. | *Although my mother always came with us children when we went to buy presents for her, she always pretended utter surprise when she unwrapped them.* |

die **Mimik** unzählbar
*expression(s); expressiveness*

| | |
|---|---|
| Gesichtsmimik | *facial expression; facial expressiveness* |

die **Mine**, -n
1. (in einem Kugelschreiber o. ä., zum Austauschen) *a refill* /ˈriːfɪɫ/
   Für nicht austauschbare Minen gibt es kein englisches Substantiv – man sagt z. B. “You can’t change the ink in this biro.“
2. (für einen Bleistift) *a lead* /led/
3. (Bombe) *a mine*
4. (Bergwerk) *a mine*

**mime** /maɪm/ n. / V. tr. /V. intr.

1. n. *die Pantomime*[FF]*; stummes Gebärdenspiel*

| | |
|---|---|
| In charades you have to perform a mime illustrating a word that your opponent has to guess. | *In einer Scharade muss man in einer Pantomime ein Wort darstellen, das der Gegner erraten soll.* |

2. n. *der Pantomime*[FF]*/die Pantomimin*, d. h. Schauspieler(in), der/die stumme Gebärdenspiele vorführt

| | |
|---|---|
| Marcel Marceau was probably the greatest mime the world has ever seen. | *Marcel Marceau war wahrscheinlich der größte Pantomime, den die Welt je gesehen hat.* |

3. V. intr. / V. tr. *mit stummen Gesten vormachen/nachahmen*

| | |
|---|---|
| I couldn't speak Japanese, so I mimed putting salt on my food – and the geisha handed me some chopsticks! | *Ich konnte kein Japanisch, also ahmte ich pantomimisch nach, wie man Salz aufs Essen streut – und die Geisha reichte mir Essstäbchen!* |

**mimic** /'mɪmɪk/ n. / V. tr.

1. n. *Imitator(in); jemand, der Menschen/Geräusche gut nachahmen kann*

| | |
|---|---|
| Theo's a very good mimic – he's got the Prime Minister off to a T. | *Theo kann andere Leute wunderbar nachmachen – den Premierminister spielt er absolut perfekt.* |

2. V. tr. *(jemanden/ein Geräusch) nachahmen*

| | |
|---|---|
| A mynah bird can mimic any sound it hears. | *Ein Beo kann jeden Laut nachahmen, den er hört.* |

**mine** /maɪn/ n. / V. tr.

1. n. *Bergwerk; Grube; Zeche*; aber auch *Mine*
2. n. (Bombe) *Mine*
3. (übertragen) a mine of information: *eine Fundgrube*; (Mensch) *ein wandelndes Lexikon*
4. V. tr. (Bodenschätze) *fördern; abbauen*
5. V. tr. "to mine (a harbour etc.)": *(einen Hafen usw.) verminen*
6. (Possessivpronomen) *meins/meiner/meine* usw.

das **Minigolf** unzählbar
BrE *crazy golf*; AmE, AusE *miniature golf*; (seltener) *minigolf*

der **Mist** unzählbar
1. (Kot größerer Tiere, z. B. von Kühen, Pferden, Elefanten) *dung*
2. (Stallmist, d. h. mit Stroh vermischter Kot, der als Dünger dient) *manure; muck*

| Mist streuen |
|---|
| *to manure; to muck (a field, etc.)* |

*Mist*

3. In der Redewendung „ausmisten“: (buchstäblich, in Ställen[FF]) *to muck out;* (übertragen, z. B. „Schubladen ausmisten“) *to have a clear-out, to do some clearing out, to clear out (something)*

die **Mode**, -n
*fashion; fashions*

| | |
|---|---|
| Ausgefranste Hosen waren einmal große Mode. | *Tattered trousers used to be the height of fashion.* |
| die neueste Mode | *the latest fashion(s)* |
| aus der Mode kommen | *to go out of fashion* |
| modisch | *fashionable;* auch (seltener) *modish* |

die **Moderation**, unzählbar
1. *presentation (of a television show etc.)*
Wo aber im Deutschen am liebsten „Moderation“ verwendet wird, benützt man häufig im Englischen “presenter”:

| | |
|---|---|
| Die Moderation macht Jochen Baatz. | *The presenter is Jochen Baatz.* |

2. (selten: Mäßigung) *moderation*

**minigolf** /ˈmɪnɪɡɒłf || -ɡɑːłf, -ɡɒːłf/ n.

1. BrE *Miniaturgolf*
   Das ist echtes Golfspiel im Kleinformat; der Platz ist etwa so groß wie ein Fußballfeld, hat aber alle Kennzeichen eines großen Golfplatzes, z. B. Hügel, Sandgruben, Stellen mit hohem Gras ("the rough") und gepflegte kleine "greens".
2. (AmE, auch AusE) *Minigolf* wie im Deutschen

*mist*

**mist** /mɪst/ n. / V. intr.

1. n. *(leichter) Nebel*
2. V. intr. to mist over / to mist up: *beschlagen; anlaufen* (von Fensterscheiben, Brillen, Spiegeln usw.)
   Es erwies sich als unmöglich, einen neuen Rolls-Royce mit dem Namen "Silver Mist" oder ein Deospray namens "Body Mist" auf den deutschen Markt zu bringen[FF] – beide Produkte mussten umbenannt werden.

**mode** /məʊd || moʊd/ n.

1. (förmlich) *Art und Weise*

| | |
|---|---|
| a simple mode of life | *eine einfache Lebensweise* |

2. (tech.) *(Operations)modus*

| | |
|---|---|
| Set the exposure meter to manual mode. | *Den Belichtungsmesser auf „manuell" stellen.* |

3. (Kleidungsstil, selten, altmod.) *Mode*

**moderation** /ˌmɒdəˈreɪʃn || ˌmɑː-/ n.

1. *Mäßigung*

| | |
|---|---|
| Buddha preached moderation in all things. | *Buddha predigte Mäßigung in allen Dingen.* |

2. (Honour) "Moderations", abgekürzt "Mods": *Zwischenprüfung in gewissen Fächern an der Universität Oxford*

der **Moderator**, -en

1. *presenter; host; linkman*; nur BrE *compere*, auch *compère* /'kɒmpeə/ *(of a television show etc.)*
   *Presenter* und *host* sind bei Talkshows (BrE meistens *chat shows*) am häufigsten; *linkman* wird meistens für den Moderator von Nachrichtensendungen benützt, die in englischsprachigen Ländern oft live-Gespräche zwischen Moderator und Reportern vor Ort in aller Welt bringen[FF]; *compere* (nur BrE) bezeichnet den Moderator einer Variété-Show.
2. Bremssubstanz eines Kernreaktors: *moderator*

**moderieren** V. tr.

1. (Radio, Fernsehen) *to present; to host*
2. (bildungsspr., veraltet, im Sinne von „mäßigen“) *to moderate*

**mondän** Adj.

*stylish; smart; chic* /ʃi:k/; (etwas negativer) *glamorous*; (fast abwertend) *flashy; flashily dressed; showy; showily dressed*

| | |
|---|---|
| die mondäne Welt | *the smart set* |
| Ich traf Theo Pink mit seiner neuesten Freundin, einer mondänen Mittvierzigerin in einer Wolke von blauem Chiffon. | *I met Theo Pink with his latest lady friend, a flashily-dressed woman in her mid-forties in a voluminous blue chiffon affair.* |

das **Moor**, -e

*marsh; bog;* (in England) *fen*

Alle drei englischen Wörter bezeichnen eine sumpfige, wasserreiche Landschaft, in der Torf[FF] durch die Verrottung von Pflanzen gebildet wird. Je dicker die Torfschicht, desto geneigter ist man, *bog* zu benützen.

| | |
|---|---|
| Moorleiche | *bog body* |

**moderator**, **Moderator** /ˈmɒdəreɪtə || ˈmɑːdəreɪtər/ n.
1. Moderator: *kirchliches Oberhaupt einiger presbyterianischer Kirchen*, z. B. der "Church of Scotland". Er (oder sie – auch Frauen können alle Ämter und Würden bekleiden) wird jährlich gewählt.
2. Moderator (Oxford): *Prüfer* bei den "Moderations" (siehe oben)
3. (tech.) a moderator: *ein Moderator* (Substanz die eine Kernreaktion bremst).

**moderate** /ˈmɒdəreɪt || ˈmɑː-/ V. tr. / V. intr.
*(sich) mäßigen*; (Wind) *nachlassen; sich abschwächen*; (Forderungen) *gemäßigter werden*

**mundane** /mʌnˈdeɪn/ Adj.
1. *profan*FF*; alltäglich* (mundane matters, things, tasks, chores, considerations, etc.)

| | |
|---|---|
| Lord Bathmore did not concern himself with such mundane matters as the running of the kitchen. | *Lord Bathmore kümmerte sich nicht um so profane Angelegenheiten wie die Organisation der Küche.* |
| mundane things such as ironing, washing up | *alltägliche Verrichtungen wie Bügeln, Abspülen, Staubsaugen.* |

2. (selten) *weltlich* (im Gegensatz zu "spiritual", "heavenly")

**moor** /mʊə, mɔː || mʊr/ n. / V. tr.
1. n. *Heidemoor; Hochmoor; Heide*
"Moors" sind in englischsprachigen Ländern keineswegs sumpfige Gelände, sondern eher trockene, mit Heidekraut bewachsene Hochlandgebiete. Die schottischen "grouse moors" sind die klassischen Gegenden fürs "grouse shooting", die Jagd auf MoorhühnerFF.
2. V. tr. (Schiff, Boot) *vertäuen; festmachen; anlegen*

das **Moorhuhn**, ¨-er
*the Willlow Grouse* (*Lagopus lagopus lagopus*), ein Wildvogel Nordeuropas, der im Winter weiß wird, im Deutschen auch „Schneehuhn", „Moorschneehuhn". Die schottische Rasse dieses Vogels, *Lagopus lagopus scoticus*, ist auf die britischen Inseln beschränkt; sie wird im Winter nicht weiß und heißt *the Red Grouse* oder schlicht *grouse* und ist das klassische Federwild der britischen Küche. Ihre Jagdsaison fängt mit großen Pomp am 12. August an, "The Glorious Twelfth".

*ein Moorhuhn*

der **Mörder**, -
*murderer*

die **Motte**, -n
In der Richtung Deutsch-Englisch kein FF:
1. (bei Schädlingen) *moth*

| | |
|---|---|
| Kleidermotte<br>Mehlmotte | *clothes moth*<br>*meal moth* |

2. (ugs., „die Motten") *the moth*

| | |
|---|---|
| In diesen alten Teppichen sind die Motten drin. | *These old carpets have got the moth.* |

3. (allgemeinsprachlich für alle Nachtfalter) *moth*

| | |
|---|---|
| Gertrude zieht die Männer an wie das Licht die Motten. | *Men are drawn to Gertrude like moths to a candle.* |

nicht **müssen** V. intr.
*not need to; not have to; needn't*

| | |
|---|---|
| Du musst nicht zuschauen (wenn du nicht willst). | *You needn't look (if you don't want to).* |

*a moorhen*

**moorhen** /'mʊəhen, 'mɔ:hen || 'mʊr-/ n.
1. *das Teichhuhn* (*Gallinula chloropus*), ein schwarzer Wasservogel mit roter Stirn und weißen Unterschwanzdecken
2. (sehr selten, poetisch, meist schottisch = "grouse") *Schneehuhn; Moorschneehuhn; Moorhuhn*, wie z. B. in dem schottischen Volkslied "My bonnie moorhen".

**murder** /'mɜ:də || 'mɜ:rdər/ n. / V. tr.
1. n. *Mord*
2. V. tr. *(er)morden; umbringen*

**motte** /mɒt || mɑ:t/ n.
*Erdhügel* einer normannischen Burg ("motte and bailey castle": eine Burg mit Erdhügel und Burghof); Fachsprache auch *die Motte*

**moth** /mɒθ || mɒ:θ/ n.
*Nachtfalter (jeder Größe)*
Anders als im Deutschen kann das Wort "moth" an das Ende aller Nachtfalternamen angehängt werden, und weggelassen werden, wenn keine Verwechslung möglich ist:

| | |
|---|---|
| the Garden Tiger (moth) | *der Braune Bär* |
| the Swallowtail moth (Verwechslung möglich mit "Swallowtail butterfly", *Schwalbenschwanz*) | *Holunderspanner* |
| a clothes moth | *Kleidermotte* |

**mustn't, must not** /'mʌsnt, məs 'nɒt || … 'nɑ:t/ VP
*nicht dürfen*

| | |
|---|---|
| You mustn't look! | *Du darfst nicht zuschauen!* |

das **Muster**, -
1. (Farbe, Struktur) *pattern*
2. (Gratis)muster: *(free) sample*
3. (Vorbild) *model*

| | |
|---|---|
| ein Mustergatte | *a model husband* |

**mustern** V. tr.
1. *to scrutinise/scrutinize; to eye; to size up*

| | |
|---|---|
| Der General musterte die Truppen kritisch. | *The general scrutinized the troops critically.* |

2. (Mil.) *to give (someone) a medical (examination); to inspect (someone)*

| | |
|---|---|
| Theo wurde gemustert und für untauglich erklärt. | *Theo was given a medical and declared unfit for military service.* |

**an/abmustern**, V. intr. / V. tr.
1. V. intr. (Mil.) *to sign on/off (from a ship etc.)*
2. V. tr. (Schiff) „abmustern“: *to pay off (crew); to discharge crew*

die **Musterung**, -en
1. (Verzierung) *pattern; patterning*
2. (Mil., Parade) *inspection; review*
3. (bei Rekruten) *medical examination (for the armed forces)*
4. (Überprüfung) *scrutiny*

die **Mystik** unzählbar
*mysticism*

**muster** /'mʌstə || -tər/ n. / V. tr. / V. intr.

1. n. Meist in "to pass muster": *passabel sein; den Ansprüchen genügen*

| | |
|---|---|
| My Italian will just about pass muster. | *Mein Italienisch ist gerade noch passabel.* |

2. n. (Mil.) *(Antreten zum) Appell*
3. V. tr. *(Truppen usw.) antreten lassen*

| | |
|---|---|
| The General mustered the troops at dawn. | *Der General ließ die Truppen bei Sonnenaufgang antreten.* |

4. V. intr. *sich versammeln*
5. to muster (up) (one's) courage/strength: *seinen ganzen Mut/seine ganze Kraft zusammennehmen*

**mustering** /'mʌstərɪŋ/ n.
*das Antreten; das Versammeln*

**mystique** /mɪ'sti:k/ n.
*(geheimnisvoller) Nimbus*

| | |
|---|---|
| The mystique of Hollywood almost guarantees a film will be a success. | *Der Nimbus von Hollywood ist fast eine Garantie dafür, dass ein Film ein Erfolg wird.* |

**necken** V. tr.
1. *to tease (someone about something)*
2. sich/einander necken: *to tease each other; to have a tease*

| Was sich liebt, das neckt sich. | *Lovers will be teasers.* |
|---|---|

**nesteln** V. intr.
*to pick at something; to fiddle/fidget with something*

| Sie nestelte nervös an ihrem Schal[FF]. | *She picked nervously at her scarf.* |
|---|---|

**neulich** nur Adv.
*recently*

| Neulich sah ich Theo Pink in seinem neuen Auto. | *I saw Theo Pink recently in his new car.* |
|---|---|

Im Gegensatz zu „neulich" kann man "recently" sowohl steigern als auch mit Gradadverbien benützen, also "more recently", "as recently as", "very recently" usw.

**nicken** V. intr.
*to nod*

| Er nickte mit dem Kopf. | *He nodded his head.* |
|---|---|

**neck** /nek/ V. intr. / V. tr.
*(intensiv) schmusen*[FF]

| | |
|---|---|
| On that warm summer evening all the benches in the park were occupied by couples necking. | *An diesem lauen Sommerabend waren alle Bänke im Stadtpark von schmusenden Pärchen besetzt.* |

**nestle** /'nesł/ V.intr
1. (Personen) *sich kuscheln; sich schmiegen*

| | |
|---|---|
| She nestled up to him in the dark. | *Sie schmiegte/kuschelte sich im Dunkeln an ihn.* |

2. (Orte, meist kleine Dörfer) *(in die Landschaft) eingebettet sein*

| | |
|---|---|
| Ditchling is a little village nestling in the Sussex Downs. | *Ditchling ist ein kleines Dorf, eingebettet in die Sussex Downs.* |

**newly** /'nju:li || 'nu:-/ Adv.
*neu-; neu*

| | |
|---|---|
| the newly-married couple<br>the newly-arrived refugees | *das neuvermählte Paar*<br>*die neu angekommenen Flüchtlinge* |

**nick** /nɪk/ n. / V. tr.
1. n. *Kerbe*[FF]
2. (nur BrE ugs.) in good/bad nick: *gut/nicht gut in Schuss*
3. V. tr. *(ein Stück Holz usw.) einkerben*
4. Redewendung “in the nick of time”: *gerade noch rechtzeitig; im allerletzten Augenblick*

die **Note**, -n
1. (Schule, Uni) BrE *mark*; BrE und AmE *grade*
2. (Geldschein) BrE *(bank)note*; AmE *bill*

| | |
|---|---|
| eine 10-Pfund-Note | *BrE a ten-pound (£10) note* |
| eine 10-Dollar-Note | *AmE a ten-dollar ($10) bill* |

3. (Musik) Noten (gedruckte/geschriebene Musik): *(printed) music*

| | |
|---|---|
| Kannst du Noten lesen? | *Can you read music?* |

4. (Mus., Ton) *note*
5. (polit., Diplomatie) *note*

die **Notiz**, -en
1. *a note*[FF]

| | |
|---|---|
| In meinen ersten Semestern habe ich in jeder Vorlesung noch seitenweise Notizen gemacht. | *In my first few terms at university I used to take pages and pages of notes in every lecture*[FF]*.* |

2. (keine) Notiz von etwas nehmen: *to take (no) notice of something*

| | |
|---|---|
| Theo lächelte sie an, aber sie nahm keine Notiz davon. | *Theo smiled at her, but she took no notice.* |

**note** /nəʊt || noʊt/ n. / V. tr.
1. n. *Zettel; Nachricht*
2. n. *Notiz*[FF]
3. (BrE, meist mit Währungsangabe) *Geldschein; Banknote*
4. (Musik) *Note*
5. n. (Musikinstrument) *Taste*[FF]
6. V. tr. *notieren; aufschreiben; beachten*

**notice** /ˈnəʊtɪs || ˈnoʊ-/ n. / V. tr.
1. *(Warn)Schild; (Warn)Tafel; (Wand)Anschlag; Plakat*[FF]

| | |
|---|---|
| There is said to be a notice all by itself in the middle of Dartmoor that simply says "It is forbidden to throw stones at this notice". | *Es wird behauptet, dass mitten im Dartmoor eine einsame Tafel steht, mit der simplen Aufschrift: „Es ist verboten, dieses Schild mit Steinen zu bewerfen."* |

2. to give notice: *kündigen*

| | |
|---|---|
| to give someone notice | *jemandem kündigen* |

Dabei wird im Englischen der noch verbleibende Zeitraum, im Deutschen der Zeitpunkt der Beendigung des Arbeitsverhältnisses angegeben:

| | |
|---|---|
| I gave my cleaning lady 4 weeks' notice because she broke half my crockery. | *Ich habe meiner Putzfrau zum nächsten Ersten gekündigt, weil sie die Hälfte meines Geschirrs zerbrochen hat.* |
| without notice | *fristlos* |
| until further notice | *bis auf Weiteres* |

3. V. tr. *bemerken; Notiz von etwas nehmen*

| | |
|---|---|
| Theo noticed his girlfriend was wearing an expensive new watch. | *Theo bemerkte, dass seine Freundin eine teure neue Uhr trug.* |

**notorisch** Adj.
1. (gewohnheitsmäßig) *habitual; chronic; constant*

| | |
|---|---|
| Beethoven war ein notorischer Schuldenmacher. | *Beethoven was a chronic accumulator of debts. / Beethoven was constantly in debt.* |
| Er ist ein notorischer Lügner. | *He is a habitual liar.* |

2. (jur.) gerichtsnotorisch: *known to the courts*

| | |
|---|---|
| Harry Kunz war seit 20 Jahren als Taschendieb gerichtsnotorisch. | *Harry Kunz had been known to the courts for 20 years as a pickpocket.* |

3. (selten, für eine negative Eigenschaft bekannt) *notorious*

das, der **Nougat**, -s (laut neuer Rechtschr. Nugat)
Das deutsche Nougat/Nugat ist in England unbekannt und müsste daher etwa so beschrieben werden: "A German sweet similar to very soft milk chocolate, with or without cocoa solids[FF], which derives its taste from finely powdered roasted hazelnuts or almonds". Wir schlagen *German brown nougat* als Notlösung vor.

die **Novelle**, -n
1. *novella* /nə'velə/ (Pl. -as)
2. *novelle* /nə'velə/ (Pl. -n, selten)
Für die typisch deutsche Literaturgattung der Novelle benützt man gelegentlich (z. B. in der Literaturkritik[FF]) das deutsche Wort, klein geschrieben und meist in Anführungszeichen oder kursiv gesetzt.
3. (jur., polit.) Gesetzesnovelle: *amendment (to/of a law)*

**notorious** /nə'tɔ:riəs/ Adj.
*berühmt-berüchtigt; berühmt/bekannt* (wegen einer schlechten Eigenschaft)

| | |
|---|---|
| He is a notorious liar. | *Er ist ein stadtbekannter Lügner.* |
| This junction is a notorious accident blackspot. | *Diese Kreuzung ist eine berüchtigte Unfallstelle.* |
| Doctors are notorious for their bad handwriting. | *Ärzte sind berühmt für ihre unleserliche Schrift.* |
| Casanova was notorious for his addiction to beautiful women. | *Casanova war berühmt-berüchtigt für seinen Hang zu schönen Frauen.* |

**nougat** /'nu:gɑ ǁ -gət/ BrE auch (selten) /'nʌgɪt/ n.
*türkischer Honig,* d. h. eine weiße (!), zähe Süßigkeit aus Zucker, Eischnee, Honig und Traubenzucker, mit Zusatz von Mandelstücken und kandierten Früchten, besonders Kirschen ("glacé[FF] cherries").

**novel** /'nɒvɫ ǁ 'nɑ:-/ n. / Adj.
1. n. *Roman* (Lit.)
2. Adj. *(ganz) neu(artig)*

| | |
|---|---|
| It's a novel experience to be a grandfather all of a sudden. | *Es ist eine ganz neue Erfahrung, plötzlich Großvater zu sein.* |

das **Objektiv**, -e
*lens; lens system*

| | |
|---|---|
| Ich habe gerade ein neues Objektiv für meine Kamera gekauft. | *I've just bought a new lens for my camera.* |
| Tele-Objektiv | *telephoto lens* |

„das **Off**"/„das **On**"
In deutschen Fernsehstudios agiert ein Sprecher entweder „im On" (man sieht und hört ihn), oder „im Off" (man hört seine Stimme, sieht aber andere Bilder). Das Englische hat keine Bezeichnungen für diese „Orte" – „im Off" heißt *(as a) voiceover* /'vɔɪsəʊvə || -oʊvər/; seltener *off camera*; „im On" heißt *to camera.*

| | |
|---|---|
| Der nächste Take ist im Off. | *The next take's a voiceover.* |

**offensiv** Adj.
1. *aggressive; attacking*

| | |
|---|---|
| Wir müssen einen offensiven Wahlkampf führen! | *Our campaign must be aggressive!* |

2. (Waffen usw.) *offensive*

**offiziös** Adj.
*semi-official (source, information, report, news, etc.)*

| | |
|---|---|
| In manchen Ländern gibt es offiziöse Zeitungen, die zwar der Regierung nicht gehören, ihr aber nahe stehen. | *In many countries there are semi-official newspapers, which do not belong to the government but are closely associated with it.* |

**-ol**, Suffix
Entspricht im Englischen oft *-ene*, aber nicht immer (siehe auch unter **Benzin**)

| | |
|---|---|
| Polystyrol | *polystyrene* /ˌpɒli'staɪriːn || ˌpɑː-/ |
| Benzol | *benzene* |

**objective** /əb'dʒektɪv/ n.
*Ziel*

| | |
|---|---|
| The government's foreign policy has two main objectives. | *Die Außenpolitik der Regierung hat zwei Hauptziele.* |
| We set off for the summit at dawn and reached our objective in 6 hours. | *Bei Sonnenaufgang machten wir uns auf den Weg zum Gipfel und erreichten unser Ziel nach 6 Stunden.* |

**off** /ɒf ǁ ɑ:f/ n.
1. (Rennen, bes. Pferderennen) *der Start*[FF]

| | |
|---|---|
| Only two minutes to the off. | *Nur noch zwei Minuten bis zum Start.* |

2. (Cricket) the off (side): *die Schlägerseite*
Das heißt, die Seite des Spielfeldes, auf der der Schläger ("batsman") seinen Schläger ("bat") hält, d. h., vom Bowler aus gesehen, bei einem Rechtshänder die linke Seite, beim Linkshänder die rechte Seite.

**offensive** /ə'fensɪv/ Adj.
1. *übel; abstoßend; widerlich; ungehörig; beleidigend; anstößig*

| | |
|---|---|
| an offensive smell | *ein übler Geruch* |
| an offensive remark | *eine beleidigende Bemerkung* |
| Are you trying to be offensive? | *Wollen Sie mich beleidigen?* |

2. *Angriffs-…*; (Mil. auch) *Offensiv-…*

| | |
|---|---|
| an offensive weapon | *eine Angriffswaffe*; (Mil.) *eine Offensivwaffe* |

**officious** /ə'fɪʃəs/ Adj.
*diensteifrig; wichtigmacherisch* (kann nur auf Personen bezogen werden!)

| | |
|---|---|
| The officious little park-keeper reported me to the police for climbing the trees. | *Der kleine Wichtigmacher von Parkwächter zeigte mich an, weil ich auf die Bäume geklettert war.* |

der **Oldtimer**, -

*ein Oldtimer*

1. (bei Autos) *veteran car* (BrE scherzh. *old crock*); *Edwardian car; vintage car*
   In England sind diese Bezeichnungen keineswegs austauschbar; man unterscheidet zwischen *veteran cars* (Baujahr bis einschließlich 1905), *Edwardian cars* (Baujahr 1906–1916) und *vintage cars* (Baujahr 1917–1930). Jedes Jahr im November findet das "Old Crocks' Race" (offiziell "Veteran Car Race") von London nach Brighton statt, bei dem nur *veteran cars* teilnehmen dürfen. Den Unterschied zwischen *veteran, Edwardian* und *vintage cars* kennen nicht nur Liebhaber alter Autos; er ist in England ziemlich allgemein bekannt.
2. (bei Flugzeugen) *historic aircraft; historic aeroplane*/AmE *airplane; veteran aircraft; veteran aeroplane*/AmE *airplane*

„das **On**" – siehe auch „das **Off**"

im On: *to camera*

| Die nächste Szene machen wir im On. | *We'll do the next scene to camera.* |
|---|---|

der **Operateur**, -e

1. (Arzt) *operating surgeon*
2. (Kameramann, veraltet) *cameraman*
3. (jmd., der die Projektoren in einem Kino bedient) *projectionist*

an oldtimer

**oldtimer** /ˈəʊɫdtaɪmə ǁ ˈoʊɫdtaɪmər/ n. *alterfahrener Mann; altmodischer Mann; altmodische Sache*; (bes. AmE) *alter Mann*

| | |
|---|---|
| If you want to make money out of selling used cars, ask the oldtimers – they know all the tricks of the trade. | |
| *Wenn Sie mit dem Verkauf von Gebrauchtwagen Geld machen wollen, müssen Sie die Leute fragen, die das seit Jahren machen – die kennen alle Tricks.* | |

(AmE, Anredeformel) Hi, oldtimer!: *Tag, Alter!*

**on** /ɒn ǁ ɑ:n/ Präposition / Adv.

1. Präp. *auf; an; bei*[FF]*; über* usw.
2. Adv. Redewendungen:

| | |
|---|---|
| (BrE) it's not on | *das geht nicht* |
| to be on at someone | *an jemandem herummeckern; auf jemanden einreden* |
| to have a lot on | *viel(e Kleider) anhaben; sehr beschäftigt sein; im Stress*[FF] *sein* |

**operator** /ˈɒpəreɪtə ǁ ˈɑ:pəreɪtər/ n.

1. (Telefon) *Vermittlung; Amt; „das Fräulein vom Amt"*

| | |
|---|---|
| If you want to reverse the charges (AmE: If you want to call collect), you'll have to call through an operator. | *Wenn man ein R-Gespräch führen will, muss man sich durch die Vermittlung verbinden lassen.* |

2. *(Maschinen)arbeiter/in; Bediener/in*
3. Redewendung "He's a smooth operator": *Er ist ein ganz schön raffinierter Gauner.*

**ordinär** Adj.
*coarse; vulgar; rude*; BrE (altm.) *common*
Die früher häufige britische Bezeichnung *common* ist eine abwertende Bezeichnung für jemand, der (in den Augen des Sprechers) einer niedrigen sozialen Klasse angehört. Man hört es nicht mehr oft, außer in der scherzhaften Übertreibung *(as) common as muck* (etwa: „so ordinär wie Dreck").

die **Ordination**, -en
1. (ärztliche Verordnung) *doctor's instructions*
2. (Sprechzimmer eines Arztes) BrE *surgery*; AmE *office*; BrE und AmE *consulting room*
3. (Sprechstunde eines Arztes) BrE *surgery hours*; AmE *office hours*; BrE und AmE *consulting hours*
4. (Priesterweihe) *ordination*

das **Organ**, -e
1. (Körperorgan im Allgemeinen) *organ (of the body)*
   Kein FF in dieser Richtung, mit zwei Ausnahmen: Im Englischen (anders als im Deutschen) können die Stimme und die Haut nicht als *organs* bezeichnet werden.

| | |
|---|---|
| Die Sopranistin hatte ein grauenhaftes Organ. | *The soprano had a ghastly voice.* |
| Die menschliche Haut ist ein sehr komplexes Organ. | *The human skin is very complex.* |

2. (Zeitung) Parteiorgan: *party newspaper; party organ*
3. (Behörden) ausführende Organe: *executive organs*

der **Orient**, Eigenname
Bezieht sich im Deutschen meistens auf den Nahen und Mittleren Osten, die früher, aber jetzt nicht mehr (siehe gegenüber) im Englischen ebenfalls "the Orient" hießen. Zu diesem Teil der Welt sagt man heutzutage *the eastern Mediterranean* (früher auch *the Levant* /lɪ'vænt/); wenn es sich um Israel, Palästina und ihre allgemeine Umgebung handelt, sagt man *the Middle East.*

**orientalisch** Adj.
1. (in Bezug auf den Nahen und Mittleren Osten) *Middle Eastern*; (altm.) *Levantine* /lɪ'væntaɪn/; (altm.) *oriental*
2. (Dt. seltener, in Bezug auf den Fernen Osten) *oriental*

**ordinary** /ˈɔːdnri || ˈɔːrdneri/ Adj.
*normal; gewöhnlich; üblich*

| | |
|---|---|
| The new vicar^FF is a very ordinary sort of chap. | *Der neue Pfarrer ist ein ganz normaler Mensch.* |

**ordination** /ˌɔːdɪˈneɪʃn || ˌɔrd-/ n.
*Priesterweihe*

| | |
|---|---|
| to ordain someone a priest | *jemanden zum Priester weihen* |

**organ** /ˈɔːgən || ˈɔːr-/ n.

1. *Organ des Körpers* (allg.) (z. B. "respiratory organs": *Atmungsorgane*), kann jedoch nicht für „Stimme" oder „Haut" benützt werden (siehe gegenüber). Wenn es allein steht, bezeichnet es oft das männliche Geschlechtsorgan.
2. *Orgel,* daher die Verlegenheit des Mesners in der Westminster Abbey, der von einem ausländischen Touristen gefragt wurde: "It is true that you have the largest organ in Europe?"

**orient**, **Orient** /ˈɔːriənt/ n. / V. tr.

1. n. (meist großgeschrieben, etw. veraltet) *das Morgenland; der Ferne Osten*; (früher, jetzt veraltet) *der Mittlere Osten*, auch insbesondere *die Türkei*
2. V. tr. (BrE auch **orientate** /ˈɔːrianteɪt/) *ausrichten*; (auch übertragen) *sich an etwas orientieren*

| | |
|---|---|
| This Spanish course is oriented (BrE auch orientated) towards tourists. | *Dieser Spanischkurs ist auf Touristen ausgerichtet.* |

**oriental** /ˌɔːriˈentł/ Adj.
*morgenländisch; fernöstlich*

der **Pädagoge**, -n
1. *teacher*
2. *educationalist; educational theorist*

das **Paket**, -e
Das deutsche Wort ist in seiner Grundbedeutung dem englischen sehr ähnlich und wird deshalb besonders oft falsch übersetzt:
1. Wenn Gegenstände zum Transport bzw. Postversand eingewickelt und/oder verschnürt werden: *parcel; package*
2. Zum bequemeren Tragen unhandlicher Gegenstände: *bundle; parcel*

| | |
|---|---|
| Er schnürte seine Kleider zu einem ordentlichen Paket zusammen und balancierte sie auf dem Kopf über den Fluss. | *He tied his clothes up into a neat bundle and carried them across the river on his head.* |

3. Verpackung zur Aufnahme einer bestimmten Handelsware: *pack*; auch *packet*

| | |
|---|---|
| Waschpulverpaket | *a packet of washing powder* |
| ein Paket Klopapier | *a pack/packet of loo paper* |

4. (polit., Versicherung usw.) *package*

| | |
|---|---|
| Sparpaket | *economy package / package of economy measures* |
| Versicherungspaket | *insurance package* |

das **Palaver**, -
*blather* /'blæðə || 'blæðər/
Meistens aber ist eine Übersetzung durch ein Verb besser:

| | |
|---|---|
| Da nützt jetzt kein langes Palaver; schauen wir, dass wir das Auto aus dem Graben kriegen. | *It's no use going on and on about it; let's get the car out of the ditch.* |

**palavern** V. intr.
*to blather* /'blæðə || 'blæðər/; *to go on and on; to jaw*

| | |
|---|---|
| Jetzt hör mit dem Palavern auf und spül endlich ab! | *Now just stop blathering and do the washing up!* |

**pedagogue** /'pedəgɒg || -gɑ:g/ n.
Heutzutage fast ausschließlich negativ beladen: *ein überstrenger, pedantischer Lehrer; ein Schulmeister*

**packet** /'pækɪt || -kət/ n.
Wird hauptsächlich für die Verpackung von Waren verwendet, und zwar viel häufiger als „Paket". Es kann manchmal im Postversand gebraucht werden, aber nur für kleine Päckchen:
1. *Schachtel; Packung; Päckchen; Paket*

| | |
|---|---|
| a packet of cigarettes | *eine Schachtel Zigaretten* |
| a packet of envelopes | *ein Päckchen Briefumschläge* |

2. (ugs., Slang) a packet: *ein Batzen (Geld); eine Stange Geld*

| | |
|---|---|
| He made a packet with that sweetshop of his. | *Mit seinem Süßwarenladen hat er eine Stange Geld gemacht.* |

**palaver** /pə'lɑ:və || -'lævər/ n.
1. (ugs.) *„Theater"; Umstand*

| | |
|---|---|
| I lost my ticket and had to go through all the palaver of getting a replacement. | *Ich verlor meine Fahrkarte, und es war ein ziemliches Theater, bis ich eine Ersatzkarte hatte.* |

2. (selten, etwas veraltet) *Palaver; Gerede*

der **Pantomime**, -n / die **Pantomimin**, -nen; die **Pantomime**, -n
Die Person sowie das Gebärdenspiel selbst werden im Englischen mit dem gleichen Wort bezeichnet: *mime*[FF]

| | |
|---|---|
| Theo ist ein begabter Pantomime. | *Theo is a gifted mime.* |
| Sie deutete durch eine komplizierte Pantomime an, dass wir die Pralinen[FF] wieder wegräumen sollten, bevor die Kinder sie sähen. | *She indicated to me in an elaborate mime that we should put the chocolates away before the children saw them.* |

das **Paraffin**, -e
1. (Substanz zur Herstellung von Kerzen usw.) *paraffin wax*
2. (chem., meist Pl.; verschiedene aliphatische Kohlenwasserstoffe) *paraffins*

der **Paragraph**, -en
1. (eines Gesetzes) *section (of a law)*
   Das allgegenwärtige deutsche Paragraphenzeichen (§) wird von Engländern und Amerikanern nicht als solches erkannt; das englische Paragraphenzeichen sieht anders aus (¶ oder ¶), und wird selten benützt – man findet es vor allem in alten Bibeln und Gesangbüchern.
2. (in der Bedeutung „Gesetz“, „Regelung“) *red tape; rules and regulations*

| | |
|---|---|
| Unser persönliches Leben wird zunehmend durch Paragraphen bestimmt. | *Our personal lives are increasingly governed by rules and regulations.* |
| sich durch den Paragraphendschungel kämpfen | *to cut one's way through masses/tangles of red tape* |

die **Parole**, -n
1. *motto; watchword*

| | |
|---|---|
| Meine Parole lautet: Vorsicht! | *Caution is my watchword.* |
| Der Parteitag stand unter der Parole: „Die Zukunft gestalten“. | *The motto of the party conference was "Shaping the future".* |

2. *slogan*

| | |
|---|---|
| Wir wollen keine Parolen, sondern Taten! | *We don't want slogans, we want action*[FF]*!* |

**pantomime** /'pæntəmaım/ n.
Ein in England seit dem 19. Jahrhundert beliebtes *Weihnachtsspiel für Kinder*, in Form eines dramatisierten Märchens mit teils gesprochenem, teils gesungenem Text und Einlagen von Zauberern, Komikern usw. Die Rolle des Helden wird immer von einer Frau gespielt, und in den meisten Stücken kommen ein oder zwei "pantomime dames[FF]" oder "ugly sisters" vor, die von Männern gespielt werden. Es gibt ein Repertoire von vielleicht 10 bekannten Stücken, darunter "Puss in Boots" („Der gestiefelte Kater") und "Cinderella" („Aschenputtel"). Das Wort "pantomime" wird oft zu "panto" abgekürzt. Zeitweilig durch die Konkurrenz des Fernsehens unter Druck geraten, scheinen "pantomimes" wieder populär zu werden.

**paraffin** /'pærəfın/ n.
1. (Flüssigkeit) (BrE) *Kerosin* (AmE "kerosene"); *Petroleum[FF]* (als Lampenöl)
2. (feste Stoffe) paraffin jelly: *Vaselin, Vaseline;* paraffin wax: *Paraffin; Festparaffin*

**paragraph** /'pærəgrɑ:f || -græf/ n.
1. *Abschnitt; Absatz (eines Textes)*
2. *kurzer Artikel* (in einer Zeitung usw.)
3. (selten) *Paragraph* (eines Gesetzes)

**parole** /pə'rəʊł || -'roʊł/ n. / V. tr.
1. n. (unzählbar) *Freigang* (eines Häftlings)

| | |
|---|---|
| He was released on parole. | *Er erhielt Freigang.* |
| a prisoner on parole | *ein Freigänger* |

2. V. tr. to "parole someone": *jemandem Freigang geben*

das **Parterre**, -s
1. (Erdgeschoss) BrE *ground floor*; AmE *first floor*
2. (Theater, altmod.) BrE *stalls*; *pit*; AmE *parterre*

das **Passepartout**, -s (schweiz.: der **Passepartout**, -s)
1. (etwa) *cardboard or paper frame for a picture; photograph*[FF], etc.

Passepartout

Das Bild ist leider aus dem Passepartout herausgefallen.

*I'm afraid the pictures's fallen out of the (paper) frame.*

2. (schweiz., Generalschlüssel) *master key*

**patent** Adj.
1. *capable (woman; girl, etc.)*

| | |
|---|---|
| Sie ist eine patente Frau. | *She's a (very) capable woman.* |

2. *great; splendid (idea, fellow/guy, etc.)*; AmE *swell*

| | |
|---|---|
| Er ist ein patenter Kerl. | BrE *He's a great guy/bloke.* AmE *He's a great/swell guy.* |
| „Ich langweile mich zu Tode!“ „Warum gehen wir nicht ins Kino?“ „Das ist eine patente Idee!“ | *“I'm bored to tears!” “Why don't we go to the cinema?” “That's a splendid idea!”* |

3. *ingenious (solution, etc.)*

**parterre** /pɑ:'teə || pɑ:r'ter/ n.
1. *Teil eines formalen Gartens* (mit Rasen und regelmäßig angeordneten Blumenbeeten)
2. AmE (Theater) *Parkett*; veraltend auch *Parterre*

*passepartout*

**passepartout** /ˌpæspɑ:'tu: || -pɑ:r-/ n., unzählbar
1. Eine Art altmodisches *Klebeband*: farbiger gummierter Papierstreifen, der in Rollen verkauft wird, zum Umrahmen von Bildern.

| |
|---|
| I must buy a roll of passepartout to frame that picture with. |
| *Ich muss eine Rolle Papierklebeband kaufen, damit ich das Bild einrahmen kann.* |

2. (selten, altmod.) *ein mit diesem Klebeband gemachter Rahmen*

**patent** BrE /'peɪtnt/ oder /'pætnt/, AmE nur /'pætnt/ n. / V. tr. / Adj.
1. n. *ein Patent* (für eine Erfindung)
2. V. tr. *patentieren (lassen)*
3. Adj. *patentiert; gesetzlich geschützt; selbsterfunden; Patent-…*

| | |
|---|---|
| a patent toilet-flushing mechanism | *ein patentierter Toilettenspülmechanismus* |
| Theo Pink has a patent method of stoning cherries with a spoon. | *Theo Pink hat eine selbsterfundene Methode/Patentmethode, Kirschen mit einem Löffel zu entkernen.* |

4. patent leather (BrE hier nur /'peɪtnt/, AmE /'pætnt/): *Lackleder; Glanzleder*

| | |
|---|---|
| patent leather shoes | *Lackschuhe* |

**pathetisch** Adj.
*solemn; pompous*[FF]*; passionate; dramatic; fervent*
Die Wahl zwischen diesen Alternativen ist schwierig; die oft angegebenen Entsprechungen "high-flown", "high-sounding","bombastic" sind selten befriedigend, und werden kaum mit "speech" (Rede) verwendet.
Eine „pathetische Rede“ wird im Englischen jeweils nach ihrem Hauptmerkmal bezeichnet:

| | |
|---|---|
| Der Jahrestag der Revolution wird mit pathetischen Reden gefeiert. | *The anniversary of the revolution is celebrated with solemn/pompous*[FF] *speeches.* |
| Die pathetischen Reden mancher Politiker begeistern meist nur ihre eigenen Anhänger. | *The passionate speeches of some politicians generally inspire only their own party members.* |
| Mit einer pathetischen Geste überreichte er ihr eine Rose. | *With a dramatic gesture he presented her with a rose.* |
| pathetische Beteuerungen seiner Unschuld | *fervent protestations of (his) innocence* |

Bei „pathetischen Phrasen“ sind *high-sounding* bzw. *high-flown* akzeptabel: *high sounding/high-flown phrases/sentiments.*

das **Pathos** unzählbar
*(false) emotionalism; (exaggerated) feeling*

der **Patron**, -e
1. (Schutzheiliger) *patron saint*
2. (ugs., unangenehmer Kerl) mieser/feiger/seltsamer Patron: *nasty/cowardly/odd beggar*; nur BrE *blighter*

die **Patrone**, -n
1. (Hülse für Treibladung eines Geschosses, Tintenbehälter für Füller, Filmkassette) *cartridge*

| | |
|---|---|
| Patronenhülse | *cartridge case* |

2. (Sprengladung im Bergbau usw.) *charge; explosive charge*

**pathetic** /pə'θetɪk/ Adj.
Bedeutet fast das Gegenteil von „pathetisch", nämlich *kläglich, miserabel, jämmerlich, erbärmlich*, sowohl im Sinne von „mitleiderregend" als auch im Sinne von „lächerlich schlecht":

| | |
|---|---|
| He paid no heed to the dog's pathetic whimpering. | *Er beachtete das jämmerliche Winseln des Hundes nicht.* |
| The Prime Ministers's attempt to justify the government's actions was pathetic. | *Der Versuch des Premierministers, die Handlungen der Regierung zu rechtfertigen, war recht kläglich.* |
| Theo Pink's Latin is pathetic. | *Theo Pinks Lateinkenntnisse sind miserabel.* |

**pathos** /'peɪθɒs || -θɑːs/ n., unzählbar
*Traurigkeit und/oder Mitleid (hervorrufend)*
„Pathos" muss meist im Deutschen adjektivisch übersetzt werden:

| | |
|---|---|
| The scene as the refugees bade farewell to their homes was full of pathos. | *Es war eine Mitleid erregende Szene, als die Flüchtlinge sich von ihrer Heimat verabschiedeten.* |

**patron** /'peɪtrən/ n.
1. *Kunde*; bes. *Stammkunde* (von Kneipe, Restaurant, Laden usw.)
2. *Gönner*; *(Kunst)mäzen*
3. patron saint: *Schutzheiliger*

das **Pendant**, -s /pɑ̃ːˈdɑ̃ː/
1. (Entsprechung, Gegenstück) *counterpart; parallel; equivalent*

| | |
|---|---|
| Das britische Pendant zum deutschen Finanzminister ist der Schatzkanzler. | *The British equivalent of the German finance minister is the Chancellor of the Exchequer.* |

2. (ergänzendes Gegenstück, zweites Exemplar[FF] eines Gegenstands) *companion piece*

| | |
|---|---|
| Endlich habe ich ein passendes Pendant zu meiner Ming-Vase gefunden! | *At last I've found a companion piece for my Ming vase!* |

**penetrant** Adj.
1. (Geruch) *strong; pungent* /ˈpʌndʒənt/; *overpowering; pervasive* /pəˈveɪsɪv ‖ pər-/

| | |
|---|---|
| Er roch penetrant nach Knoblauch. | *He smelt strongly of garlic. / He reeked/stank of garlic.* |
| ein penetranter Geruch nach Kater | *a strong/an overpowering smell of tom-cat* |

2. (Geräusch, Stimme) *piercing*; auch *penetrating*
3. (persönliche Eigenart) *overpowering; overbearing*

| | |
|---|---|
| Seine penetrante Leutseligkeit war schwer zu ertragen. | *His overpowering joviality was hard to put up with.* |

**pennen** V. intr. (ugs.)
*to kip[FF]*

**pendant** /ˈpendənt/ n.
(Schmuck[FF]) *Anhänger*

| | |
|---|---|
| Gertrude wore a necklace with an amethyst pendant to avoid getting drunk. | *Gertrude trug eine Halskette mit Amethystanhänger, um nicht betrunken zu werden.* (amethyst /ˈæmɪθɪst/, vom Griechischen améthistos, „nicht betrunken") |

**pendent** /ˈpendənt/ Adj. (selten)
*Hänge-; herabhängend*

**penetrating** /ˈpenɪtreɪtɪŋ/ Adj.
1. *durchdringend*

| | |
|---|---|
| a penetrating gaze/look | *ein durchdringender Blick* |
| a penetrating whistle | *ein greller, durchdringender Pfiff* |
| penetrating damp | *durchdringende Feuchtigkeit* |

2. (Intelligenz) *scharf(sinnig)*

**pen** /pen/ V. tr.
1. (leicht förmlich oder etwas scherzhaft) *schreiben*

| | |
|---|---|
| He penned a letter to his MP. | *Er schrieb einen Brief an den Parlamentsabgeordneten seines Wahlkreises.* |

2. (meist: "to pen in") *einsperren; einpferchen*

die **Pension**, -en

1. *guest-house*[FF]*; boarding house*

| | |
|---|---|
| Viele Straßen in Dover sind auf beiden Seiten von kleinen Pensionen gesäumt. | *Many streets in Dover are lined on both sides with little guest-houses.* |

2. in Pension gehen: *to retire (from one's job)*

| | |
|---|---|
| Pensionierung | *retirement* |
| pensioniert | *retired* |

3. (im Sinne von „Rente[FF]") *pension*

**per** Präposition

Entspricht fast immer *by*[FF]*;* „per Schiff/Flugzeug/Bahn": *by sea/air/rail/train*

| | |
|---|---|
| per Post | *by post* |
| per Luftpost | *by airmail* |
| etwas per Eilboten schicken | *BrE to send something express/ by express delivery; AmE by special delivery* |
| per Scheck | *BrE by cheque; AmE by check* |
| per Zufall | *by chance; by accident* |
| per pedes | *on foot* (keine lateinische Entsprechung im Englischen) |

besondere Wendungen:

| | |
|---|---|
| per Anhalter fahren | *to hitch-hike* |
| Wir sind per Du. | (etwa) *We're on first-name terms.* |
| Die Zahlung ist fällig per 1.7.04. | *Payment is due on 1/7/04.* |

**perfekt** Adj.

1. (ugs., endgültig abgemacht) *settled; in the bag* (ugs.)

| | |
|---|---|
| Der Vertrag ist perfekt. | *The contract's settled* |

2. perfekt sein; etwas perfekt machen: *to seal something; set the seal on something; settle something; make something final*

| | |
|---|---|
| Mit dem dritten Tor war die Niederlage perfekt. | *The third goal sealed the defeat/made the defeat final.* |

3. (nicht zu verbessern) *perfect*

**pension** /ˈpenʃn/ n.
1. *Rente*[FF]

| | |
|---|---|
| On my small pension I just can't afford (to pay) the high rent[FF] any more. | *Mit meiner kleinen Rente[FF] kann ich mir die hohe Miete einfach nicht mehr leisten.* |

2. /ˈpɑ̃sjɑ̃/ (selten, meist in Bezug auf Frankreich, gewöhnlich in Aufführungszeichen) *Pension*

| | |
|---|---|
| We stayed at a little "pension" in Anjou. | *Wir übernachteten in einer kleinen Pension in Anjou.* |

**per** /pə (Starktonform: pɜː) ‖ pər (Starktonform: pɜːr)/ Präposition
Entspricht dem deutschen *pro*[FF], ist etwas förmlich und wird daher meist durch "a/an" ersetzt.

| | |
|---|---|
| 70 miles per hour /pər ˈaʊə ‖ pər ˈaʊər/ | *70 Stundenmeilen* |
| £50 per week/ a week | *50 Pfund pro Woche / in der Woche* |

"Per" ist nicht ersetzbar durch "a/an" in folgenden Redewendungen:

| | |
|---|---|
| as per usual (scherzhaft für : as usual) | *wie gewöhnlich* |
| as per instructions | *laut/gemäß Anweisungen* |
| per capita | *pro[FF] Kopf* |
| per se /ˌpɜː ˈseɪ ‖ ˌpɜːr ˈseɪ/ | *an sich; als Solches* |

**perfect** /ˈpɜːfɪkt ‖ ˈpɜːr-/ Adj.
1. *vollkommen; vollendet; tadellos; perfekt* (aber nur im Sinne von „vollendet")

| | |
|---|---|
| perfect harmony | *vollkommene Harmonie* |
| a perfect husband | *ein vorbildlicher/perfekter Ehemann* |
| practice makes perfect | *Übung macht den Meister* |

2. *völlig; total*

| | |
|---|---|
| a perfect fool/idiot | *ein völliger Trottel; ein Vollidiot* |

**perfect** /pəˈfekt ‖ pər-/ V. tr.
*vervollkommnen; perfektionieren*

die **Perle**, -n
1. (nur Austern- und Muschelperlen) *pearl*
2. (alle anderen Perlen) *bead* /bi:d/

| | |
|---|---|
| Holz-, Glas-, Perlmuttperlen | *wooden beads; glass beads; mother-of-pearl beads* |
| Schweißperlen | *beads of sweat/of perspiration* |

*Perlen*

das **Personal** unzählbar
1. (die Angestellten eines Betriebes) *staff; personnel*[FF]

| | |
|---|---|
| Der firmeneigene Minigolfplatz[FF] steht dem ganzen Personal zur Verfügung, nicht nur dem Personalchef[FF]. | *The firm's crazy-golf course is open to all the staff, not only the personnel manager.* |
| Flugpersonal | *crew; flight staff* |
| Bodenpersonal | *ground crew; ground staff* |
| Bedienungspersonal | *serving staff* |

2. (Hauspersonal) *servants*

**personell** Adj.
*staff* (Adj.!); *staffing*

| | |
|---|---|
| personelle Probleme | *staff/staffing problems* |
| Der Chef[FF] drohte mit personellen Konsequenzen, sollte der Plan publik werden. | (etwa) *The boss threatened that heads would roll if the plan got out.* |

die **Pest**, unzählbar
*(the) plague*

| | |
|---|---|
| an der Pest sterben | *to die of (the) plague* |
| Beulenpest | *bubonic plague* /bju:ˌbɒnɪk 'pleɪg ‖ -ˌbɑ:nɪk/ |
| Lungenpest | *pneumonic plague* /nju:ˌmɒnɪk 'pleɪg ‖ -ˌmɑ:nɪk/ |

Redewendung:

| | |
|---|---|
| Dieses Fleisch stinkt wie die Pest! | *This meat stinks to high heaven!* |

*a pearl*

**pearl** /pɜːɫ || pɜːrɫ/ n.
Bezieht sich im Englischen nur auf *Muschelperlen*, besonders *Austernperlen*, aber auch *Flussperlen*.

| cultured pearls |
| --- |
| *Zuchtperlen* |

**personal** /ˈpɜːsənəɫ || ˈpɜːr-/ (nur!) Adj.
*persönlich; zur Person*

| Apart from his personal belongings, the burglar's bag contained some £50 notes[FF]; so far he has refused to give the police any personal details. | *Außer seinen persönlichen Habseligkeiten enthielt der Sack des Einbrechers einige 50-Pfund-Noten, bisher hat er vor der Polizei alle Angaben zur Person verweigert.* |
| --- | --- |
| personal chef[FF] | *Leibkoch* |

**personnel** /ˌpɜːsəˈneɫ || ˌpɜːr-/ n. / Adj.
1. n. *Belegschaft*; *Personal*[FF]
2. Adj. *Personal-…*

| personnel department | *Personalabteilung* |
| --- | --- |
| personnel manager[FF] | *Personalchef*[FF] |
| personnel carrier (Mil.) | *Truppentransporter* |

**pest** /pest/ n.
1. *Schädling*; *Ungeziefer* (soweit Lebensmittel, Pflanzen oder Holz geschädigt werden)

| The Colorado beetle is a serious pest. | *Der Kartoffelkäfer ist ein gefährlicher Schädling.* |
| --- | --- |

2. (von Personen, bes. Kindern) *Plage; lästiges Kind*

| My new girlfriend's very nice, but her little brother's an awful pest. | *Meine neue Freundin ist sehr nett, aber ihr kleiner Bruder ist furchtbar lästig.* |
| --- | --- |

das **Petroleum**, unzählbar
1. (Öl für Lampen) *lamp oil* (siehe auch unter englisch „paraffin[FF]")
2. (im Dt. etwas altmodisch, Erdöl im allgemeinen) *petroleum*

das **Pflaster**, -
1. (Straßenpflaster) *paving*
   Das typische deutsche und kontinentaleuropäische Kopfsteinpflaster ist in England selten; häufiger sind *cobblestones* (mittelgroße Kieselsteine), die z. B. das Radfahren auf einer "cobbled street" sehr unbequem machen. Für „Kopfsteinpflaster" benützt man manchmal das französische Wort *pavé* /'pæveɪ/.

| Pflastersteine | *pavers; stone setts* (Fachspr.) |
|---|---|

2. (Heftpflaster, Verbandpflaster) *(sticking) plaster*
3. Trostpflaster, Pflaster für die Seele: Im Englischen gibt es keinen entsprechenden Ausdruck; man muss sich mit *consolation* begnügen.

die **Phantasie** – siehe **Fantasie**

der **Photograph** – siehe **Fotograf**

die **Physik**, unzählbar
*physics*

der **Pickel**, -
1. *spot*; auch *pimple*

| Sein Gesicht ist voller Pickel. | *His face is covered with/in spots.* |
|---|---|

2. (Spitzhacke) *pick(axe)*; AmE *pick(ax)*
3. Pickelhaube (Mil., hist.) *pickelhaube* /'pɪkłhaʊbə/ (Nur in Bezug auf Deutschland)

**petroleum** /pə'trəʊliəm || -'troʊ-/ n.
*Erdöl; Rohöl*
petroleum jelly (bes. BrE; AmE = "vaseline"): *Vaselin*

**plaster** /'plɑ:stə || 'plæstər/ n. / V. tr.
1. n. *Heftpflaster*
2. n. *Gips(verband)*

| plaster of Paris | *(Modell-, Verbands-)gips* |
|---|---|

3. V. tr. *(Wände usw.) verputzen*
4. V. tr. *(mit einer dickflüssigen Masse) beschmieren*

| After Theo Pink had fallen off his horse for the third time, he was plastered with mud from head to foot. | *Nachdem Theo Pink zum dritten Mal vom Pferd gefallen war, war er von oben bis unten mit Schlamm bedeckt.* |
|---|---|

5. plastered (Adj.) (übertragen): *besoffen; „blau"; „sternhagelvoll"*

| We went on a pub crawl and soon got plastered. | *Wir machten eine Kneipentour und waren bald sternhagelvoll.* |
|---|---|

**fantasy** siehe unter deutsch „Fantasie"

**photograph** siehe unter deutsch „Fotograf"

**physique** /fɪ'zi:k/ n.
*Körperbau; Statur*

**pickle** /'pɪkł/ n. / V. tr.
1. n. *süß sauer eingelegtes Gemüse, manchmal mit Früchten*
   Bezieht sich sowohl auf die deutschen "Mixed Pickles" als auch auf die englische sehr dicke süß-saure Soße mit Gemüsestückchen, die kalt in kleinen Portionen besonders zu Fleisch gegessen wird.
2. V. tr. *(süß-sauer) einlegen*

| pickled | *Essig-...; (süß-sauer) eingelegt* |
|---|---|

In England kann man zu vielen kalten Gerichten "pickled onions" (Essigzwiebeln ca. 4 cm groß) bestellen, die im immer noch klassenbewussten Großbritannien als typische Vorliebe der Arbeiterklasse gelten.

**picken** V. tr.
1. (Vogel) *to peck*
2. (ugs., mit spitzen Fingern herausnehmen usw.) *to pick*

| Aschenputtels Tauben pickten die Erbsen aus der Asche. | *Cinderella's pigeons pecked the peas out of the ashes.* |
|---|---|

der **Pimpf**, -e
1. („Dreikäsehoch") *scamp; rascal*; (abwertender) *squirt*

| Du kleiner Pimpf! | *You little squirt!* |
|---|---|

2. (hist.) *member of the Hitler Youth Movement*

die **Pinte**, -n
*bar; pub*

das **Plakat**, -e
*poster*

**pick** /pɪk/ n. / V. tr. / V. intr.
1. n. *Spitzhacke; Picke; Pickel*[FF]

| | |
|---|---|
| ice pick | *Eispickel* |
| toothpick | *Zahnstocher* |

2. V. tr. *(aus)wählen; (als Mitglied einer Mannschaft) aufstellen*

| | |
|---|---|
| He has been picked for Scotland. | *Er ist für Schottland aufgestellt worden.* |

3. V. tr. "pick up" (Gegenstand): *aufheben*; (Sprache usw.) *sich aneignen*; (Krankheit) *aufschnappen;* (ugs., bei Personen) *abschleppen*
4. V. intr. (meist "pick at something") *an etwas zupfen*

| | |
|---|---|
| to pick at a scar | *an einer Narbe (herum)kratzen* |
| to pick one's nose | *in der Nase bohren* |
| to pick someone's pocket | *jemanden* (als Taschendieb) *bestehlen* |

5. to pick someone's brains: *jemanden etwas (auf seinem Spezialgebiet) fragen, um von seinem Wissen zu profitieren* (kein deutsches Äquivalent)

| | |
|---|---|
| Can I pick your brains about history for a moment? | *Du kennst dich doch aus in Geschichte – kann ich dich kurz was fragen?* |

**pimp** /pɪmp/ n.
*Zuhälter; Kuppler*
AusE auch *Informant* (BrE "informer", im britischen Unterwelt-Slang auch "a squealer" oder "a grass").

**pint** /paɪnt/ n.
(Flüssigkeitsmaß) *ein Pint* /paɪnt/ (= 0,5683 Liter)

**placard** /ˈplækɑ:d || -kɑ:rd/ n.
(zum Tragen) *Transparent*[FF]; (seltener, = Poster) *Plakat*

**plump** Adj.
1. (bei Menschen, Tieren usw.) *ungainly; awkward; clumsy*

| | |
|---|---|
| An Land wirkt ein Seehund plump und unbeholfen; im Wasser bewegt er sich voller Anmut und Grazie. | *A sealion is as ungainly and awkward on land as it is elegant and graceful in the water.* |

2. (Bemerkung usw.) *rude; blunt*; (unanständig) *crude*

| | |
|---|---|
| plumpe Annäherungsversuche | *crude advances* |

der **Po**, -s
(Kindersprache, auch allg.) *bottom;* (leicht derb) *backside;* (derb) BrE *bum* /bʌm/; AmE *butt*

die **Police**, -n
*(insurance) policy*

**pompös** Adj.
1. *pretentious; ostentatious*
Hat im Deutschen immer den Beigeschmack des übertriebenen Aufwandes, und kann im Gegensatz zum englischen "pompous" nicht auf Personen bezogen werden:

| | |
|---|---|
| Die pompöse wilhelminische Fassade der Bank wurde nach dem Zweiten Weltkrieg schlichter wiederaufgebaut. | *The pretentious Wilhelminian facade of the bank was rebuilt in a simpler style after the Second World War.* |

2. (bei einem Schreibstil) *overloaded*; auch *pompous*

der **Pony**, -s oder -ies
(Frisur) BrE *fringe* /frɪndʒ/; AmE *bangs*

das **Pony**, -s oder -ies
(Pferd) *pony*

**plump** /plʌmp/ Adj.
1. (bei Personen) *pummelig; rundlich; mollig*
   Weniger negativ als "fat", manchmal sogar positiv:

| | |
|---|---|
| She's quite nice-looking, if a trifle plump. | *Sie sieht recht nett aus, auch wenn sie ein bisschen pummelig ist.* |
| In the middle of the photo was the plump smiling face of Mrs Boggis. | *In der Mitte des Fotos war das rundliche, fröhliche Gesicht von Mrs Boggis.* |

2. (bei Tieren – Hühnern, Meerschweinchen usw.) *fett; gut gemästet*

| | |
|---|---|
| a plump chicken | *ein fettes Huhn* |

**po** /pəʊ || poʊ/ n. (nur BrE)
(ugs., oft scherzhaft) *Nachttopf*

**police** /pə'li:s/ n. / V. tr.
1. n. *Polizei*
2. V. tr. to police (an area): *(eine Gegend) polizeilich überwachen*

**pompous** /'pɒmpəs || 'pɑ:mpəs/ Adj.
*wichtigtuerisch; aufgeblasen*
Kann nur auf Personen oder Schreibstile bezogen werden. Wird fast ausschließlich auf ältere Männer bezogen, die sich selbstzufrieden-wichtigtuerisch benehmen:

| | |
|---|---|
| That pompous little customs official said I had to "provide a Department of the Environment Vehicle Testing Certificate" – he meant an MoT. (MoT /ˌeməʊ'ti:/ = Ministry of Transport [certificate]) | *Dieser aufgeblasene kleine Wichtigmacher von einem Zollbeamten sagte, ich müsste „einen Untersuchungsbericht des Technischen Überwachungsvereins vorweisen" – gemeint hat er eine TÜV-Bescheinigung.* |

**pony** /'pəʊni || 'poʊni/ n.
1. (Pferd) *Pony*
2. (Frisur) ponytail: *Pferdeschwanz*
3. (nur BrE Slang) a pony: *£25*
4. (nur AmE Slang) a pony: *ein Spickzettel* (BrE: "a crib")

der **Pope**, -n
(*Greek/Russian/* etc.) *Orthodox priest*

die **Posse**, -n
(kurzes, derb-komisches, meist volkstümliches Theaterstück) *farce; folk comedy; dialect sketch*

der **Possen**, -
*clowning; clownery; antics*[FF] (Pl.); (Streich) *prank*[FF]*; trick;* (altmod.) *caper* /'keɪpə || -pər/

| | |
|---|---|
| Possen reißen | *to lark about; fool about/around* |
| Possenreißen | *tomfoolery; fooling about/around* |

**postulieren** V. tr. / V. intr.
1. (fordern) *to require*; (polit., jur.) *to lay down; to enshrine*

| | |
|---|---|
| die in der Verfassung postulierte Freiheit der Presse | *the freedom of the press (as) laid down/enshrined in the constitution* |

2. (seltener, als gegeben hinstellen) *to postulate*

die **Power** /'pauɐ/ unzählbar (aus engl. "power")
Im Grunde genommen kein FF in der Richtung Deutsch-Englisch; die Bedeutung entspricht ziemlich genau der des englischen Wortes *power* im Sinne von „Leistung", „Kraft", aber nur im „imponierenden" Gebrauch:

| | |
|---|---|
| Wow, deine Gitarre hat vielleicht Power! | *Wow, your guitar's got some power!* /'sʌm 'paʊə/ |

Die im Deutschen aus „Power" abgeleiteten Wörter, und das Verb „powern", sind dem Englischen viel fremder:

| | |
|---|---|
| Power machen (= Druck machen) | (etwa) *to show who's the boss* |
| Powerfrau | *career woman* |

**powern** V. tr. / V. intr.
1. (für ein Produkt werben) ein Produkt powern: *to plug a product*
2. (anfeuern) eine Band powern: *to cheer on a band/group*
3. (sich anstrengen) *to work out (in a gymnasium*[FF] *etc.)*

| | |
|---|---|
| Sie hat drei Stunden im Fitnessraum gepowert, jetzt ist sie k.o. | *She been working out in the gym for three hours, and now she's done in.* |

**pope**, **Pope** /pəʊp || poʊp/ n.
*Papst*

**posse** /'pɒsi || 'pɑːsi/ n.
(AmE, fast immer in Bezug auf den Wilden Westen) *Suchtrupp*

| | |
|---|---|
| If the Deputy isn't back by sundown, the Sheriff will have to send out a posse. | *Wenn der Hilfssheriff bis Sonnenuntergang nicht zurück ist, wird der Sheriff einen Suchtrupp ausschicken müssen.* |

**postulate** /'pɒstjʊleɪt || 'pɑːs-/ V. intr.
(als Basis für Theorie usw.) *annehmen; voraussetzen*

| | |
|---|---|
| If we postulate that time travel is possible, then we may one day meet Julius Caesar. | *Wenn wir voraussetzen, dass das Zeitreisen möglich ist, dann könnten wir eines Tages Julius Caesar begegnen.* |

**power** /'paʊə || -ər/ n. / V. tr.
1. n. *Kraft; Leistung; Stärke; Gewalt; Energie*

| | |
|---|---|
| This new lean-burn engine has as much power as conventional engines. | *Dieser neue Magermix-Motor hat genauso viel Kraft wie konventionelle Motoren.* |
| The power of the blow sent him reeling. | *Die Stärke/Wucht des Schlags brachte ihn ins Schwanken*[FF]. |

2. n. *Macht*

| | |
|---|---|
| The Prime Minister has as much power as the President of the US. | *Der Premierminister hat so viel Macht wie der Präsident der USA.* |

3. V. tr. *(an)treiben*

| | |
|---|---|
| This vehicle is powered by solar energy. | *Dieses Fahrzeug wird durch Sonnenenergie angetrieben.* |

4. V. intr. (meist adjektivisch) “underpowered”: *zu schwach motorisiert*

| | |
|---|---|
| The prototype turned out to be severely underpowered. | *Das Prototyp stellte sich als schwer untermotorisiert heraus.* |

die **Praline**, -n
*a chocolate*

| | |
|---|---|
| eine Schachtel Pralinen | *a box of chocolates* |

**prägnant** Adj.
(kurz und treffend) *concise; incisive; pithy* /ˈpɪθi/; *terse*

| | |
|---|---|
| eine prägnante Aussage<br>ein prägnanter Stil | *a pithy statement*<br>*a concise/incisive/terse style* |

die **Pranke**, -n
*paw (of lion, tiger, bear, etc.)*
„Pfote", „Pranke", „Pratze" und „Tatze" heißen im Englischen alle *paw*.

| | |
|---|---|
| Ein großer Braunbär kann einem Elch mit einem einzigen Prankenhieb das Kreuz brechen. | *A large brown bear can break a moose's back with a single blow of its paw.* |

das **Präservativ**, -e
*a contraceptive; a condom*

| | |
|---|---|
| Bis vor kurzem war der Verkauf aller Arten von Präservativen in der Republik Irland verboten. | *Until recently the sale of all kinds of contraceptives was prohibited in the Republic of Ireland.* |

**prinzipiell** Adv. / Adj.
1. Adv. *in principle*

| | |
|---|---|
| Ich bin nicht prinzipiell dagegen, ich mag bloß heute nicht. | *I'm not against it in principle; I just don't want to today.* |

2. Adj. ein prinzipieller Unterschied: *a difference of principle; in kind*

**praline** /'prɑ:li:n/ seltener /'preɪli:n/ n.
*Krokant*
Diese Nusskaramelmasse wird nach dem französischen Marschall de Plessis-Praslin (gest. 1675) benannt, dessen Koch das Rezept[FF] erfand. Im Englischen hat das Wort "praline" also seine ursprüngliche Bedeutung behalten, während es im Deutschen auf alle ähnlichen Süßigkeiten ausgedehnt wurde.

**pregnant** /'pregnənt/ Adj.
1. (buchstäblich) *schwanger*

| | |
|---|---|
| She's eight months pregnant. | *Sie ist im achten Monat schwanger.* |

2. (übertragen) *bedeutungsvoll; signifikant*
Häufigste Kollokation "a pregnant pause": *eine signifikante/bedeutungsvolle Pause*

| | |
|---|---|
| When Theo Pink proposed to his girlfriend, there was a pregnant pause, then she said: "I shall have to ask my husband first." | *Als Theo Pink seiner Freundin einen Heiratsantrag machte, trat eine bedeutungsschwere Pause ein, dann sagte sie: „Zuerst muss ich meinen Mann fragen".* |

**prank** /præŋk/ n.
*der Possen[FF]; (Schelmen)streich*

| | |
|---|---|
| The pranks of the little bear cubs were very amusing. | *Die Possen der kleinen Bärenkinder waren sehr lustig.* |

**preservative** /prɪ'zɜ:vətɪv ‖ -'zɜ:r-/ n.
*Konservierungsmittel*

| | |
|---|---|
| This jam is free of artificial preservatives. | *Diese Marmelade[FF] ist frei von künstlichen Konservierungsmitteln.* |

**principal** /'prɪnsɪpł/ Adj. / n.
1. Adj. *hauptsächlich; Haupt-*

| | |
|---|---|
| the principal difference | *der Hauptunterschied* |

2. n. (Leiter/in von Schule, College usw.) *(Schul)direktor/in; Rektor/in*

der **Privatier**, -s
*man of independent/private means*

| | |
|---|---|
| Als Privatier konnte Flaubert es sich leisten, sich ganz dem Schreiben zu widmen. | *As a man of independent means Flaubert could afford to devote himself entirely to writing.* |

**pro** Präposition
*per*[FF]*; a/an*

| | |
|---|---|
| Er verdient 9 000 € pro Monat/im Monat. | *He earns 9,000 euros a month.* |
| Das Mittagessen hat 90 Euro pro Mann und Nase gekostet. | *The lunch cost 90 euros a head.* |
| 5 Prozent | *5 per cent/5 percent* /pə'sent/ |
| 0,5 Promille | *50 milligrams per 100 millilitres,* (viel seltener) *0.5 parts per thousand* |

Für Promille-Angaben beim Straßenverkehr gibt es im Englischen keine gängige Abkürzung – wo man in Deutschland z. B. schreibt „Der Fahrer hatte 1,2 Promille" begnügt man sich im Englischen etwa mit *The driver's blood alcohol level was more than twice the legal limit,* ohne Angabe von irgendwelchen Ziffern.

die **Probe**, -n
1. *a test*

| | |
|---|---|
| Probefahrt | *test run; test drive* |
| Blutprobe | *blood test* |
| etwas auf die Probe stellen | *to put (sth.) to the test; to test (sth.)* |

2. (Theater, Film) *rehearsal* /rɪ'hɜ:s ǁ -'hɜ:r-/
3. Mutprobe: *a dare*

**proben** V. tr.
(Theater usw.) *to rehearse* /rɪ'hɜ:s ǁ -'hɜ:r-)

**probieren** V. tr.
(probieren) *to try;* (anprobieren) *to try on;* (ausprobieren) *to try out*

| | |
|---|---|
| Probieren geht über Studieren. (Sprichwort) | (etwa) *The proof of the pudding*[FF] *is in the eating.* |

**privateer** /ˌpraɪvəˈtɪə ǁ -ˈtɪr/ n.
*Freibeuter*
"Privateer" bezieht sich, wie „Freibeuter", sowohl auf ein Schiff, das von einer Regierung lizenziert ist, in einem Krieg Schiffe oder Güter des Feindes zu beschlagnahmen, als auch auf ein Mannschaftsmitglied eines solchen Schiffes. Das im Prinzip gleichbedeutende Wort "freebooter" kann – im Gegensatz zu "privateer" – auch figurativ benützt werden (z. B. Produktpirat o. ä.).

**pro** /prəʊ ǁ proʊ/ n. / Adv.
1. n. (Abkürzung für "a professional") *ein Profi*

| | |
|---|---|
| At about 12.30 Colonel Gracie bumped into Fred Wright, the *Titanic's* squash pro. (Walter Lord: "A Night to Remember") | *Gegen 0.30 Uhr begegnete Colonel Gracie Fred Wright, dem Squash-Profi der „Titanic".* |

2. n. (altmod., Abk. für "prostitute") *Prostituierte*
3. Adv. „pro-X": *pro-/für X*

| | |
|---|---|
| He's very pro-British / very pro-Channel Tunnel | *Er ist sehr pro-britisch / sehr für den Kanaltunnel.* |

4. Redewendung "the pros and cons of something": *das Für und Wider/das Pro und Kontra einer Sache*

**probe** /prəʊb ǁ proʊb/ n. / V. tr.
1. n. *Sonde*

| | |
|---|---|
| The dentist stuck his probe right into the hole in my tooth. | *Der Zahnarzt fuhr mit seiner Sonde direkt in das Loch in meinem Zahn.* |
| space probe | *Raumsonde* |

2. V. tr. *untersuchen; erforschen; sondieren*

| | |
|---|---|
| "Yard to probe secrets leak" (Schlagzeile = "Scotland Yard is to probe a leak of state secrets") | *Scotland Yard wird/soll untersuchen, wie gewisse Staatsgeheimnisse durchsickern konnten.* |

**profan** Adj.

1. *simple; humble; mundane*[FF]*; everyday*

| | |
|---|---|
| „Philosophie ist gut und schön, nur sind mir die profanen Dinge des Lebens lieber", sagte Theo Pink und begab sich in seine Stammkneipe. | *"Philosophy is all well and good, but give me the simple pleasures of life any day," said Theo Pink and bent his steps in the direction of his local (pub).* |

2. (im Gegensatz zu „sakral") *secular; worldly*

| | |
|---|---|
| Sakrale Kunst unterscheidet sich grundlegend von profaner Kunst. | *Religious/Sacred art is fundamentally different from secular art.* |

In der Bedeutung "secular" wird "profane" selten verwendet – siehe gegenüber.

die **Prominenz**, unzählbar

*top people; VIP's* /ˌvi: aɪ 'pi:z/; (leicht scherzhaft) *anyone who is anyone* /ˌeniwʌn hu 'ɪz eniwʌn/

| | |
|---|---|
| Bei der Vernissage wird die ganze Prominenz Münchens da sein. | *All the top people in Munich will be at the private viewing.* |

die **Promotion**, -en

*receiving/getting/obtaining a doctorate*

| | |
|---|---|
| Nach seiner Promotion ging er nach Amerika. | *On receiving/obtaining his doctorate he went to America.* |
| Im Fach Hauswirtschaft ist eine Promotion nicht möglich. | *Domestic science may not be studied to doctorate level.* |

**profane** /prə'feɪn/ Adj. / V. tr.
1. Adj. *gotteslästerlich*

| | |
|---|---|
| profane language | *Fluchen; Gotteslästerung* |

2. Adj. (selten, altmod.) *weltlich; profan*
3. V. tr. *entwürdigen; entweihen*; auch *profanieren*

| | |
|---|---|
| At many Oxford colleges, Dinner in Hall was formerly an almost sacred ceremony which none dared to profane by any reference to politics or women. | *In vielen Oxforder Colleges war das Dinner im Speisesaal früher eine beinahe heilige Zeremonie, die keiner dadurch zu entweihen wagte, dass er über Politik oder Frauen redete.* |

**prominence** /'prɒmɪnəns ‖ 'prɑ:-/ n.
1. (etwa) *Berühmtheit; Auffälligkeit; Bekanntheit*
   Muss aber meist umschrieben werden:

| | |
|---|---|
| Churchill first came to prominence during the Boer War. | *Churchill geriet während des Burenkrieges zum ersten Mal ins Rampenlicht.* |
| The prominence of his ears had always embarrassed him. | *Seine auffälligen Ohren waren ihm immer schon peinlich gewesen.* |

2. to give prominence to something: *einer Sache breiten Raum widmen; etw. ausführlich abhandeln* (in der Zeitung usw.)

**promotion** /prə'məʊʃn ‖ -'moʊ-/ n.
1. *Beförderung* (in einem Beruf)

| | |
|---|---|
| Theo's affair with the boss's wife won't exactly have improved his chances of promotion. | *Theos Affäre mit der Frau vom Chef*[FF] *wird seine Aufstiegschancen nicht gerade vergrößert haben.* |

2. (sales) promotion: *Werbung (für ein Produkt)*

| | |
|---|---|
| Successful promotion for this product will be very expensive. | *Eine erfolgreiche Werbung für dieses Produkt wird sehr kostspielig* |

**propagieren** V. tr.
*to publicise, -ize*

| | |
|---|---|
| Wir müssen unsere Politik mit aller Macht propagieren. | *We must publicise our policies with all our might.* |

**proper** Adj.
*neat; tidy*

| | |
|---|---|
| eine propere Wohnung | *a tidy flat;* AmE *apartment*[FF] |
| eine propere Frau | *a neat woman* |

der **Prospekt**, -e
*prospectus; leaflet; brochure* /ˈbrəʊʃə ‖ broʊˈʃʊr/

das **Protokoll**, -e
1. *minutes (of a meeting); record (of a transaction, meeting, etc.)*

| | |
|---|---|
| Es ist die Aufgabe des Schriftführers, bei allen Vereinsversammlungen Protokoll zu führen. | *It is the task of the Secretary to keep the minutes at all meetings of the society.* |

Das „Stundenprotokoll“, in Deutschland als Übung im Deutschunterricht sowie als Strafarbeit gleichermaßen unbeliebt, ist in englischsprachigen Ländern unbekannt; man könnte es mit *a detailed account of a lesson* umschreiben.

2. (Gesamtheit aller Regeln der Etikette) *protocol*

**propagate** /'prɒpəgeɪt || 'prɑ:-/ V. refl. / V. tr.
*(sich) vermehren; (sich) fortpflanzen; züchten; verbreiten; ausbreiten*

| | |
|---|---|
| Ferns propagate (themselves) by means of spores. | *Farne pflanzen sich durch Sporen fort/vermehren sich durch Sporen.* |
| It is easy to propagate geraniums by (taking) cuttings. /dʒə'reɪniəmz/ | *Geranien können leicht durch Stecklinge vermehrt werden.* |
| Waves propagate in a circle[FF]. | *Wellen breiten sich kreisförmig aus.* |

**proper** /'prɒpə || 'prɑ:pər/ Adj.
*richtig; tüchtig; anständig; eigentlich*

| | |
|---|---|
| a proper downpour | *ein richtiger Platzregen* |
| a proper helping | *eine anständige Portion* |
| The Victorians did not consider it proper for a woman to go out alone. | *In der viktorianischen Zeit gehörte es sich für eine Frau nicht, alleine auszugehen.* |
| (BrE ugs.) a proper stinker | *eine heftige Erkältung; ein schlimmer Katarrh*[FF] |

**prospect** n. / V. tr.
1. n. /'prɒspekt || 'prɑ:-/: *Aussicht (auf Erfolg* usw.*); Chance*
2. V. intr. /prə'spekt || 'prɑ:spekt/: *(nach Gold* usw.*) schürfen; graben*

**protocol** /'prəʊtəkɒɫ || 'proʊtəkɒɫ, -kɑ:ɫ/ n., unzählbar
*Protokoll* (aber nur im Sinne von *Staatszeremoniell, diplomatische Etikette)*

| | |
|---|---|
| Protocol requires that the Duke of Edinburgh shall walk one step behind the Queen at official functions. | *Das Protokoll verlangt, dass der Herzog von Edinburgh bei offiziellen Anlässen einen Schritt hinter der Königin geht.* |

die **Provision**, -en
*commission*[FF]

| | |
|---|---|
| Er bekommt 12% Provision auf alles, was er verkauft. | *He gets 12% commission on everything he sells.* |

der **Prozess**, -e
1. (Gerichtsverhandlung) *trial; (court) case*
2. (Vorgang im Allgemeinen) *process*
3. Redewendung „mit etwas kurzen Prozess machen“: *to make short shrift of something*

**prüfen** V. tr.
*to test; to investigate*; (durch kurzes Nachschauen) *to check*[FF]

| | |
|---|---|
| Bevor wir ihn verhaften, müssen wir das Ausmaß seiner Komplizenschaft prüfen. | *Before we arrest him we must investigate the extent of his involvement.* |
| den Ölstand/Reifendruck prüfen | *to check*[FF] *the oil (level)/the tyre pressure(s)* |

**psychisch** Adj.
1. *mental*

| | |
|---|---|
| Erst im 20. Jahrhundert ist es Ärzten gelungen, festzustellen, dass die „Verrücktheit“ von George III. nicht psychischen, sondern physischen Ursprungs war – er litt an Porphyrie, einer seltenen Stoffwechselstörung. | *Only in the 20th century have doctors succeeded in establishing that George III's "madness" was physical in origin, not mental; he suffered from porphyria, a rare metabolic disorder.* |

2. (selten, nur medizinische Fachspr.) *psychic;* (selten) *psychical*

| | |
|---|---|
| psychische Störungen | *mental disorders,* auch (nur Fachspr.) *psychic disorders* |

**provision** /prəˈvɪʒn/ n.

1. *Einrichtung* (im Sinne von *Zurverfügungstellung, Vorkehrung*)

| | |
|---|---|
| The provision of a car park has greatly increased the number of visitors to the zoo. | *Durch die Einrichtung eines Parkplatzes sind die Besucherzahlen des Zoos kräftig gestiegen.* |

2. *Bestimmung*

| | |
|---|---|
| The agreement makes no provision for sick pay. | *Das Abkommen enthält keine Bestimmungen über Lohnfortzahlung im Krankheitsfall.* |

3. Provisions (Pl.): *Bestimmungen; (Reise)proviant; Verpflegung*

**process** /ˈprəʊses || ˈprɑː-/ n.
*Vorgang* (allg.)

**prove** /pruːv/ V. tr. / V. intr.

1. V. tr. *beweisen*
2. V. intr. *sich herausstellen*

| | |
|---|---|
| The painting proved (to be) a forgery. | *Das Gemälde stellte sich als Fälschung heraus.* |

3. to prove one's value/worth: *sich bewähren/seine Fähigkeiten unter Beweis stellen*

**psychic** /ˈsaɪkɪk/ Adj. / n.

1. Adj. *übersinnlich/spiritistisch veranlagt; empfänglich für übersinnliche Einflüsse*
   Vergleiche:

| | |
|---|---|
| She's a bit psychic. | *Sie ist spiritistisch angehaucht.* |
| She's a bit mental. | *Sie ist (geistig) nicht ganz normal.* |

2. n. (selten) *Medium*

| | |
|---|---|
| She's a psychic. | *Sie ist ein Medium.* |

3. (Adj., selten, nur Med.) *psychisch*

das **Publikum**, unzählbar
*audience*

| | |
|---|---|
| Das Publikum spendete[FF] begeistert Beifall. | *The audience applauded/clapped[FF] with gusto.* |

der **Pudding**, -s
Ein aus dem Englischen entlehntes Wort, das aber eine geringere Bedeutungsbreite hat als im Englischen:

1. *custard;* BrE *blancmange* /blə'mɒndʒ || -'mɑ:-/; (altmod.) *flummery[FF]* /'flʌməri/

| | |
|---|---|
| Als Nachspeise gibt's Vanillepudding/Schokoladenpudding. | *For pudding (!) there's custard/ there's chocolate blancmange.* |

   *Blancmange* ist fest und wird immer kalt gegessen (*vanilla blancmange, chocolate blancmange*); wenn solche Puddings etwas dünner, also als dicke Saucen, warm oder kalt, zu anderen Speisen serviert werden, sagt man *sauce* (*chocolate sauce* usw.), bzw. *custard* (die Standard-Vanillesoße zu fast allen englischen Süßspeisen).
2. *pudding* (wie unter 3 und 4 gegenüber)
   „Diese Art Puddings „Dunst-Mehlspeisen“, der deutschen Küche angehörend, unterscheiden sich von den englischen, welche in der Serviette gekocht werden, dadurch, daß ihre Masse nicht so compact zubereitet wird. Sie werden in einer Stürzform im Dunste gekocht, wo sie auflaufen und sich stürzen lassen. An zartem, feinen Geschmack übertreffen sie bei weitem die englischen Puddings.“ (Johann Rottenhöfer: „Anweisung in der feineren Kochkunst“, München 1866)
3. Wackelpudding (ugs. für „Götterspeise“): BrE *jelly*; AmE *jello; Jell-O*

**public** /'pʌblɪk/ Adj. /n.
1. Adj. *öffentlich; allgemein (bekannt)*
2. n. *Öffentlichkeit; Allgemeinheit*

**pudding** /'pʊdɪŋ/ n.
1. (allg.) *Nachspeise; Nachtisch; Dessert*

| | |
|---|---|
| For pudding we had fruit salad. | *Als Nachspeise gab es Obstsalat.* |

"Dessert" /dɪ'zɜ:t ‖ -'zɜ:rt/ und "sweet" sind elegantere, vornehmere Synonyme für "pudding" (BrE ugs. auch "pud" /pʊd/ oder "afters"). Während in deutschen Familien längst nicht jeden Tag eine Nachspeise serviert wird, gibt es in England "a pudding" nach jeder Hauptmahlzeit, also oft zweimal am Tag!

2. *süße Speise aus Milch und Getreide; (süßer) Auflauf*

| | |
|---|---|
| rice pudding | *Milchreis; Reisauflauf* |
| semolina pudding | *Grießbrei* |

3. *Pudding*, im Sinne einer schweren Teigmasse, meist mit getrockneten Früchten, bes. Rosinen[FF] und Korinthen, traditionell in einer Serviette, heute meist im Wasserbad gekocht.

| | |
|---|---|
| chocolate pudding | *einfacher Schokoladekuchen, warm serviert, oft mit* "chocolate sauce" (vgl. gegenüber „Pudding") |

4. *salziges Gericht* (keine allgemeine deutsche Bezeichnung)

| | |
|---|---|
| steak and kidney pudding | *Pastete aus Mürbteig (meist mit Nierenfett), mit einem Ragout aus Rindfleisch und Nieren gefüllt* |
| Yorkshire pudding | *ein Teig aus Mehl, Eiern, Salz und Milch*, der in einer "Yorkshire-pudding"-Form gebacken und zu "roast beef" serviert wird |
| black pudding | *Blutwurst* (Nordengland) |

5. Sprichwort:

| | |
|---|---|
| The proof of the pudding is in the eating. | (ungefähr) *Probieren[FF] geht über Studieren.* |

das (seltener: der) **Puff**, -s
(Bordell) *brothel* /ˈbrɒθł ‖ -ɑː-/

| | |
|---|---|
| In diesem Teil von Soho gibt's nur Puffs und Striptease-Lokale. | *In this part of Soho there's nothing but brothels and strip-clubs.* |

In Deutschland können Puffs offiziell geduldet und registriert sein (für Engländer ein erheiterndes Beispiel der deutschen Leidenschaft fürs Offizielle); in England sind sie verboten und ihr Besitz strafbar (was wiederum für Deutsche ein Beispiel „typisch" englischer Prüderie ist).

der **Puff**, ¨-e
*knock; thump; blow*

| | |
|---|---|
| Er verträgt einen guten Puff. | *He can take a knock or two.* |

der **Puff**, -e
1. (gepolsterter Wäschekorb) *washing basket with a padded lid*
2. (Sitzgelegenheit) *pouffe* /puːf/

**puffen** V. tr. / V. intr.
1. jemanden (in die Seite) puffen: *to give someone a (playful) jab/punch (in the ribs)*
2. sich mit jemandem puffen: *to have a (playful) fight with someone*

der **Pulli**, -s
*pullover* (kann im Englischen nicht abgekürzt werden!); *sweater; jersey*; nur BrE *jumper*

**punktuell** Adj.
*in places; in some/certain respects; in some/certain points*

| | |
|---|---|
| Der Verlierer hat punktuell besser abgeschnitten als der Gewinner. | *The loser did better in places than the winner.* |
| Bei ihrer Darstellung des Abends sagte Gertrude nur punktuell die Wahrheit. | *In her account of the evening Gertrude told the truth only in certain respects.* |

**poof** /pʊf/ n., BrE ugs, abwertend
(seltener **pouf** /pʊf/ auch **poove** /puːv/, **poofter** /ˈpʊftə || -tər/)
*ein Schwuler; ein warmer Bruder; ein Homosexueller*

| | |
|---|---|
| "He wears frilly shirts – I think he's a poof." | *„Er trägt Rüschenhemden, – ich glaube, er ist schwul."* |

BrE "Poof" ist abwertend bis beleidigend und bezeichnet einen eher femininen oder mit dandyhafter Eleganz gekleideten Homosexuellen. "Gay" dagegen wird heutzutage in der ganzen englischsprachigen Welt als neutrale Bezeichnung für Homosexuelle beiderlei Geschlechts verwendet.

**puff** /pʌf/ V. intr. / V. tr. / n.
1. V. intr., V. tr. *paffen; schnaufen*
2. n. (an Zigarette o. ä.) *Zug*

**pulley** /ˈpʊli/ n.
*Rolle eines Flaschenzugs*
Der ganze Flaschenzug mit Rollen, Seilen und Haken heißt "a block and tackle", seltener "a set of pulleys".

**punctual** /ˈpʌŋktʃʊəɫ/ Adj.
*pünktlich*

**pur** Adj.
*pure*
Ausnahme bei der Bezeichnung von alkoholischen Getränken: *neat*

| | |
|---|---|
| Er bestellte zwei Whisky pur.<br>Er trinkt seinen Whisky pur. | *He ordered two neat whiskies.*<br>*He drinks his whisky neat.* |

der **Purpur**, -s
(ungefähr) *crimson; magenta* /mə'dʒentə/
Ein kräftiges Rot mit einem ganz leichten Blaustich. Einige der Prunkgewänder für die Krönung Elizabeths II. wurden in Deutschland gemacht. Die Farbe wurde in der englischen Bestellung als "Royal Purple" bezeichnet, also als dunkles Violett. Die deutschen Samthersteller verstanden „Purpur", und die von ihnen gelieferte Farbe wurde dann in England – zuerst von der Boulevard-Presse, dann offiziell – als "Coronation Red" bezeichnet!
Redewendung:

| | |
|---|---|
| jemandem den Purpur verleihen | *to raise someone to the purple* |

Das heißt, ihn zum Kardinal machen. Aber die Farbe, die der Kardinal dann trägt, wird auf Deutsch mit „Kardinalsrot" (Scharlachrot) bezeichnet, auf Englisch mit "scarlet".

das **Puzzle**, -s
*a jigsaw (puzzle)*
Von dem ganzen Ausdruck *a jigsaw puzzle* haben die Deutschen gerade den Teil übernommen, der im Englischen meist weggelassen wird, nämlich *puzzle*. Genaugenommen ist aber *jigsaw* die Laubsäge oder Rahmensäge, mit der ursprünglich die Teile eines *jigsaw puzzle* ausgeschnitten wurden.

**puzzeln** V. intr.
*to make/do a jigsaw (puzzle)/jigsaws/jigsaw puzzles*

| | |
|---|---|
| Wir haben den ganzen Abend gepuzzelt. | *We spent the whole evening making/doing a jigsaw (puzzle)/ jigsaws/jigsaw puzzles.*<br>(Je nachdem, ob es sich um ein oder mehrere Puzzles handelt.[FF]) |

**pure** /pjʊə || pjʊr/ Adj.
*rein; unvermischt*; auch *pur* (buchstäblich und übertragen)

| | |
|---|---|
| pure alcohol | *reiner Alkohol* |
| pure chance | *purer/reiner Zufall* |

**purple** /ˈpɜːpł || ˈpɜːr-/ Adj. / n.
Geht über die ganze Farbskala von rot-blau (= *violett*) bis blau-rot (= *lila*); die einzelnen Farben werden aber von verschiedenen Personen verschieden wahrgenommen, und die Bezeichnungen nicht immer fachmännisch verwendet. Was für viele deutsche noch „blau" ist, z. B. das Steingartengewächs „Blaukissen" (englisch "aubrietia" /ɔːˈbriːʃə || ɑː-/) ist für die meisten Engländer schon "purple" oder "mauve" /məʊv || moʊv/. Es scheint, als seien die Franzosen schuld an der Verwirrung, weil sie ihre Farben auch noch nach Geschlecht unterscheiden: «le pourpre» (Karminrot), woher die Deutschen ihren „Purpur" ableiten, und «la pourpre» (Violett, Lila), woher die Engländer ihr "purple" haben.

**puzzle** /ˈpʌzł/ n. / V. tr.
1. n. *Geduldsspiel; Rätselspiel* (z. B. Buchstaben- und Zahlenrätsel usw.) „Puzzle" bezeichnet alle Arten von Geduldsspielen (also auch ein "Puzzle", vgl. gegenüber) und Rätselspielen.

| | |
|---|---|
| a jigsaw (puzzle) | *ein Puzzle* |
| a mathematical puzzle | *ein Rechenrätsel* |
| a bent-nail puzzle | *ein Geduldsspiel* (in England oft aus gebogenen Nägeln usw.) |

2. V. tr. *irritieren*FF*; für jemanden rätselhaft sein*

| | |
|---|---|
| His lyrical hymns to my blue eyes really puzzled me – my eyes are brown! | *Seine lyrischen Hymnen auf meine blauen Augen haben mich wirklich irritiert – meine Augen sind braun!* |

3. V. intr. *rätseln; herumrätseln*

| | |
|---|---|
| For days I puzzled over the strange smell in the kitchen, until I found the dead mouse behind the cupboard. | *Ich habe tagelang herumgerätselt, woher der komische Geruch in der Küche kam, bis ich die tote Maus hinter dem Schrank fand.* |

der **Qualm**, unzählbar
*(thick) smoke*

**qualmen** V. intr.
1. (Schornstein usw.) *to smoke; to belch (out) smoke; to give off thick (clouds of) smoke*
2. (ugs., beim Menschen) *to smoke*

| | |
|---|---|
| Er qualmt wie ein Schlot. | *He smokes like a chimney.* |
| Mir qualmt der Kopf vor lauter Lernen. | *My head's reeling with all this revision*[FF]. |

**quaken** V. intr.
1. (Frosch) *to croak*
2. (Ente) *to quack*
3. (im übertragen Sinne, z. B. Walkman, Mensch) *to squawk* /skwɔ:k || skwɒ:k/

**quetschen** V. tr.
1. (leicht, ohne Beschädigung) *to squeeze; to press*
2. (fest, mit Verletzung/Beschädigung) *to crush; to squash* /skwɒʃ || skwɑ:ʃ, skwɒ:ʃ/

**quick** (bes. nordd.) Adj. / Adv.
1. Adj. *lively*
2. Adv. *animatedly*

**qualm** /kwɑːm/ n. (meist Pl.)
*Bedenken; Skrupel*

| qualms (of conscience) | *Gewissensbisse* |
|---|---|

**quack** /kwæk/ V. intr. / n.
1. V. intr. *quaken* (aber nur bei Enten – siehe gegenüber)
2. n. (meist "quacking") *Quaken* (von Enten)
3. n. (ugs.) *Arzt* (im Allgemeinen)

| Sorry, I can't come tomorrow – I've got to see the quack. | *Tut mir Leid, ich kann morgen nicht kommen – ich muss zum Arzt.* |
|---|---|

4. quack doctor: *Quacksalber; Kurpfuscher*

**quake** /kweɪk/ V. intr. / n.
1. V. intr. *beben; zittern; erbeben*
2. n. *Beben; Zittern*

| Erdbeben | *earthquake* |
|---|---|

**kvetch** /kvetʃ/ V. intr. / n. (AmE ugs., aus dem Jiddischen)
1. V. intr. *meckern; sich (ständig) beschweren*
2. n. *Meckerer; Nörgler*

**quick** /kwɪk/ Adj.
*schnell*

**quittieren** V. tr.

1. *to give a receipt*[FF] *for something; to acknowledge (a payment etc.); to sign for something*

| | |
|---|---|
| Die Zahlung wurde von der Buchhaltung am 9. quittiert, die Ware ist aber immer noch nicht bei mir angekommen. | *The accounts department acknowledged the payment on the 9th, but I still haven't had the goods.* |

2. (übertragen) *to greet (a remark etc.); to pay someone back for something*

| | |
|---|---|
| Sie quittierte meine Bemerkung mit einem höhnischen Lächeln. | *She greeeted my remark with a scornful smile.* |

3. Dienst/Stellung quittieren: *to give notice*[FF]*; to give up/leave one's job*

| | |
|---|---|
| Euer Lordschaft, mit 84 ist man als Butler einfach zu alt – ich möchte meinen Dienst quittieren. | *My Lord, at 84 one is just too old to be a butler – I would like to give notice.* |

die **Quote**, -n

1. *proportion; percentage*
   *Proportion* ist meistens besser, wenn eine genaue Prozentzahl genannt wird:

| | |
|---|---|
| Die Quote der bei uns beschäftigten Frauen beträgt 40%. | *The proportion of women employed by us is 40%.* |
| Die Quote der arbeitslosen Frauen ist letztes Jahr fast überall gestiegen. | *The percentage of women unemployed rose almost everywhere last year.* |
| Frauenquote | *minimum proportion/percentage of women* |
| Quotenfrau | *obligatory woman* |

2. (in den meisten Wortverbindungen) *rate*[FF]

| | |
|---|---|
| Geburtenquote/-rate | *birth rate* |
| 1997 betrug die durchschnittliche Arbeitslosenquote in Deutschland 11,4%. | *In 1997 the average unemployment rate in Germany was 11.4%.* |

3. Im Sinne von „erlaubte Höchstzahl“: *quota*

| | |
|---|---|
| Viele Staaten legen Einwanderungsquoten fest. | *Many countries impose a quota on immigration.* |

**quit** /kwɪt/ V. tr.

1. (ugs., bes. AmE) *(eine Tätigkeit, eine Stellung) aufgeben*; *(mit einer Tätigkeit) aufhören*; *(einen Ort) verlassen*

| | |
|---|---|
| Jack quit his job last week. | *Letzte Woche hat Jack seinen Job aufgegeben.* |
| Quit moaning! | *Hör' auf zu meckern!* |
| Theo Pink quit the house in a rage. | *Theo Pink stürmte wutentbrannt aus dem Haus.* |

2. (jur.) *ausziehen*

| | |
|---|---|
| to give someone notice[FF] to quit | *jemanden zum Ausziehen (aus einer Wohnung) auffordern* |

3. (BrE und AmE ugs.) to be quits: *quitt sein*

| | |
|---|---|
| Last week I borrowed 3 eggs from Mrs Boggis; today she borrowed half a pound of sugar from me, so now we're quits. | *Letzte Woche habe ich mir von Mrs Boggis 3 Eier geliehen, heute hat sie sich bei mir ein halbes Pfund Zucker geliehen – jetzt sind wir wieder quitt.* |

**quote** /kwəʊt ‖ kwoʊt/ V. tr. / n.

1. V. tr. *zitieren; (als Beispiel) anführen*

| | |
|---|---|
| Theo Pink's always quoting Shakespeare. | *Theo Pink zitiert dauernd Shakespeare.* |

2. n. *Zitat*

| | |
|---|---|
| "Brave new world" is a quote from Shakespeare. | *„Schöne neue Welt" ist ein Shakespeare-Zitat.* |

3. n. „Zitat" (bei der ausdrücklichen Wiedergabe von Zitaten in einer Rede)

| | |
|---|---|
| He said, quote, "Never", unquote. | *Er sagte (Zitat): „Nie", Zitatende.* |

die **Ragwurz**, Pl. **Ragwurzpflanzen**
*insect orchid* /ˈɪnsekt ˌɔːkɪd || ˌɔːr-/
Verschiedene Orchideen der Gattung *Ophrys*, deren Blüten Insekten usw. ähneln, wobei bei einigen Arten englischsprachige und deutschsprachige Botaniker verschiedene Tiere in den Blüten zu sehen glauben:

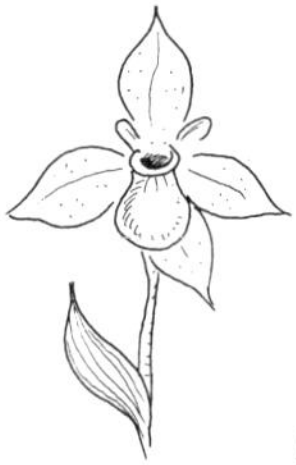

*Ragwurz*

| | |
|---|---|
| Bienenragwurz *(Ophrys apifera)* | *bee orchid* |
| Hummelragwurz *(Ophrys fuciflora)* | *late spider orchid (!)* |
| Spinnenragwurz *(Ophrys sphegodes)* | *early spider orchid* |

**rank** Adj.
*lissom* (kann nur für junge Frauen verwendet werden)

| | |
|---|---|
| rank und schlank | (etwa) *lithe and lissom* /ˈlaɪð ən ˈlɪsəm/ |

**ranken** V. intr.
(Pflanzen) *grow (up something); climb;* (allgemein) *entwine (something)*

| | |
|---|---|
| Das Geißblatt rankte sich den ganzen alten Bogen hinauf. | *The honeysuckle grew right up the old archway.* |
| Rankengewächs | *climbing plant; climber* |

der **Rappel**, (Pl. –, selten)
*temper; (crazy) turn*

| | |
|---|---|
| einen Rappel kriegen | *to get in a temper* |

Meistens ist *when the mood/fancy takes one* die beste Übersetzung:

| | |
|---|---|
| Wenn ihn der Rappel packt, schlägt er alles kurz und klein. | *Whenever the mood takes him, he smashes the place up.* |

ragwort

**ragwort** /'rægwɜ:t -wɜ:rt/ n.
*Greiskraut*; auch *Kreuzkraut* (Gattung *Senecio*); bes. *Jakobskraut* (*Jakobsgreiskraut*); *Senecio jacobaea*
Eine häufige, etwa 1 Meter hohe Wildpflanze mit gelben Blüten, im 17. Jahrhundert aus Süditalien (von den Hängen des Ätna) in den botanischen Garten in Oxford eingeführt und im 19. Jahrhundert durch die Eisenbahn in ganz England, danach durch britische Schiffe über die ganze Welt verbreitet.

**rank** /ræŋk/ n. / V. intr. / Adj.
1. n. *Rang* (auch militärisch); *Reihe*

| | |
|---|---|
| taxi rank | *Taxistand* |
| to serve in the ranks | *gemeiner Soldat sein* |

2. V. intr. *zählen zu; gelten als*

| | |
|---|---|
| The sinking of the *Titanic* ranks as one of the most famous disasters of all time. | *Der Untergang der „Titanic" zählt zu den berühmtesten Katastrophen der Geschichte.* |

3. Adj. (Geruch) *übel; stinkend*

| | |
|---|---|
| The rank smell of the camels disgusted her. | *Der üble Gestank der Kamele ekelte sie an.* |

4. Adj. (Pflanze, bes. Unkraut) *üppig; wuchernd*

| | |
|---|---|
| The strawberry plants were invisible under rank weeds. | *Die Erdbeerpflanzen waren unter dem wuchernden Unkraut nicht mehr zu sehen.* |

**rappel** /ræ'peɫ/ V. intr. (AmE)
(Bergsteigen) *abseilen* (BrE nur "to abseil" /'æbseɪɫ/)

**rasch** Adj.
*prompt(ly); quick(ly), speedy, speedily; fast*

die **Rate**, -n
1. BrE *instalment*; AmE *installment*

| | |
|---|---|
| Ratenzahlung | *payment by/in instalments;* BrE *hire purchase;* AmE *the installment plan* |
| Wir kaufen unser neues Wohnzimmer auf Raten. | *We're buying our new living-room furniture on hire purchase/* BrE *slang on the never-never/* AmE *on the installment plan.* |

2. (in Verbindungen) *rate*[FF] – Hier kein FF; siehe auch Quote[FF].

| | |
|---|---|
| Geburtenrate | *birth rate* |

die **Ratio**, unzählbar
*reason; power*[FF] *of reasoning*

**referieren** V. intr.
1. (allgemein) *to present/make/give a report on (something/a subject/a topic)*

| | |
|---|---|
| Der Vorstandsvorsitzende referierte über die Veränderungen im letzten Jahr. | *The managing director presented/made/gave a report on the changes in the past year.* |

2. (Schüler, Student) *to give/read a paper on (a subject/topic)*; (Dozent, Professor) *to give a lecture*[FF] *on (a subject/topic); to give a talk on (a subject/topic)*

| | |
|---|---|
| Theo Pink referierte zwei Stunden lang über die Reformation, ohne Luther zu erwähnen! | *Theo Pink gave a two-hour lecture*[FF]*/paper on the Reformation without mentioning Luther!* /'lu:θə ‖ -ər/ |

**rash** /ræʃ/ Adj. / n.
1. Adj. *voreilig; überstürzt; vorschnell*
2. n. *(Haut)ausschlag*

**rate** /reɪt/
1. (im Geldgeschäft) *Satz; Kurs*

| | |
|---|---|
| rate of interest | *Zinssatz* |
| rate of pay | *Gehalt; Gehaltssatz* |
| rate of exchange | *Wechselkurs* |

2. *Gebühren*

| | |
|---|---|
| Phone me after 9 p.m. – the rate is/the rates are lower/cheaper then. | *Ruf mich nach 21 Uhr an – da sind die Gebühren niedriger/billiger.* |

3. (tech., aber oft auch ugs.) *Geschwindigkeit; Tempo*

| | |
|---|---|
| rate of evaporation | *Verdunstungsgeschwindigkeit* |
| If you do your homework at this rate, you'll take till tomorrow morning! | *Wenn du deine Hausaufgaben in dem Tempo machst, sitzt du morgen früh immer noch da!* |

4. *Quote*[FF]

| | |
|---|---|
| failure rate | *Durchfallquote* |

**ratio** /'reɪʃiəʊ || -oʊ/ n. (Pl. **ratios**)
(mathematisches) *Verhältnis*

| | |
|---|---|
| a ratio of 4:3 (four to three) | *ein Verhältnis von vier zu drei* |

**refer** /rɪ'fɜː || -'fɜːr/ V. intr.
1. to refer to: *sich beziehen auf; meinen*[FF]*; erwähnen; nennen*

| | |
|---|---|
| When I said I saw you with an old bag I was referring to your handbag, not your mother! | *Als ich sagte, ich hätte dich mit einer alten Schachtel gesehen, habe ich doch den Karton*[FF] *gemeint, nicht deine Mutter!* |
| He briefly referred to Goethe and Schiller. | *Er erwähnte Goethe und Schiller kurz.* |
| Shakespeare is often referred to as "The Bard". | *Shakespeare wird oft „Der Barde" genannt.* |

2. to refer to a dictionary/notes[FF]/etc.: *in einem Wörterbuch/Notizen*[FF]*/usw. nachschlagen*

das **Regal**, -e
Es gibt genaugenommen kein Äquivalent – man sagt *a set of shelves* oder schlicht *shelves*:

| | |
|---|---|
| Ich habe ein neues Regal für den Keller gekauft. | *I've bought some new shelves/a new set of shelves for the cellar.* |

Dagegen gibt es im Deutschen keine befriedigende Entsprechung für *shelf*, das eine Ablage bedeutet, allein oder in einem Regal. Die deutschen Bezeichnungen, etwa „(Regal)brett", „Bord", „Fach", „Regal", „Ablage" sind regional gefärbt, undeutlich oder wenig gebräuchlich. Jedenfalls sind wir nie einer Gruppe von Deutschen begegnet, die sich bei einem *shelf* auf eine einzige deutsche Bezeichnung hätte einigen können.

die **Reklamation**, -en
*complaint*

| | |
|---|---|
| Beim Gebrauchtwagenkauf muss man die Augen offenhalten, weil spätere Reklamationen wenig Aussicht auf Erfolg haben. | *When buying a second-hand car you have to keep your wits about you, because later complaints stand little chance of success.* |

**reklamieren** V. tr.
1. *to complain (about); make a complaint (about); to query (something)*

| | |
|---|---|
| Die Bluse ist nicht farbecht? An Ihrer Stelle würde ich sie reklamieren. | *The colour of the blouse came out in the wash? I'd complain about it if I were you.* |

Bei Zahlen und Beträgen ist *to query* häufiger:

| | |
|---|---|
| Ich möchte diese Rechnung reklamieren. | *I'd like to query this bill.* (AmE *this check*[FF]) |

2. *to enquire about/after* (AmE auch: *inquire*)

| | |
|---|---|
| Wir haben die Bestellung schon ein paarmal beim Hersteller reklamiert, aber sie ist noch nicht geliefert worden. | *We have enquired of the manufacturer several times about your order, but it has still not been delivered.* |

3. etwas für sich reklamieren: *to claim something (for oneself)*

**regal** /'riːgəɫ/ Adj.
*königlich*; (übertragen) *erhaben; hoheitsvoll*

**regale** /rɪ'geɪɫ/ V. tr.
1. to regale someone with stories: *jemanden mit Geschichten ergötzen, unterhalten*
2. (seltener) to regale someone with food, drink, etc.: *jemanden mit Essen, trinken usw. verwöhnen*

**reclamation** /ˌreklə'meɪʃn/ n.
1. *Landgewinnung* (bes. aus dem Meer); *Trockenlegung* (von Land)

| | |
|---|---|
| The reclamation of large areas of the Fens caused the extinction of many species of plants and insects in Britain. | *Die Trockenlegung großer Gebiete in den "Fens"* (Sumpfgebiete in Ostengland) *war schuld daran, dass viele Pflanzen- und Insektenarten in England ausgestorben sind.* |

2. *das Zurückfordern; die Zurückforderung*

| | |
|---|---|
| The reclamation of the excess tax will be quite complicated this time. | *Die Beantragung der Steuerrückerstattung wird diesmal recht kompliziert werden.* |

**reclaim** /rɪ'kleɪm/ V. tr.
1. *(Land) urbar machen,* bes. *aus dem Meer gewinnen*
2. *(zu viel bezahlte Steuern, Gebühren u. ä.) zurückfordern*
3. *(Gepäck) abholen* (bes. am Flughafen)

| | |
|---|---|
| baggage[FF]-reclaim area | *Gepäckabholhalle* |

der **Rekorder**, -
1. (Kassettenrekorder) *cassette recorder*
2. (Videorekorder) *video recorder*; auch *videocorder*; (klein) *camcorder*
In der Richtung Deutsch-Englisch unproblematisch, da die „Bandbreite" im Deutschen viel geringer ist. Die Abkürzung zu *recorder* ist nur möglich, wenn Missverständnisse ausgeschlossen sind.

*ein Rekorder*

der **Rektor**, -en
(Universität) BrE *Vice-Chancellor*; AmE *President,* auch *Rector*; (Schule) *principal, head teacher*, (BrE) *headmaster, headmistress*
Die meisten britischen Universitäten (und viele amerikanische) haben einen "Chancellor", der nur repräsentative Aufgaben hat und manchmal von den Studenten gewählt wird, und einen "Vice-Chancellor", der der Leiter der Universitätsverwaltung ist.

**rentabel** Adj.
*profitable; (financially) worthwhile*; (förmlicher) *lucrative; remunerative*

die **Rentabilität**, unzählbar
*profitability*

die **Rente**, -n
*pension*[FF]*; annuity*

| | |
|---|---|
| Altersrente | *old-age pension* |
| Witwenrente | *widow's pension* |

sich **rentieren** V. intr.
*to be worth it; to be worthwhile*

| | |
|---|---|
| Eine Zweitwohnung rentiert sich nur, wenn man sehr weit vom Arbeitsplatz entfernt wohnt. | *It's only worth having a second flat/ A second flat is only worthwhile if one lives a very long way from one's place of work.* |

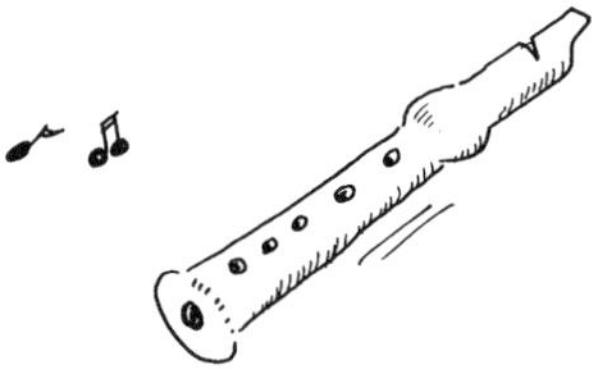

*a recorder*

**recorder** /rɪ'kɔ:də || -'kɔ:rdər/ n.

1. (ohne Zusatz) *Blockflöte*
2. ("Recorder" in England und Wales) *Barrister* (d. h. in Gerichten tätiger Rechtsanwalt) *mit über zehn Jahren Erfahrung, der zeitweilig auch als Richter arbeitet*
3. tape recorder (heute veraltend): *Tonbandgerät*
4. cassette recorder: *Kassettenrekorder*
5. video recorder/videorecorder: *Videorekorder*

**rector** /'rektə || -tər/ n.

1. (England, Wales) *Pfarrer; Dorfpfarrer*
2. (Schottland) *gewählter Studentenvertreter im Verwaltungsgremium* ("Senate", "Council") *einer Universität*
3. (Schottland, USA) *Schuldirektor; Direktor eines College*

**rentable** /'rentəbɫ/ Adj. (selten)
*mietbar; Miet-*

**rentability** /ˌrentə'bɪləti/ n. (sehr selten)
*Mietbarkeit*

**rent** /rent/ n. / V. tr.

1. n. *Miete*

| | |
|---|---|
| Her pension[FF] is just enough to pay the rent. | *Ihre Rente[FF] reicht gerade noch aus, um die Miete zu bezahlen.* |

2. V. tr. (Haus, Wohnung, auch Auto) *mieten*
3. V. tr. "to rent something to someone": *jemandem etwas vermieten*

| | |
|---|---|
| He rented his house to some students. | *Er vermietete sein Haus an Studenten.* |

4. to rent out: *verleihen*

| | |
|---|---|
| Do you rent out/hire out lawn-mowers? | *Verleihen Sie Rasenmäher?* |

**requirieren** V.tr
(Mil.) (für längere Zeit) *to requisition;* (für einen momentanen Zweck) *to commandeer*[FF]*; to seize*

| | |
|---|---|
| Alle Privatflugzeuge wurden 1939 von der Luftwaffe requiriert. | *All private aircraft were requisitioned by the air force in 1939.* |

das **Requisit**, -en
(Theater, Film, Fernsehen) *a prop* (Abkürzung für *property)*

| | |
|---|---|
| Während Schwerter die gefährlichsten Requisiten im Amateurtheater sind (sie sind immer rasiermesserscharf), sind Pistolen die harmlosesten – sie knallen nie. | *While swords are the most dangerous props in the amateur theatre (they're always razor-sharp), guns are the most harmless – they never go off. (Michael Green: "The Art of Coarse Acting")* |

die **Requisite**, -n
(Theater, Film, Fernsehen) *props; the props department*

| | |
|---|---|
| Herr Koch, gehen Sie bitte in die Requisite und holen Sie ein Glas. | *Herr Koch, could you go to props please, and get a glass.* |

das **Ressort**, -s
1. (polit.) *department; ministry*

| | |
|---|---|
| Mein Onkel leitete vier Jahre lang das Finanzressort seiner Heimatstadt. | *My uncle headed the finance department of his home town for four years.* |

2. (Aufgabenbereich) *department; province; sphere*; (sehr selten, förmlich) *purview* /'pɜ:vju: || 'pɜ:r-/

| | |
|---|---|
| Das fällt nicht in mein Ressort. | *That's outside my department/province/sphere.* |

**require** /rɪ'kwaɪə || -'kwaɪr/ V. tr.
*benötigen; erfordern; brauchen; verlangen*

| | |
|---|---|
| Making a 5,000-piece jigsaw requires a good deal of patience. | *Das Zusammensetzen eines Puzzles*[FF] *mit 5000 Teilen braucht ziemlich viel Geduld.* |

**requisite** /'rekwɪzɪt/ n. / Adj.
1. n. (fast immer Pl.) *Utensilien; Zubehör; Artikel*

| | |
|---|---|
| We sell a wide range of smokers' requisites/camping requisites. | *Wir führen eine breite Palette von Raucherartikeln/Campingzubehör.* |

"Theatrical requisites" sind also nicht in erster Linie „Requisiten" sondern Theaterutensilien, d. h. die Dinge, die man im allgemeinen zum Theaterspielen braucht, z. B. Schminke, Abschminkpaste, Masken, Kostüme usw.

2. Adj. (förmlicher als etwa "necessary") *erforderlich; notwendig; nötig*

| | |
|---|---|
| The kiln is maintained at the requisite temperature by a thermostat. | *Der Brennofen wird durch einen Thermostat auf der erforderlichen Temperatur gehalten.* |

**resort** /rɪ'zɔ:t || -'zɔ:rt/ n. / V. intr.
1. n. *Seebad; Ferienort; Skiort; Wintersportort*

| | |
|---|---|
| Blackpool calls itself "the queen of seaside resorts". | *Blackpool nennt sich „die Königin der Seebäder".* |

2. n. *Treffpunkt; Zuflucht*

| | |
|---|---|
| "The Green Nag" was a notorious[FF] resort of pickpockets and pimps[FF]. | *„Der Grüne Gaul" war ein berüchtigter Treffpunkt der Taschendiebe und Zuhälter.* |

3. V. intr. "to resort to": *greifen zu; verfallen auf* (als letzten Ausweg etwas tun, was man normalerweise nicht tun würde)

| | |
|---|---|
| In his desperation he resorted to blackmail. | *In seiner Verzweiflung griff er zu Erpressung.* |
| When he found he had locked himself out of his car, he resorted to breaking the side window. | *Als er merkte, dass er sich aus seinem Wagen ausgesperrt hatte, schlug er in seiner Not das Seitenfenster ein.* |

4. Redewendung "as a last resort/in the last resort": *wenn alle Stricke reißen; wenn nichts anderes übrigbleibt*

**resümieren** V. tr.

1. (als Ganzes zusammenfassen) *to summarize* (BrE auch *-ise*) *something; give a resume* (auch *résumé, resumé*, alle /'rezjʊmeɪ || ˌrezʊ'meɪ/) *of something*

| | |
|---|---|
| Die Probleme lassen sich wie folgt resümieren. | *The problems can be summarized as follows.* |
| Er resümierte kurz das Vorhaben der Regierung. | *He gave a short resume of the government's intentions.* |

2. (abschließend zusammenfassen, in Stichpunkten wiederholen) *to recapitulate; to summarize.*

die **Revision**, -en

1. (jur.) *an appeal (to a higher court)*

| | |
|---|---|
| Revision einlegen | *to appeal (to a higher court)* |
| Die Revision wurde abgelehnt. | *The appeal was rejected.* |
| Mein Mandant wird gegen das Urteil Revision einlegen. | *My client will appeal against the verdict.* |

2. (Zoll usw.) *check(s); search(es)*

| | |
|---|---|
| Die Schweizer Zollrevision ist die schärfste[FF] in ganz Europa. | *The Swiss customs checks are the strictest in the whole of Europe.* |

das **Rezept**, -e

1. (Med.) *prescription*

| | |
|---|---|
| Antibiotikahaltige Medikamente gibt es nur auf Rezept. | *Medicines containing antibiotics are only available on prescription.* |

2. (allg.) *recipe* /'resɪpi/
Das gilt vom Kochrezept bis zu einem „Rezept für den wirtschaftlichen Aufschwung“.

**resume** /rɪ'zjuːm || -'zuːm/ V. tr. / V. intr.
*wiederaufnehmen; fortsetzen; fortfahren; wieder anfangen*

| | |
|---|---|
| He resumed his tale. | *Er fuhr mit seiner Geschichte fort.* |
| Classes resume on 1st October. | *Die Klassen beginnen wieder am 1. Oktober.* |

**revision** /rɪ'vɪʒn/ n.
1. *Überprüfung; Überarbeitung; Korrektur*
2. BrE (Schule, Universität) *Lernen; Büffeln; Pauken* (AmE "studying")

| | |
|---|---|
| I can't go to the party on Sunday – I've got to finish my revision for the test on Monday. | *Ich kann am Sonntag nicht zu der Party gehen – ich muss noch den Rest für die Schulaufgabe am Montag lernen.* |

**receipt** /rɪ'siːt/ n.
*Quittung*

| | |
|---|---|
| Don't forget to get a receipt every time you buy petrol. | *Vergiss nicht, dir jedesmal eine Quittung geben zu lassen, wenn du tankst.* |
| Goods can only be exchanged on production of a receipt. | *Umtausch nur gegen Quittung.* |

**ridikül** Adj., altmod.
*ridiculous; laughable*

der, das **Ridikül**, -e oder -s (auch Retikül)
(kleine, meist gehäkelte Handtasche) *reticule*
Das Wort kommt aus dem lateinischen „reticulum“ „Netzwerk“, und wurde durch Volksetymologie unter Einfluss des französischen „ridicule“ (lächerlich) zu „Ridikül“.

**ringen** V. intr.
*to wrestle* /ˈresɫ/; *to struggle; to fight*

| | |
|---|---|
| Theo rang mit dem Gangster[FF] und konnte ihm die Geldbombe wieder entreißen. | *Theo wrestled with the thief and managed to wrest the strongbox away from him.* |
| Er rang nach Luft. | *He fought for breath.* |

der **Ringer**, -
*a wrestler* /ˈreslə ‖ -ər/

ein Ringergriff

*a hold; a wrestling hold*

*Ringer*

**robben** V. intr.
*to crawl on one's stomach*; (nur Mil.) *to move on the belly;* (nur BrE mil.) *to leopard-crawl*

| | |
|---|---|
| Mit acht Monaten beginnen die meisten Babys zu robben. | *Most babies begin to crawl on their stomachs at eight months.* |

Es gibt kein Äquivalent, das aus einem Wort besteht; nur in den Streitkräften, bes. in der US-Armee, wird *to belly* gebraucht.

**ridicule** /ˈrɪdɪkjuːɫ/ n. / V. tr.
1. n. *Spott; Lächerlichkeit*

| to be an object of ridicule | *der Lächerlichkeit/dem Spott ausgeliefert sein* |
|---|---|
| to hold sth./so. up to ridicule | *sich über etw./jdn. lustig machen* |

2. V. tr. *verspotten; verlachen*

| The leader of the Opposition ridiculed the government's plan. | *Der Oppositionsführer machte sich über das Regierungsvorhaben lustig.* |
|---|---|

**ring** /rɪŋ/ V. intr. / V. tr.
1. V. intr. / V. tr. *klingeln; läuten*; (BrE) *anrufen* (AmE: "call")

| He rang the doorbell. | *Er klingelte (an der Tür).* |
|---|---|
| He rang the church bells. | *Er läutete die Kirchglocken.* |

2. V. intr. *klingen*[FF]*; tönen; läuten*
3. V. tr. (einen Vogel): *beringen*

*a ringer*

**ringer** /rɪŋə || -ər/ n.
*Glockenläuter*
Britische Kirchenglocken sind mit der Öffnung nach oben auf großen Rädern montiert und drehen sich beim Läuten um 360°: sie werden in komplizierten Sequenzen von einer Mannschaft von *bell-ringers* geläutet. Dieses charakteristische "change-ringing" (Wechselläuten) ist fast ganz auf die britischen Inseln beschränkt – es gibt in Großbritannien etwa 10 000 Kirchtürme, die dafür ausgerüstet sind, nur ca. 50 Türme in der ganzen restlichen Welt. Die Kunst des "change ringing" heißt "campanology", und es gibt sogar eine Zeitschrift "The Ringing World", die sich ausschließlich damit befasst.

**rob** /rɒb || rɑːb/ V. tr.
*berauben; bestehlen*

| The actress was robbed of her jewels while she was in the bath. | *Die Schauspielerin wurde ihrer Juwelen beraubt, während sie in der Badewanne saß.* |
|---|---|

der **Rock**, ¨-e
1. (Damenrock) *skirt*
2. (altmod. für Jackett) *tailcoat; jacket*[FF]

| Gehrock | *frock coat* |
|---|---|

3. Morgenrock: *dressing gown*

der **Roller**, -
1. (für Kinder) *scooter*
2. (kleines Motorrad) *motor scooter*
3. (Walze) *roller*

| Teigroller | *rolling-pin* |
|---|---|
| Deo-Roller | *roll-on deodorant* |

die **Rosine**, -n
*raisin* /ˈreɪzn/; (Korinthe) *currant*; (Sultanine) *sultana* /səlˈtɑ:nə || -ˈtænə/

der **Rowdy**, -s oder -ies
*hooligan*; (mutwillig zerstörerisch) *vandal*

| das Rowdytum | *hooliganism* |
|---|---|
| Verkehrsrowdy | *road hog* |

die **Rubrik**, -en
*category; heading*; (Zeitung) *column; section*

| Das gehört unter die Rubrik „Aufgegebene Neujahrsvorsätze". | *That comes in the category/under the heading "abandoned New Year resolutions".* |
|---|---|
| die Rubrik „Lokales" | *the "local affairs" column/section* |

der **Rumpf**, ¨-e
1. (Körper eines lebenden Menschen, eines Tieres) *body*
2. (Statue oder Körper eines Menschen ohne Arme, Kopf und Beine) *torso*

| Die Archäologen entdeckten den Rumpf einer römischen Statue. | *The archaeologists discovered the torso of a Roman statue.* |
|---|---|

3. (tech.) (Schiff) *hull* /hʌɫ/; (Flugzeug) *body, fuselage* /ˈfju:zəlɑ:ʒ/

**rock** /rɒk || rɑːk/ n.
1. *Felsen; Stein*; (Schifffahrt) *Klippe*
2. (nur BrE, unzählbar) (etwa) *Zuckerstange*
Eine Süßigkeit, die in Seebädern verkauft wird, mit dem Namen des Seebades aus Buchstaben, die durch die ganze Länge der Stange gehen. Die berühmtesten Arten sind "Brighton rock" (daher der Name von Graham Greenes Roman) und "Blackpool rock".

**roller** /ˈrəʊlə || ˈroʊlər/ n.
1. *Walze; Rolle*

| | |
|---|---|
| steam roller | *Dampfwalze* |
| road roller | *Straßenwalze* |
| hair rollers (häufiger: "hair curlers") | *Lockenwickler* |

2. (lange, hohe Welle auf dem Meer) *Brecher*
3. (BrE ugs.) a Roller: *ein Rolls-Royce*

**rosin** /ˈrɒzɪn || ˈrɑː-/ n. (meist unzählbar)
*Kolophonium; Geigenharz*

**rowdy** /ˈraʊdi/ Adj.
*laut; rüpelhaft*

| | |
|---|---|
| a rowdy party | *eine laute Party* |
| rowdy behaviour | *rüpelhaftes Benehmen* |

**rubric** /ˈruːbrɪk/ n.
*Prüfungsanweisungen*

| | |
|---|---|
| to infringe the rubric | *gegen die Prüfungsanweisungen verstoßen* |

**rump** /rʌmp/ n.
1. (bei größeren Tieren) *Hinterteil;* (bei Vögeln) *Bürzel*
2. (beim Menschen nur scherzhaft) *Hinterteil; Hintern; Po*[FF]

| | |
|---|---|
| The Sultan gave his favourite wife an affectionate pat on the rump. | *Der Sultan gab seiner Lieblingsfrau einen liebevollen Klaps auf den Hintern.* |

der **Salat**, -e

1. *Continental-type ready-dressed salad*
In der Vorstellung eines Engländers besteht ein "Continental salad" aus schlappen Kopfsalat- und Tomatenstücken, die von einer widerlichen Öl-Essig-Soße triefen. Wenn er sich dann auf dem Kontinent doch zum Verzehr eines "Salates" durchringt, befällt ihn prompt "indigestion" (Verdauungsstörungen). An Feinkostsalaten gibt es in England eigentlich nur zwei Arten (Ausnahmen siehe gegenüber), nämlich *potato salad*, der aus milder Mayonnaise mit Kartoffelscheiben besteht, und *coleslaw* /'kəʊłslɔ: ‖ 'koʊłsłɒ:/, also Krautsalat mit Mayonnaise, der einzige englische Salat, den man als pikant bezeichnen kann. Man bekommt auch durchaus einen *mixed salad* mit Hauptzutaten, z. B. *chicken salad, tuna* (Thunfisch) *salad*, die man aber immer selber anmachen muss.
2. (Pflanze) Kopfsalat: *lettuce* /'letɪs/

| | |
|---|---|
| zwei Kopfsalatköpfe | *two lettuces* |
| der Salat schießt | *the lettuce is bolting* |

3. Endiviensalat: *endive* /'endɪv/, /'endaɪv/
4. „Bandsalat" (verheddertes Tonband): *a tangle of tape; a chew-up*

der **Schal**, -s

1. (lang, schmal, um den Hals getragen) *scarf*
2. (bei Frauen, Schaltuch zur Bluse) *scarf*
3. Ein breiterer Schal, der von Frauen über den Kopf gelegt wird, bzw. ein Kopftuch: *(head)scarf*

*ein Schal*

**scharf** Adj.

1. Wenn Essen „scharf" ist, d. h. auf der Zunge brennt: *hot; hot like curry; highly/heavily spiced*
*Hot* ist also[FF] beim Essen zweideutig; wenn man jammert[FF], dass die Suppe *hot* ist, kann man schon gefragt werden: "Do you mean 'hot' hot, or hot like curry?" Aus diesem Grund verwenden Kochbücher meist *highly spiced* bzw. *very highly spiced.*
2. (Foto) scharf/unscharf: *in focus/out of focus*
3. (Munition) scharfe Munition: *live* /laɪv/ *ammunition*
4. (bei Untersuchungen usw.) *strict*

| | |
|---|---|
| scharfe Kontrollen[FF] | *strict checks; strict controls (controls* hier kein FF*)* |

5. (bei Dingen, die schneiden oder scharfe Kanten haben, z. B. Messer, Zähne) *sharp*

**salad** /ˈsæləd/ n.
*Rohkostplatte; Salat* (ohne Dressing)
Ein “salad” kann in England ein Salatblatt mit einer Tomate sein, aber oft ist er ein selbständiges Gericht, das meist aus kaltem Fleisch, Fisch oder Käse besteht, angerichtet auf einer Unterlage aus verschiedenen rohen Gemüsen (meist Kopfsalat, Gurken, Tomaten und roten Rüben – letztere allerdings immer gekocht). Manchmal kann man eine kleinere Portion rohes Gemüse als “side salad” bekommen. Grundsätzlich wird ein “salad” nicht angemacht – das macht jeder nach seinem Geschmack. Allerdings ist Essig, der in Lokalen auf dem Tisch steht, erstens Malzessig und zweitens für die “chips[FF]”.

*a shawl*

**shawl** /ʃɔːɫ || ʃɑːɫ/ n.
*Umschlagtuch; Umhängetuch*
Ein viereckiges, schweres, weiches Tuch, das früher von Frauen und Mädchen um Kopf und/oder Schultern drapiert wurde.

**sharp** /ʃɑːp || ʃɑːrp/ Adj.
1. (vom Essen) *sehr sauer; unangenehm sauer* (im Gegensatz zu “sour”, das nur ausdrückt, dass etwas säuerlich schmeckt oder sauer geworden ist)

| My goodness, these plums are a bit sharp! They set my teeth on edge! | *Meine Güte, diese Pflaumen sind ja furchtbar sauer! Da zieht's einem direkt den Mund zusammen!* |
|---|---|

2. AmE (von Käse) *stark riechend/schmeckend* (BrE: “strong”)
3. (bei Messern, Kanten, Spitzen u. ä.) *scharf; spitzig*

| a sharp pencil | *ein spitziger Bleistift* |
|---|---|

**scheckig** Adj.
1. (bei Pferden, Kaninchen) (schwarz-weiß) *piebald* /'paɪbɔ:ɫd || -bɒ:ɫd/; (braun-weiß) *skewbald* /'skju:bɔ:ɫd || -bɒ:ɫd/
2. (bei anderen Tieren) *black and white; brown and white*
3. (ugs, bei Gesicht u. ä., fleckig) *blotchy; blotched*

der **Schellfisch**, -e
*haddock* /'hædək/ (*Melanogrammus aeglefinus*), Pl. *haddock*
Ein in England häufig gegessener Fisch, der oft geräuchert wird (*smoked haddock*) und dabei dunkelgelb oder sogar orangefarben wird.

**schier** Adv. / Adj.
1. Adv. (beinahe) *well-nigh; virtually*

| | |
|---|---|
| Es ist schier unmöglich, alle Tierarten zu kennen. | *It's well-nigh impossible to know all species of animals.* /'spi:ʃi:z/ |

2. Adj. (gänzlich) *sheer; pure*[FF]

| | |
|---|---|
| die schiere Unmöglichkeit | *the sheer impossibility* |
| der schiere Neid | *sheer/pure envy* |

3. Adj. (rein, unvermischt) *pure*[FF]

| | |
|---|---|
| schieres Gold | *pure gold* |

**schlabbern** V. tr. / V. intr.
1. (geräuschvoll trinken) *to slurp (noisily, merrily),* (bei Tieren) *to lap*
2. (bekleckern) *to mess up; to bespatter; to spatter*
3. Schlabberhose: *loose fitting trousers; hippie trousers*; (ungenau) *baggy trousers*

**checked** /tʃekt/ Adj. (auch “check[FF]”)
*kariert*

| a checked shirt /a check[FF] shirt | *ein kariertes Hemd* |
|---|---|

**chequered** /ˈtʃekəd || -kərd/ Adj.
1. (Karriere, Lebensgeschichte) *bewegt*
2. (Muster) *kariert; gefleckt*

| The path was chequered with light and shade. | *Flecken von Licht und Schatten spielten auf dem Weg.* |
|---|---|

**shellfish** /ˈʃeɫfɪʃ/ n. (Pl. **shellfish**, selten)
*Meeresfrüchte*, also alle essbaren Krustazeen (Krebse, Hummer, Krabben[FF], Garnelen, Langusten) und alle essbaren Seemuscheln – in englischsprachigen Ländern viel häufiger gegessen als im vorwiegend seefernen Deutschland.

**sheer** /ʃɪə || ʃɪr/ Adj. / Adv. / V. intr.
1. Adj. *rein; bar; glatt*; auch *schier* (nur als Adj.)

| by sheer chance | *rein zufällig* |
|---|---|

2. Adv. (Klippe usw.) *senkrecht; steil*

| The cliffs fall 300 feet sheer into the sea. | *Die Klippen fallen 100 Meter senkrecht ins Meer ab.* |
|---|---|

3. V. intr. “sheer off”, “sheer away” (meist Boot oder Schiff): *ausweichen; ein Ausweichmanöver ausführen*

| The destroyer sheered off to avoid a collision. | *Der Zerstörer wich aus, um eine Kollision zu vermeiden.* |
|---|---|

**slobber** /ˈslɒbə || ˈslɑ:bər/ V. intr.
*sabbern; geifern*

| I hate bulldogs – they slobber so. | *Ich hasse Bulldoggen – sie sabbern so.* |
|---|---|

**schmieren** V. tr. / V. intr.

1. V. tr. (tech.) *to grease; to oil* (*machines etc.*)

| | |
|---|---|
| die Achsen schmieren | *to grease the axles* |
| Wagenschmiere | *(axle) grease* |

2. V. tr. (tech.) *to smear (grease, oil, etc. on something)*
   Wenn man in erster Linie nicht an die Maschine usw., sondern an die dreckige Arbeit und die verschmierten Finger denkt, verwendet man *to smear*: *to smear grease on the axle.*
3. ein Brot schmieren: *to butter one's bread/to spread butter on one's bread/to spread one's bread with butter*
4. V. tr. (bestechen) *to bribe*

| | |
|---|---|
| Du brauchst nicht alle Mitglieder des Stadtrats zu schmieren, um so einen lukrativen Auftrag zu bekommen[FF], sondern nur den Bürgermeister. | *You don't need to bribe all the members of the town council to get a lucrative contract like that, only the mayor.* |
| Schmiergelder | *bribe(s); money from bribes/for bribes* |

5. V. intr. (auf Wänden schreiben o. ä.) *to besmear (walls, etc.)*, auch *smear*

der **Schmuck**, unzählbar

1. (allgemein) *decoration; ornament(ation)*
2. (an Personen) *jewellery*; *jewels* AmE meist *jewelry*

| | |
|---|---|
| Modeschmuck | *costume jewellery* |
| Schmuckkästchen | *jewellery box* |

**schmusen** V. intr.

1. (bei Liebenden) *to cuddle,* (seltener) *to neck*[FF]; AmE coll. *to canoodle*; nur BrE slang *to snog*
2. auf Schmusekurs gehen zu (einer Partei usw.): *to cosy up to (a party etc.)*

**smear** /smɪə || smɪr/ V. tr. / n.

1. V. tr. *schmieren; verschmieren; beschmieren*

| | |
|---|---|
| She smeared grease on the coupling[FF]. | *Sie schmierte Fett auf die Anhängerkupplung.* |
| His face was smeared with ice-cream. | *Sein Gesicht war mit Eiskrem verschmiert.* |

2. V. tr. (polit., Soz.) *verunglimpfen; besudeln*

| | |
|---|---|
| As the government saw no chance of winning the election, it resorted[FF] to smearing the leaders of the Opposition. | *Da die Regierung keine Chance sah, die Wahl zu gewinnen, griff sie auf eine Schmierkampagne gegen die Oppositionsführer zurück.* |

3. n. (verschmierter) *Fleck[FF]*
4. n. “a smear”: *eine Verleumdung; Schmierkampagne*

**schmuck** /ʃmʌk/ n. nur AmE (aus dem Jiddischen “shmok” = Penis)
*Trottel; Beknackte(r); Bekloppte(r)*; (südd.) *Depp*

**schmooze** /ʃmu:z/ V. intr. (nur AmE ugs.)
*plaudern; (mit Freunden, Kollegen usw.) schwatzen*

die **Schnepfe**, -n

Im Deutschen bezeichnet „Schnepfe“ genaugenommen weder eine Vogelart noch eine Gattung, sondern eine ganze Gruppe von Vögeln: Uferschnepfen (englisch *godwits*, Gattung *Limosa*) und Bekassinen (Gattungen *Gallinago* und *Lymnocryptes*). Hier die drei bekanntesten Arten:

| | |
|---|---|
| Uferschnepfe *(Limosa limosa)* | *Black-tailed godwit* (wird wenig gegessen) |
| Waldschnepfe *(Scolopax rusticola)* | *Woodcock* (in England eine der klassischen Federwildarten) |
| Bekassine, Himmelsziege *(Gallinago gallinago)* | *Snipe* (siehe gegenüber) |

**schnüffeln** V. intr. / V.tr

1. V. intr. (spionieren) *to snoop (around etc.); to pry (into something)*
2. V. intr. (riechen, einem Geruch nachspüren) *to sniff*
3. V. tr. (Drogen, Lösungsmittel usw.) *to sniff (glue, solvents, etc.)*

der **Schnüffler**, -

1. (Spion) *a snooper; a spy*
2. (von Lösungsmitteln usw.) *a (glue/solvent etc.) sniffer*

die **Scholle**, -n

1. (Fisch) *plaice* /pleɪs/ (Pl. *plaice*)
   Ein Plattfisch (*Pleuronectes platessa*), oben dunkelgrau mit roten Punkten. (In Amerika wird der Name auch auf andere, verwandte Plattfischarten ausgedehnt).
   Die Scholle gehört mit dem Kabeljau *(cod)* und dem Schellfisch[FF] zu den Standardfischen auf britischen Tellern, und während man “plaice and chips[FF]” in jedem “fish and chip shop” kriegt, würde man die edle “sole” (siehe gegenüber) nie so barbarisch entwürdigen und sie in Ausbackteig (“batter”) fritieren.

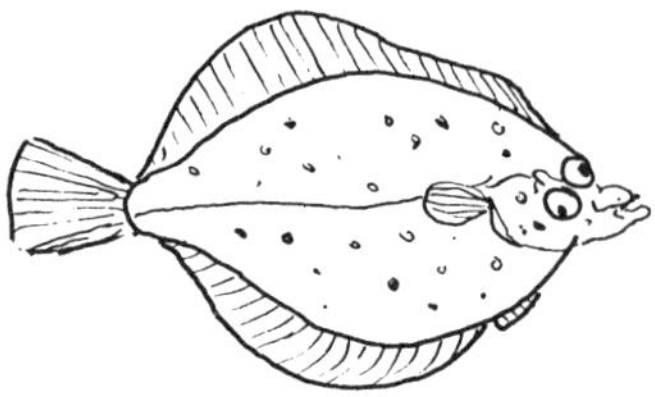

*eine Scholle*

2. Eisscholle: *(ice-)floe*
3. (Erd)scholle: (buchstäblich) *clod(s)*; *earth*; (übertragen, Heimaterde) *soil; one's native soil*

**snipe** /snaɪp/ n. / V. intr.
1. n. (Vogel) *Bekassine; Himmelsziege* (*Gallinago gallinago*)
2. V. intr. "to snipe" (at someone): *(jemanden aus dem Hinterhalt) beschießen*

| sniper | *Heckenschütze* |
|---|---|

**snuffle** /ˈsnʌfɫ/ n. / V. intr.
1. n. *Schniefen*

| to have a touch of the snuffles | *leicht erkältet sein* |
|---|---|

2. V. intr. *schnüffeln* (in Sinne von „schnüffelnde Geräusche machen")

**sole** /səʊɫ || soʊɫ/ n. / Adj.
1. n. (Pl. "sole" oder "soles")
*Seezunge* (*Solea vulgaris*)
Die besten (auf alle Fälle die teuersten) Seezungen sind die aus Dover ("Dover sole"), daher der alte Ausspruch eines jeden englischen Urlaubers, der in der Nacht in Dover ankommt: "Dover – and not a sole in sight!" ("not a soul in sight" = kein Mensch zu sehen).

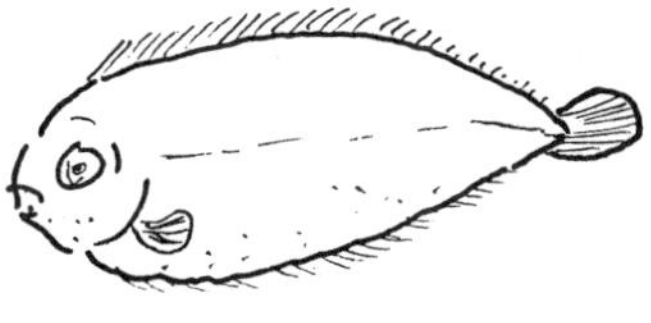

*a sole*

2. n. (Pl. "soles") *(Schuh)sohle*
3. Adj. *einzig; alleinig*

| the sole reason | *der einzige Grund* |
|---|---|

der **Schwank**, ¨-e
1. (Theater) *farce; farcical sketch*
2. (derb-komische Anekdote) *humorous anecdote*

**schwanken** V. intr.
1. (hin- und herschwingen) *to rock; to sway*

| | |
|---|---|
| Das Boot schwankte bedrohlich, als Gertrude hineinkletterte. | *The boat rocked dangerously as Gertrude clambered in.* |

2. (im Stehen/Gehen, z. B. als Folge von Müdigkeit) *to sway; to lurch; to totter; to stagger; to reel*
3. (sich zwischen zwei Werten bewegen) *to vary* /tə 'veəri/

| | |
|---|---|
| Gertrudes Gewicht schwankt zwischen 60 und 85 Kilo. | *Gertrude's weight varies between 60 and 85 kilos*/BrE *(auch) between 9 and 13 stone*/AmE *between 130 and 190 pounds.* |

4. (unentschlossen sein) *to waver* /tə 'weɪvə ‖ -vər/; *to vacillate* /tə 'væsɪleɪt/; *to alternate* /tʊ 'ɔːɫtəneɪt ‖ 'ɒːɫtər-, 'ɑːɫtər-/

der **Schweinehund**, -e
1. (selten, Lump[FF]) *swine*; (stärker, derber) *bastard[FF]*
2. der innere Schweinehund: *weakness of the flesh; one's own weakness; one's weaker self; one's lack of willpower*

| | |
|---|---|
| den inneren Schweinehund überwinden | *to conquer one's own weakness* |

die **Schwester**, -n
1. (Krankenschwester) *nurse*
2. (weibliches Geschwister; Nonne) *sister*

der **Sellerie**, -s
1. (Knollensellerie) *celeriac* /sɪ'lɪəriæk/
Ist in den englischsprachigen Ländern sehr selten und den meisten Leuten unbekannt.

| | |
|---|---|
| Selleriesalat | *sliced celeriac in oil and vinegar* |

2. (nur Bleichsellerie, Stangensellerie) *celery*

**swank** /swæŋk/ V. intr. / n. / Adj. (ugs., bes. BrE)
1. V. intr. *einherstolzieren* (mit teuren Kleidern usw.); *angeben; protzen*
2. n. *Angeber; Protzer; Angeberei; Protzerei*
3. Adj. *angeberisch; protzig*
Das Verb ist häufiger als das Substantiv und das Adjektiv, auch die -ing-Form "swanking" (Angabe, Protzerei) findet man oft. In der Grundbedeutung heißt es immer „mit auffällig teuren Sachen (Kleidern, Auto, Möbel, Schmuck[FF] usw.) angeben", nicht etwa mit Kenntnissen, Herkunft oder ähnlichen an die Person gebundenen Besonderheiten.

**schweinhund** /'ʃwaɪnhʊnt/ n.
In der Vorstellung Comic[FF]-lesender Engländer ist „schweinhund" ein deutsches Schimpfwort, es taucht häufig in Geschichten über den Zweiten Weltkrieg auf. Die darin vorkommenden Deutschen sprechen eine Sprache, die zwar eine gewisse Ähnlichkeit mit Deutsch hat, aber auch nicht mehr als das. Sie sagen etwa: "Himmel! Ein Englander!" oder eben "English schweinhund!"

**sister** /'sɪstə || -tər/ n.
1. (weibliches Geschwister) *Schwester*
2. (BrE, Krankenhaus) *Oberschwester*
3. (Nonne, selten) *Schwester*

**celery** /'seləri/ n.
(nur!) *Bleichsellerie; Stangensellerie*

| a stick of celery | *eine Selleriestange* |
|---|---|

**senden** V. tr.
(Radio, Fernsehen, Funkspruch) *to transmit; to broadcast; to radio (a message); to send a message (by radio)*
*To broadcast* wird nur verwendet, wenn die Sendung für ein breites Publikum bestimmt ist, also bei Rundfunk- und Fernsehanstalten. Bei Funksprüchen, z. B. zwischen Flugzeug und Kontrollturm oder Amateurfunkern, sind nur die anderen Übersetzungen möglich.

der **Sender**, -
(Radio, Fernsehen) *transmitter; (transmitting) station; programme*

| | |
|---|---|
| Delphine werden oft mit kleinen Sendern versehen, damit man ihre Lebensgewohnheiten besser untersuchen kann. | *Dolphins are often fitted with little transmitters to allow their habits to be studied in more detail.* |
| Die Rede des Bundespräsidenten wird von allen Sendern ausgestrahlt. | *The (German) President's speech will be broadcast on all programmes.* |

**sensibel** Adj.
*sensitive*; (überempfindlich) *oversensitive; touchy* /ˈtʌtʃi/

| | |
|---|---|
| Lisa ist ein sehr sensibles Kind; die kleinste Ungerechtigkeit, die anderen zugefügt wird, verletzt sie tief. | *Lisa's a very sensitive child; the slightest injustice to others hurts her deeply.* |
| Jetzt sei nicht so schrecklich sensibel! Du kannst doch nicht bei jeder kleinsten Kritik[FF] gleich heulen! | *Oh, don't be so touchy! You can't just burst into tears at the slightest little criticism/the moment anyone says anything against you!* |

**seriös** Adj.
1. (solide[FF]) *reliable; trustworthy*; (Firma) *reputable* /ˈrepjʊtəbɫ/; (Person) *distinguished(-looking)*

| | |
|---|---|
| eine seriöse Zeitung | *a quality newspaper* |

2. (ernst gemeint) *serious*

**send** /send/ V. tr.
*senden; schicken; verschicken; wegschicken*

| | |
|---|---|
| Theo Pink sent a secret message to his mistress. | *Theo Pink sandte/schickte seiner Geliebten eine heimliche Botschaft.* |
| The bricklayer sent his apprentice to get some sandwiches and beer. | *Der Maurer schickte den Lehrling, um Brotzeit und Bier zu holen.* |
| My friend sent his message by CB radio in such an intricate code that we couldn't decode it. | *Mein Freund sendete seine Nachricht per*[FF] *CB-Funk*[FF] *in einem derart komplizierten Code, dass wir ihn nicht mehr entschlüsseln konnten.* |

**sender** /'sendə ‖ -dər/ n.
*Absender* (eines Briefes usw.)

| | |
|---|---|
| Return to sender | *Zurück an Absender* |

**sensible** /'sensəbł/ Adj.
*vernünftig; verständig*

| | |
|---|---|
| Billy's old enough to go away on holiday alone – he's a sensible boy and won't do anything silly. | *Billy ist alt genug, um allein in die Ferien zu fahren – er ist ein vernünftiger Bub und macht keine Dummheiten.* |

**serious** /'sɪəriəs ‖ 'sɪr-/ Adj.
1. *ernst; ernst haft; ernst gemeint*

| | |
|---|---|
| to be serious about something | *etwas ernst nehmen/meinen* |
| You can't be serious! | *Das kann doch nicht dein Ernst sein!* |

2. *schwer; schlimm; ernst*

| | |
|---|---|
| a serious accident | *ein schwerer Unfall* |

der **Showmaster**, -
*presenter; host; master of ceremonies* (auch *MC*, AmE auch *emcee* geschrieben); BrE *compere* /ˈkɒmpeə ‖ ˈkɑːmper/ (siehe auch Talkmaster[FF])

**skaten** V. intr. /ˈskeɪtn/
*to skateboard; to board*
Fast alles im Jargon der deutschen Skateboarder kommt aus dem Englischen, wie „das Tail" (Hinterteil eines Skateboards), „die Nose /nouz/" (Vorderteil dito), oder aber mutet englisch an, wie hier, ohne „echtes" Englisch zu sein.

der **Skater**, -
*a skateboarder; a boarder*

**skurril** Adj.
1. (exzentrisch) *peculiar; odd; bizarre; eccentric*

| | |
|---|---|
| Seine skurrile Kleidung lässt vermuten, dass er sich für einen großen Dichter hält. | *His eccentric/bizzare way of dressing makes one suspect that he thinks he's a great poet.* |
| Die skurrilen Engländer halten weiterhin an ihrem Linksverkehr fest. | *The eccentric British still insist on driving on the left.* |

2. (possenhaft) *farcical; ludicrous; droll* /drəʊɫ ‖ droʊɫ/

| | |
|---|---|
| Brandon Thomas' Komödie „Charleys Tante" hat viele skurrile Elemente. | *Brandon Thomas's comedy "Charley's Aunt" has many farcical elements.* |

"**showmaster**" n.
Für dieses Wort gibt es keine echte englische Aussprache, es ist wieder einmal eine rein deutsche Schöpfung aus englischen Bestandteilen – wie "Talkmaster" und "Handy" (als Substantiv) sucht man es in englischen Wörterbüchern vergeblich. Und da es so viele echte englische Wörter für das deutsche „Showmaster" gibt (siehe gegenüber), dürfte es wenig Chancen haben, in englischsprachigen Ländern heimisch zu werden.

**skate** /skeɪt/ n. / V. intr.
1. n. *Schlittschuh* (auch: "ice-skate")

| | |
|---|---|
| roller-skate<br>inline skate | *Rollschuh*<br>*Inline-Skate* |

2. V. intr. *schlittschuhlaufen* (auch: "to ice-skate")
3. n. (Fisch) *Rochen*

**skater** /ˈskeɪtə ‖ -tər/ n.
*Schlittschuhläufer(in)*

**scurrilous** /ˈskʌrɪləs/ Adj.
1. *verleumderisch; ehrenrührig; unanständig; schlüpfrig; obszön; schmutzig; vulgär; unflätig; zotig*
Wird hauptsächlich für Sprache und besonders für verbale Angriffe auf Personen des öffentlichen Lebens verwendet und enthält immer ein Element des Obszönen und Vulgären. Typische Kollokationen:

| | |
|---|---|
| scurrilous attacks/innuendoes | *schmutzige/verleumderische Angriffe* |
| After their defeat, the Oxford boat-race crew consoled themselves by singing a scurrilous song about the Cambridge crew. | *Nach ihrer Niederlage tröstete sich die Rudermannschaft aus Oxford damit, ein obszönes Lied über die Mannschaft von Cambridge zu singen.* |

2. (selten, Benehmen und Zustände) *unanständig; schockierend; empörend*
Typische Kollokationen sind "scurrilous goings-on/behaviour/practices": *schockierende Zustände/Benehmen/Praktiken*

| | |
|---|---|
| When Nelson and Lady Hamilton started to live together without being married, the polite society of the day found it scurrilous. | *Als Nelson und Lady Hamilton zusammenzogen, ohne verheiratet zu sein, empfand es die vornehme Gesellschaft der Zeit als schockierend.* |

der **Slip**, -s
1. (für Männer) *(a pair of) briefs; (a pair of) underpants*; (nur BrE) *(a pair of) pants*
2. (für Frauen) *(a pair of) panties; (a pair of) pantie briefs*; (altmod.) *knickers*
   Während „Slip“, *briefs* und *panties* beinlos sind, sind *underpants* und BrE *pants* allgemeinere Bezeichnungen – sie können für Unterhosen mit oder ohne Beine benützt werden.

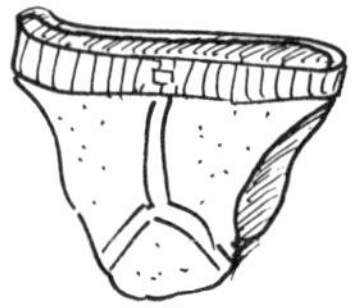

*ein Slip*

der **Slipper**, -
*slip-on shoe*

der **Smoking**, -s
BrE *a dinner jacket*; AmE *a tuxedo* /tʌk'si:dəʊ || -doʊ/
Dinner jacket wird oft abgekürzt DJ /ˌdi:'dʒeɪ/, was aber auch “disc jockey” bedeuten kann. Ebenso wird *tuxedo* oft *tux* abgekürzt.

**so**, Adv.
1. „so“ + Tätigkeit: *like this/like that; this is how/that's how*

| | |
|---|---|
| Er ist so hingefallen.<br>So wird's gemacht. | *He fell down like this.*<br>*This is how/That's how it's done. You do it like this/like that.* |

2. (Ausruf) „So!“: *Right! There!*

| | |
|---|---|
| So, fangen wir an! | *Right, let's start!* |

3. „so ein“: (Ausruf) *what a …;* (beschreibend) „so ein“ + (Adjektiv) + Substantiv: *such a …*

| | |
|---|---|
| So ein Mist![FF]<br>Ich möchte einmal so ein Auto haben!<br>Er war früher so ein netter Bub. | *What a bloody[FF] nuisance!*<br>*I'd like a car like this/like that one day!*<br>*He used to be such a nice boy.* |

4. (mit Adj.) *so (so good, so bad, etc.)*

*a slip*

**slip** /slɪp/ n.

1. (Kleidungsstück) *Unterrock*
   Ein "slip" ist immer aus dünnem Material, ist immer ärmellos, und kann mit oder ohne Oberteil sein.
2. gymslip: *dunkler* (meist *dunkelblauer*) *Trägerrock mit Falten* (Teil der Schuluniform in vielen Mädchenschulen, bes. Internaten, in England)
3. pillow slip/pillowslip: *Kopfkissenbezug*
4. (beim Schreiben, Sprechen) *Flüchtigkeitsfehler*

| a slip of the tongue | *ein Versprecher* |
|---|---|

5. to give someone the slip: *jemandem entkommen; entwischen*

**slipper** /'slɪpə || -pər/ n.
*Pantoffel; Hausschuh*

**smoking** /'sməʊkɪŋ || 'smoʊ-/ n.
(nur) *Rauchen*
Ein "smoking jacket" war früher ein langes Jackett, meist aus Samt, das man im Rauchsalon trug. Sowohl die Bezeichnung als auch die Jacketts selbst sind völlig veraltet.

**so** /səʊ || soʊ/ Adv. / Konjunktion

1. Adv. *so*

| He skis so well! | *Er fährt so gut Ski!* |
|---|---|

2. Konjunktion: *also*[FF]

| I missed the train, so I had to hitch-hike. | *Ich versäumte den Zug, also musste ich trampen*[FF]. |
|---|---|
| So you want to learn the trombone, do you? | *Du willst also Posaune lernen, hm?* |

**so was** NP / (Ausruf)

1. (NP) *something like this/like that*

| | |
|---|---|
| „Ich hätte gern eine Gießkanne." „Meinen Sie so was?" | *"I'd like a watering can." "Something like this?"* |

2. (Ausruf) *You don't say!; Really?*; (bes. BrE) *Well I never!; Well, well!*

| | |
|---|---|
| „Theo Pink hat seine Fahrprüfung beim ersten Mal bestanden!" „So was!/Na, so was!" | *"Theo Pink passed his driving test first time!" "You don't say!*/BrE *Well I never!"* |

*You don't say* ist oft ironisch und täuscht Erstaunen nur vor; *Well I never* ist kurz für "Well, I never saw/heard anything like it!"

**solid**, **solide** Adj.

1. *sound; reputable* /ˈrepjʊtəbɫ/; (bei Firmen) *trustworthy; good; reliable*; (Arbeit) *high/good quality*; (Produkt) *well made*

| | |
|---|---|
| Wir kaufen unsere Küchengeräte immer bei Draller – das ist ein solides Geschäft, da weiß man, was man hat. | *We always buy our kitchen appliances at Draller's – they're a reputable/good shop/firm; you know what you're getting.* |
| An dem neuen Modell besticht die solide Verarbeitung. | *On the new model the high quality of the finish is especially attractive.* |

2. *solid* (siehe gegenüber)

**souverän** Adj. / Adv.

1. (mühelos) *effortless(ly)*

| | |
|---|---|
| Benmark gewann souverän in 11 Sekunden. | *Benmark won effortlessly in 11 seconds.* |

2. (selbstsicher) *confident; easy*

| | |
|---|---|
| Durch ihr souveränes Auftreten bestand sie die Dolmetscherprüfung, obwohl ihre Übersetzung nicht fehlerfrei war. | *Thanks to her confident manner she passed the interpreting examination, although her translation was not faultless.* |

3. (polit.) *sovereign*

**so what?** /'səʊ 'wɒt || 'soʊ 'wɑ:t/ (Ausruf)
*na und?*

| | |
|---|---|
| "My Dad won £200 on the football pools last week." "So what? My uncle won £10,000 last year." | *„Letzte Woche hat mein Vater 200 Pfund im Fußballtoto gewonnen." „Na und? Letztes Jahr hat mein Onkel 10 000 Pfund gewonnen."* |

**solid** /'sɒlɪd || 'sɑ:-/ Adj. / n.
1. Adj. *massiv*[FF]

| | |
|---|---|
| This table is solid oak. | *Dieser Tisch ist massive Eiche.* |
| solid tyres | *Vollgummireifen* |

2. Adj. *fest*

| | |
|---|---|
| It was so cold that the milk froze solid. | *Es war so kalt, dass die Milch zu einem Eisblock gefror.* |

3. n. "a solid": *ein fester Stoff*

| | |
|---|---|
| gases, liquids and solids | *gasförmige, flüssige und feste Stoffe* |

4. n. (Fachsprache unter Popmusikern) "a solid": *eine E-Gitarre*

**sovereign** /'sɒvrɪn || 'sɑ:v-/ n. / Adj.
1. n. *der Souverän; der Monarch*
   In Bezug auf die britische Monarchie ist "the Sovereign" häufiger als "the Monarch", da letzteres einen etwas despotischen Klang hat:

| | |
|---|---|
| The Sovereign does not interfere in party politics. | *Der Souverän/Die Königin/Der König mischt sich nicht in die Parteipolitik ein.* |

2. n. *ein Sovereign* (Goldmünze mit dem nominalen Wert von £1, kostet aber je nach Goldpreis ca. £150)
3. Adj. *souverän* (d. h. politisch unabhängig)

**spannen** V. tr.

1. (festziehen) *to stretch; to tighten (a rope etc.); to tense (a muscle); to draw (a bow); to cock (a gun)*

| Zwischen den Bäumen könnten wir ein paar Schnüre spannen als Wäscheleinen. | *We could stretch some pieces of string between the trees as washing lines/clothes lines.* |
|---|---|

2. (süddeutsch: bemerken) *to notice*[FF] *something; to tumble to something; to twig to something*
3. (Adj.) gespannt: *tense(ly); nervous(ly); excited(ly); curious(ly)*; (Seil) *taut*
4. „gespannt sein, ob …“: *to wonder*[FF] *if …*

| Ich bin gespannt, ob er sich traut, über den Bach zu springen. | *I wonder*[FF] *if he'll dare (to) jump over the stream.* |
|---|---|

5. „auf etwas gespannt sein“: (auf etwas eher Schlechtes) *to wonder*[FF] *(about something)*; (auf etwas eher Positives) *to be longing/dying (to see something)*

| Ich bin gespannt auf die Apfelernte nach dem Regensommer. | *I wonder*[FF] *what the apple harvest'll be like after that rainy summer.* |
|---|---|

4. (Adj.) spannend: *exciting; thrilling*

der **Spanner**, -

1. (zum Straffhalten von Hosen[FF] usw.) *hanger; stretch hanger*

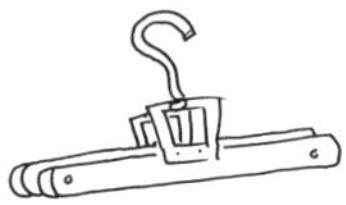

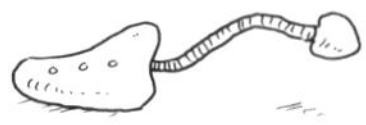

*Spanner*

| Schuhspanner |
|---|
| *shoe tree* |

2. (Nachtfalter) *geometer (moth*[FF]*)* /dʒi'ɒmɪtə || -'ɒ:mɪtər/

| Spannerraupe | *geometer caterpillar*, BrE ugs. *looper;* AmE ugs. *inch-worm* |
|---|---|

3. (Voyeur) *voyeur; peeping Tom*

**span** /spæn/ n. / V. tr.
1. n. *(Brücken)bogen*

| | |
|---|---|
| Old London Bridge had 19 spans. | *Die alte London Bridge hatte 19 Bögen.* |

2. n. *(Lebens)dauer; Zeitspanne*

| | |
|---|---|
| The life span of a mouse is about 2 years. | *Eine Maus wird ungefähr 2 Jahre alt.* |

3. V. tr. *(einen Fluss usw.) überspannen*

| | |
|---|---|
| The Forth Bridge spans the Firth of Forth near Edinburgh. | *Die Forth-Brücke überspannt den Firth of Forth nahe Edinburgh.* |

**spanner** /ˈspænə ‖ -nər/ n., BrE (AmE = wrench)
*Schraubenschlüssel*

| | |
|---|---|
| BrE ring spanner | *Ringschlüssel* (AmE *box end wrench*) |
| BrE adjustable spanner | *Franzose* (AmE *monkey wrench*) |
| BrE (fig.) to throw a spanner in(to) the works (works = „Getriebe“) | *querschießen; Sand ins Getriebe streuen* |

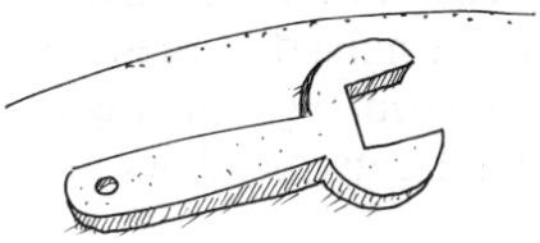

*a spanner*

**sparen** V. tr. / V. intr.

1. V. tr. / V.intr. *to save (up) (for something)*

| | |
|---|---|
| Ich habe über 50 Euro gespart! | *I've saved over 50 euros!* |
| Ich spare auf einen Urlaub in Spanien. | *I'm saving (up) for a holiday in Spain.* |

2. Redewendungen:

| | |
|---|---|
| Das hättest du dir sparen können! | *You needn't have bothered!, You needn't have bothered with that/to do that!* |
| Die Zuschauer sparten nicht mit Applaus. | *The spectators applauded generously.* |

der **Speck**, unzählbar

1. (allgemein, bei Menschen und Tieren) *fat*
2. (nur Bauchfett des Schweines, ohne mageren Anteil) *bacon fat*

| | |
|---|---|
| Frühstücksspeck | *streaky bacon* |

Die oft kommentarlos angegebene Übersetzung „Speck“ für “bacon” stimmt eigentlich nicht; in Deutschland werden die mageren (“lean”) und durchwachsenen (“streaky”) Teile des Schweinefleisches immer voneinander getrennt, bevor das Fleisch in den Laden kommt; in England werden sie als zusammenhängendes, meist in dünne Scheiben (“rashers”) geschnittenes Stück Fleisch verkauft – eben “bacon”, was man in Deutschland nur in “British shops” kaufen kann.

**spare** /speə ‖ sper/ V. tr. / Adj.

1. V. tr. *übrig haben*

| | |
|---|---|
| Can you spare me a few moments? | *Hast du ein paar Augenblicke Zeit für mich?* |
| "Buddy, can you spare me a dime?" (amerikanischer Schlager) | *„Kumpel, hast du 10 Cent für mich?"* |

2. V. tr. *entbehren*

| | |
|---|---|
| I can't spare him just now, we're too busy. | *Ich kann ihn im Moment nicht entbehren, wir haben zu viel zu tun.* |

3. V. tr. *schonen; verschonen; (jemandem) gnädig sein*
4. Adj. *Ersatz-...; zusätzlich*

| | |
|---|---|
| spare tyre | *Ersatzreifen* (scherzhaft auch: *Fettwulst um die Taille*) |
| a spare pair of glasses | *eine Ersatzbrille* |

5. to go spare: *übrigbleiben*; (nur BrE ugs.) *rasend werden*

| | |
|---|---|
| When he sees I've scratched his car, my Dad'll go spare! | *Wenn er sieht, dass ich sein Auto verkratzt habe, wird mein Vater fuchsteufelswild!* |

**speck** /spek/ n.

1. *Körnchen; Fleck*[FF]*; Sprenkel; Tröpfchen; Pünktchen*

| | |
|---|---|
| a speck of dust | *ein Staubkörnchen* |
| a speck of colour | *ein Farbsprenkel* |

2. specked with: *gesprenkelt mit*

| | |
|---|---|
| After the motocross race her face was specked with dirt. | *Nach dem Motocrossrennen war ihr Gesicht schmutzgesprenkelt.* |

das **Spektakel**, -
1. („Theater") *fuss; bother; palaver*[FF]
2. (spektakulärer Anblick) *a spectacle*; (Medien) *a spectacular*

| | |
|---|---|
| ein Medienspektakel | *a media spectacular; a showbusiness spectacular* |

der **Spektakel**, -
(Lärm) *racket; rumpus*; AmE *ruckus*; BrE *row* /raʊ/

die **Spelunke**, -n
(„Bar", abwertend) *a dive*

**spenden** V. tr.
*to give; to donate; to contribute*

| | |
|---|---|
| Theo Pink spendete 3 Euro für die neue Kirchturmuhr. | *Theo Pink gave 3 euros towards the new church clock.* |
| Applaus spenden | *to applaud* |
| spendabel (Adj.) | *generous* |
| feuchtigkeitsspendende Creme | *moisturizing cream* |

**spendieren** V. tr.
*to buy (someone something); to treat (someone to something); to stand someone (a drink etc.)*

| | |
|---|---|
| Er spendierte uns allen ein Eis. | *He bought us all ices. / He treated us all to an ice/to ices.* |
| Er spendierte mir ein Bier. | *He bought me a beer. / He stood me a beer.* |

**spectacle** /'spektəkł/ n.
1. *Schauspiel; Anblick*

| | |
|---|---|
| a magnificent spectacle | *ein prächtiges Schauspiel* |
| a sad spectacle | *ein trauriger Anblick* |

2. Redewendung "to make a spectacle of oneself": *unangenehm auffallen*
3. spectacles (altmodisch für "glasses"): *Brille*
4. bespectacled (leicht altmodisch für "wearing glasses"): *brillentragend*
5. (bei Tieren) spectacled: *Brillen-*

**spelunker** /spɪ'lʌŋkə || -kər/ n. (nur AmE)
*Hobby-Höhlenforscher* (BrE: potholer /'pɒthəʊlə/)

| | |
|---|---|
| spelunking | *Höhlenforschen* (BrE: potholing /'pɒthəʊlɪŋ/) |

**spend** /spend/ V. tr.
(Geld) *ausgeben*; (Zeit) *verbringen*

| | |
|---|---|
| We spent many happy hours – and a lot of money – on the Palace Pier at Brighton. | *Auf dem Palace Pier in Brighton haben wir viele fröhliche Stunden verbracht – und viel Geld ausgegeben.* |

das **Spiel**, -e
1. *a game; a match*

| | |
|---|---|
| Ein internationales Cricketspiel dauert fünf ganze Tage. | *An international cricket match lasts five whole days.* |
| ein Cricketspiel | *a cricket match; a game of cricket* |
| ein Fußballspiel | *a football/soccer match; a game of football/soccer* |
| ein Baseballspiel | AmE *a baseball game; a game of baseball* |

2. (Theaterstück) *a play*

| | |
|---|---|
| „Spiele in einem Akt" (Buchtitel) | *"One-Act Plays"* |

3. (Theater) *acting*

| | |
|---|---|
| Minni Baldors ausdrucksvolles Spiel rührte die Zuschauer zu Tränen. | *Minni Baldor's sensitive acting moved the audience to tears.* |

4. (Glücksspiel) *gambling*
5. (Kinderspiel) *child's play*

| | |
|---|---|
| Das ist das reinste Kinderspiel! | *That's (mere) child's play!* /'tʃaɪłdz pleɪ/ |

der **Spleen**, -e oder -s
*an eccentric habit; a whim; a notion; a fancy*

| | |
|---|---|
| Der Dichter W. H. Auden hatte den Spleen, immer Pantoffeln zu tragen. | *The poet W. H. Auden had the eccentric habit of always wearing bedroom slippers*[FF]. |
| Du hast ja einen Spleen! | *You must be crazy!*; (nur BrE) *You must be barmy! You must be daft!* /dɑ:ft/; (bes. AmE) *You must be nuts!* |

der **Splint**, -e
*split pin;* (Fachspr.) *cotter pin*

**spiel** /ʃpi:ɫ/ n. (Slang) / V. intr.
1. n. (BrE) *langweiliges Geschwafel*; (AmE) *reißerisches Werbegerede*

| | |
|---|---|
| (BrE) The headmaster gave a great long spiel about the importance of paying attention in class – I fell asleep halfway through it. | *Der Schuldirektor hat ewig über die Wichtigkeit des Aufpassens im Unterricht geschwafelt – ich bin mittendrin eingeschlafen.* |
| (AmE) You sure fell for his spiel about how reliable his firm was! | *Auf sein Geschwätz über die Zuverlässigkeit seiner Firma bist du ganz schön hereingefallen!* |

2. (BrE) V. intr. "to go spieling on about something": *sich langatmig über etwas auslassen*

| | |
|---|---|
| He went spieling on about the history of the school for hours. | *Er hat sich ewig über die Geschichte der Schule ausgelassen.* |

3. (nur AmE und AusE) a spieler: *ein Gauner; ein Betrüger*

**spleen** /spli:n/ n.
1. *Milz*

| | |
|---|---|
| Anthrax affects the skin and lungs, and often the spleen. | *Milzbrand betrifft die Haut und die Lungen, und häufig auch die Milz.* |

2. *Ärger; Koller; schlechte Laune*

| | |
|---|---|
| In a fit of spleen he threw away all his old love-letters. | *In einem Wutanfall warf er alle seine alten Liebesbriefe weg.* |

"Spleen" ist heute selten, außer in der (etwas literarischen) Redewendung "to vent one's spleen": *seinem Ärger Luft machen; seinem Ärger freien Lauf lassen.*

**splint** /splɪnt/ n.
*Schiene* (für ein verletztes Bein usw.)

der **Splitt** (Pl. -e, selten)
*grit (for roads)*, (etw. ungenauer) *gravel* /ˈgrævɫ/; (Straßenbau-Fachspr.) *stone chippings*

die **Sportjacke**, -n
(handelsübliche Bezeichnung für Herrenunterhemd) BrE *vest*[FF]; AmE *undershirt*

der **Spot**, -s /spɔt/
(Werbespot) *a commercial; an advertisement*

der **Spott**, unzählbar
1. *ridicule*; (höhnisches Gelächter) *derision*; (selten, förmlich) *mockery*
2. Gegenstand des allgemeinen Spottes sein: *to be a laughing-stock*
3. „Wer den Schaden hat, braucht für den Spott nicht zu sorgen." Für diesen Spruch gibt es keine ganz befriedigende englische Entsprechung. Die genaueste Entsprechung, *the laugh is always on the loser*, ist kaum gebräuchlich; *to add insult to injury* wird nur vor einem zweiten erwähnten Schaden benützt (z. B. *His girlfriend walked out on him, and to add insult to injury, went out with his best friend*); eine dritte (etwas veraltete) Entsprechung, *don't mock the afflicted,* gebraucht man nur, wenn man jemanden zurechtweisen will, der sich über Geschädigte oder Behinderte lustig macht.

**spotten** V. intr.
über jmdn./etw. spotten: *to ridicule (someone/something)*; (seltener) *to mock (someone/something)*

**split** /splɪt/ n. / V. tr. / V. intr.
1. n. (in Holz, Stein usw.) *Riss; Spalt*
2. n. (in politischer Partei usw.) *Bruch*
3. n. “the splits” (Pl.): *Spagat*

| to do the splits | *einen Spagat machen* |
|---|---|

4. V. tr. *spalten; trennen*
5. V. intr. *sich spalten; sich trennen*

**sports jacket** /ˈspɔ:ts dʒækɪt || ˈspɔ:rts …/ n.
*Sakko* (immer gemustert, gewöhnlich mit feiner hell/dunkler Karierung, oft aus Tweed)

**spot** /spɒt || spɑ:t/ n. / V. tr. / Adv.
1. n. *Punkt; Tupfen; Fleck*[FF]
2. n. *(genauer) Ort; Platz*

| A stone pillar marks the spot where Bonnie Prince Charlie landed in Scotland. | *Der genaue Ort, wo Bonnie Prince Charlie in Schottland landete, wird von einer Steinsäule markiert.* |
|---|---|
| This is a pleasant spot for a picnic! | *Das ist ein nettes Plätzchen für ein Picknick!* |

3. (nur BrE, etwas veraltet oder scherzhaft für „ein wenig“) a spot of bother: *Schwierigkeiten; ein bisschen Ärger*

| How about a spot of breakfast? | *Wie wär’ s mit einem kleinen Frühstück?* |
|---|---|

4. n. *Pickel*[FF]
5. beauty spot (in der Landschaft): *besonders reizvoller Fleck*[FF]; (im Gesicht) *Schönheitsfleck*
6. V. tr. *erblicken; bemerken*; (südd.) *spannen*[FF]
7. Adv. (nur BrE) “spot on”: *haargenau (richtig)*

| Spot on! | *Getroffen! / Richtig!* |
|---|---|

**spotted** /ˈspɒtɪd || ˈspɑ:-/ Adj.
*gefleckt*
1. a spotted dog: *ein gefleckter Hund*
2. spotted dog: *ein* (etwas altmodischer) *englischer Pudding*[FF] *mit Rosinen*[FF]

die **Spur**, -en
1. (in Schnee usw.) *a track; a (foot)print; trace*

| | |
|---|---|
| jmdn. auf der Spur sein | *to be on someone's tracks* |
| keine Spur hinterlassen | *to leave no trace(s)* |

2. (kleine Menge) *a trace; a touch*

| | |
|---|---|
| Spurenelemente | *trace elements* |

3. (ein klein wenig) *a trifle* /'traɪfł/; *a touch; a (little) bit*

| | |
|---|---|
| Die Suppe war eine Spur zu salzig. | *The soup was a trifle/a touch/a bit too salty.* |

4. (Straße, Autobahn) *lane*

| | |
|---|---|
| Überholspur | *fast lane; overtaking lane* |
| Standspur | *hard shoulder* |

5. Spurweite (Eisenbahn): *gauge* /geɪdʒ/
6. (Auto, Bus. usw.) *track*
7. „eine heiße Spur": *a good lead* /li:d/
8. „keine Spur" (überhaupt nicht): *not at all; not the slightest bit*

**spurten** V. intr.
1. (ugs. rennen) *to sprint; to dash*
2. (Sport) *to make/put on a spurt*; seltener auch *to spurt*

| | |
|---|---|
| Endspurt (auch übertragen) | *final spurt* |

das **Stadium**, -ien
*stage*

| | |
|---|---|
| Die Entwicklung eines Schmetterlings verläuft in vier Stadien. | *The metamorphosis of a butterfly takes place in four stages.* /ˌmetə'mɔ:fəsɪs ǁ -'mɔ:r-/ |

**spur** /spɜː || spɜːr/ n. / V. tr.

1. n. (bei Pferd) *Sporn*
2. n. *Ansporn*
3. n. *(Felsen)vorsprung; (Gebirgs)vorsprung; (Gebirgs)ausläufer*
4. V. tr. "to spur someone on": *jemanden anspornen*
5. Redewendung "on the spur of the moment": *spontan; aus einer Laune heraus*

| | |
|---|---|
| Theo Pink saw a stuffed penguin in a shop window and bought it on the spur of the moment. | *Theo Pink sah einen ausgestopften Pinguin in einem Schaufenster und kaufte ihn spontan.* |

**spurt** /spɜːt || spɜːrt/ n. / V. intr.

1. n. (*Wasser-, Blut-* usw.) *Strahl*

| | |
|---|---|
| A sudden spurt of water into the engine room showed that the ship was holed. | *Ein plötzlicher Wasserstrahl in den Maschinenraum zeigte, dass das Schiff leckgeschlagen war.* |

2. n. (bei Wettrennen) *ein Spurt*

| | |
|---|---|
| to put on a spurt | *spurten* |

3. V. intr. *(heraus)spritzen;* (selten) *spurten*

| | |
|---|---|
| Water spurted from the hole in the garden hose[FF]. | *Wasser spritzte aus dem Loch im Gartenschlauch.* |

**stadium** /ˈsteɪdiəm/ n.
*Stadion*

| | |
|---|---|
| The football stadium was full to bursting (point). | *Das Fußballstadion war zum Bersten voll.* |

der **Stall**, ¨-e

1. (für Pferde) *a stable*

| | |
|---|---|
| Rennstall | *a racing stable* |
| Es gelang der Feuerwehr, den Stall mit allen Pferden zu retten. | *The fire brigade managed to save the stable and all the horses.* |

2. (für Kühe) *cowshed*; AmE auch *cowbarn*; BrE auch *byre, shippon*
3. (für Kaninchen) *hutch*
4. (für Schweine) *(pig)sty*; AmE auch *pigpen*
5. (für Hühner) *(chicken) coop*

der **Stand**, unzählbar

1. (der heutige Stand usw.) *state*
2. (Sport) aus dem Stand: *from a standing position*

| | |
|---|---|
| Hochsprung aus dem Stand war einmal eine olympische Disziplin. | *The standing high jump used to be an Olympic discipline.* |

3. aus dem Stand (von Anfang an): *from scratch*

| | |
|---|---|
| Mit Theo Pink als Vorsitzendem schaffte die neue Partei aus dem Stand 5% der Wählerstimmen. | *Starting from scratch with Theo Pink as its leader, the new party captured 5% of the vote.* |

4. aus dem Stand (ohne Vorbereitung, aus dem Stegreif): *off the cuff (speech; lecture, etc.)*

der **Stand**, ¨-e

(Marktstand usw.) *stall*[FF], auch *stand*; (Zeitungen usw.) *kiosk*; (Taxistand) *taxi rank*

**stall** /stɔːɫ || stɒːɫ/ n. / V. tr. / V. intr.
1. n. *Box*[FF]*; Stand*[FF] (Platz für ein Tier in einem Stall[FF])

| Our new stable has stalls for 20 horses. | *Unser neuer Stall*[FF] *hat Boxen*[FF] *für 20 Pferde.* |
|---|---|

2. n. *(Markt)bude*
3. n. (beim Fliegen) *überzogener Flug; Sackflug*
Wird im Deutschen meist durch das Verb wiedergegeben:

| A stall is dangerous at low altitude. | *In geringer Höhe ist es gefährlich, das Flugzeug zu überziehen.* |
|---|---|

4. V. tr. *(ein Flugzeug) überziehen*
5. V. intr. (beim Motor) *absterben*; V. tr. *(den Motor) abwürgen*

| The engine stalled on the steep hill. | *An dem steilen Berg ist der Motor abgestorben.* |
|---|---|
| I stalled the engine on the steep hill. | *An dem steilen Berg habe ich den Motor abgewürgt.* |

**stand** /stænd/ V. intr. / V. tr. / n.
1. V. intr. *stehen; bestehen bleiben*
2. V. tr. (meist negativ) *aushalten; ausstehen; etwas/jemanden leiden*

| Dahlias won't stand/can't stand any frost. /ˈdeɪliəz/ | *Dahlien halten keinen Frost aus.* |
|---|---|
| I can't stand him. | *Ich kann ihn nicht leiden/ausstehen/ aushalten.* |

2. V. tr. *(hin)stellen*

| He stood the pencil on end. | *Er stellte den Bleistift aufrecht hin.* |
|---|---|

3. V. intr. BrE "to stand for election/as a candidate": *kandidieren* (AmE: to run – Achtung! Es gibt kein Verb *"to candidate"!)
4. n. (Sport) *Tribüne*[FF]; (Markt) *Bude*, auch *Stand*; (Noten[FF]) *Ständer*
5. Redewendung:

| "to take a firm stand" (on something) | *(eine Position/Meinung) nachdrücklich vertreten* |
|---|---|

der **Stapel**, -
1. (Bücher, Papiere, Holz usw.) *a pile*
2. Bei Schiffen: *stocks* (Pl.)

| | |
|---|---|
| vom Stapel laufen | *to be launched* |
| vom Stapel lassen | *to launch* |

**stapeln** V. tr., **sich stapeln** V. intr.
*to pile up* (V. tr. und V. intr.); *to pile* (nur V. tr.); *to stack (up)* (nur V. tr.)

| | |
|---|---|
| Er stapelte die Bücher in der Ecke. | *He piled/stacked the books (up) in the corner.* |
| Die Papiere stapelten sich auf seinem Schreibtisch. | *The papers piled up on his desk.* |

der **Stapler**, -; der **Gabelstapler**, -
1. *a fork-lift truck*
2. Hochstapler: *an impostor* /ɪm'pɒstə ‖ -'pɑ:stər/; *a confidence trickster*; (ugs., bes. AmE) *"con man"*

*ein Gabelstapler*

der **Star**, -e
(Vogel) *a starling*

der **Star**, -s
(Film usw.) *a (film etc.) star*

der **Star**, unzählbar
(Augenkrankheit) Keine allgemeine Entsprechung; es gibt im Englischen zwei Wörter für die zwei Arten von Star:

| | |
|---|---|
| der graue Star | *cataract* |
| der grüne Star | *glaucoma* (unzählbar) |

**staple** /ˈsteɪpɫ/ n. / Adj. / V. tr.
1. n. *Heftklammer*
2. Adj. *Haupt-…*; *Grund(nahrung)*

| The staple food in Japan is rice. | *Der Reis ist Japans Hauptnahrungsmittel.* |
|---|---|

3. V. tr. (mit Heftklammern) *heften; zusammenheften*

**stapler** /ˈsteɪplə || -lər/ n.
*Hefter; Heftmaschine; Tacker* (für Heftklammern)

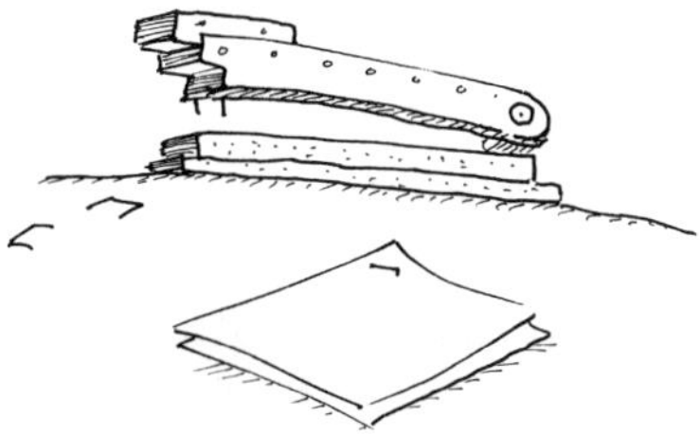

*a stapler*

**star** /stɑː || stɑːr/ n. / V. intr.
1. n. *Stern*
2. n. *(Film)star*; *Star* (Sport, Musik usw.)
3. n. "starfish": *Seestern*
4. V. intr. *die Hauptrolle spielen*

| Olivia Hussey starred in "Romeo and Juliet". | *Olivia Hussey spielte eine Hauptrolle in „Romeo und Julia".* |
|---|---|

**stark** Adj. / Adv.
1 Adj. *strong; powerful*
2. Adv. („sehr“) *very; bad(ly); severe(ly); heavy; heavily*

| | |
|---|---|
| starke Blutungen | *heavy/severe bleeding* |
| eine stark befahrene Straße | *a very busy road* |

3. Adj. (dick[FF]) *overweight; big; fat*
4. Adj. (ugs. für „gut“, „beeindruckend“) *great; fantastic*

| | |
|---|---|
| Der Film ist echt stark. | *It's a really great film/a fantastic film.* |

5. Redewendungen:

| | |
|---|---|
| Das ist ein starkes Stück! | *That's a bit much!* / nur BrE *That takes the biscuit[FF]!* |
| den starken Mann markieren | *to act big* |

der **Start**, -s
1. (Flugzeug) *takeoff*; *take-off* /'teɪkɒf ‖ -ɒ:f/; (Raumschiff) *launch; liftoff; lift-off* /'lɪftɒf ‖ -ɒ:f/

| | |
|---|---|
| Vor dem Start müssen wir Sie auf die Sicherheitsvorkehrungen aufmerksam machen. | *Before takeoff we are obliged to draw your attention to the safety procedures.* |
| Der Start der Raumfähre hat sich um zwei Tage verschoben. | *The launch/liftoff of the space shuttle has been postponed/delayed by two days.* |

2. (eines Rennens) *start*

**stark** /stɑ:k || stɑ:rk/ Adj.

1. *schroff; scharf umrissen; unverhüllt*; *schier*[FF]
   Hat immer etwas Unangenehmes, Abweisendes:

| | |
|---|---|
| The leafless branches stood out stark(ly) against the sky. | *Die kahlen Äste hoben sich schroff vom Himmel ab.* |
| He had to face the stark truth/fact that he was bankrupt. | *Er musste sich mit der nackten Tatsache abfinden, dass er bankrott war.* |

2. Redewendungen:

| | |
|---|---|
| stark naked (BrE ugs. auch "starkers") | *splitternackt* |
| stark mad (literarisch) | *gänzlich verrückt* |
| stark raving mad (BrE ugs. auch "stark staring mad", BrE Slang "stark staring bonkers") | *total verrückt* |

**start** /stɑ:t || stɑ:rt/ n.

1. *Beginn; Anfang*

| | |
|---|---|
| for a start | *erstens* |
| We can't go out today. For a start, it's raining, and secondly the car's being serviced. | *Heute können wir nicht ausgehen. Erstens regnet es, und zweitens ist das Auto beim Kundendienst.* |

2. (bei Rennen) *Start*

| | |
|---|---|
| The favourite made a good/bad/ false start. | *Der Favorit hatte einen guten/ schlechten Start /einen Fehlstart.* |

3. *Schreck*; (vor Schreck) *heftige Bewegung*

| | |
|---|---|
| He gave a start. | *Er fuhr zusammen.* |
| I woke up with a start. | *Ich wachte mit einem Schreck auf.* |

**starten** V. intr. / V. tr.

1. V. intr. / V. tr. (Flugzeug) *to take off* /tə teɪk 'ɒf || . . . 'ɒ:f/

| | |
|---|---|
| Das Flugzeug startete mit zwei Stunden Verspätung. | *The plane took off two hours late.* |

2. V. intr. (Raumschiff) *lift off* /tə lɪft 'ɒf || . . . 'ɒ:f/
3. V. intr. (bei einem Rennen) *take part*; auch *to start*

| | |
|---|---|
| Im letzten Rennen starteten acht Pferde. | *Eight horses took part in the last race.* |
| Der Favorit startete einen Sekundenbruchteil zu spät. | *The favourite got off to a slow/bad start.* |

4. V. tr. (Werbekampagnen usw.) *to launch*

| | |
|---|---|
| Der Pfarrer startete eine Aktion[FF] gegen den sonntäglichen Disko-Besuch. | *The vicar[FF] launched a campaign against going to discotheques on Sundays.* |

5. V. tr./ V. intr. *to start* (siehe gegenüber)

**stationär** Adj.

1. (Krankenhaus) *in-patient (treatment etc.)*

| | |
|---|---|
| Er wurde stationär behandelt. | *He was treated in hospital. / He received in-patient treatment.* |

2. *fixed; permanent; permanently installed*; auch *stationary*

**start** /stɑ:t || stɑ:rt/ V. intr. / V. tr.
1. V. intr. / V. tr. *beginnen; anfangen; sich auf den Weg machen; starten*

| | |
|---|---|
| He started smoking/to smoke when he was 15. | *Er fing mit 15 das Rauchen an.* |

2. (bei Rennen) *vom Start wegkommen*

| | |
|---|---|
| The favourite started well/badly. | *Der Favorit kam gut/schlecht vom Start weg.* |

3. V. tr. (Motor) *anlassen*; V. intr. *anspringen*

| | |
|---|---|
| I tried to start the engine, but it wouldn't start. | *Ich versuchte, den Motor anzulassen, aber er sprang nicht an.* |

4. V. intr. *(vor Schreck) zusammenzucken; zusammenfahren*

**stationary** /'steɪʃnri/ Adj.
*(still)stehend; sich nicht (mehr) weiterbewegend*; (Fahrzeug) *geparkt*
Muss im Deutschen oft umschrieben werden:

| | |
|---|---|
| Theo Pink wrecked a stationary milk float with his Bentley. | *Theo Pink demolierte*[FF] *einen geparkten Milchlieferwagen mit seinem Bentley.* |
| The *Titanic* was now stationary. | *Die „Titanic" hatte nun keine Fahrt mehr.* |
| stationary traffic | *stehender Verkehr* |

**stationery** /'steɪʃnri/ n.
*Schreibwaren*

| | |
|---|---|
| a stationer's | *ein Schreibwarengeschäft* |

**stattlich** Adj.
1. (Summe, Mengen) *considerable; sizeable*

| eine stattliche Summe | *a considerable sum* |
|---|---|

2. (beeindruckend) *fine; impressive*
3. (Mensch) *well built*; (junger Mann) *strapping*

| eine stattliche Frau | *a fine figure of a woman* |
|---|---|

**steppen** V. tr. / V. intr.
1. V. tr. (mit festen kleinen (Stepp)stichen nähen): *to stitch*
2. in Verbindungen mit Stepp-: *quilted*

| Steppdecke<br>Steppmantel | *quilted blanket*<br>*quilted coat* |
|---|---|

3. V. intr. *to tap-dance; to tap; to do tap-dancing*

| Mit einer brillanten Leistung steppte der deutsche Meister im Stepptanz in das Europafinale. | *With a brilliant performance the German tap-dancing champion tapped/tap-danced his way into the European finals.* |
|---|---|

**sticken** V. tr.
*to embroider; to do needlework; to stitch*

| Sticken ist Theo Pinks heimliches Hobby; er stickte einen Veilchenstrauß in ein Taschentuch für Gertrude. | *Embroidery/Needlework is Theo Pink's secret hobby; he embroidered a posy of violets on a handkerchief for Gertrude.* |
|---|---|

**stickig** Adj.
*stuffy; airless; stifling* /'staɪflɪŋ/; *suffocating*

| Die Luft im Klassenzimmer war so stickig, dass ich mich nicht konzentrieren konnte. | *It was so stuffy/airless in the classroom that I couldn't concentrate. (The air was so stuffy …)* |
|---|---|

**stately** /'steɪtli/ Adj.

1. *würdevoll*; (Schritte usw.) *gemessen*; (Baum usw.) *prächtig*

| | |
|---|---|
| The procession continued its stately progress to the altar. | *Die Prozession bewegte sich gemessenen Schrittes zum Altar.* |
| The stately chestnut trees in the park were blown down by the gale. | *Die prächtigen Kastanien im Park wurden vom Sturm entwurzelt.* |

2. (BrE) a stately home: *ein Landsitz; ein herrschaftliches Anwesen*

**step** /step/ V. intr. / n.

1. V. intr. *schreiten; treten*

| | |
|---|---|
| He stepped aside to let me pass. | *Er trat zur Seite, um mich vorbeigehen zu lassen.* |

2. to step over: *über etwas (hinweg)steigen*

| | |
|---|---|
| He stepped carefully over his sleeping comrades and went out into the night. | *Er stieg vorsichtig über seine schlafenden Kameraden und ging hinaus in die Nacht.* |

3. n. *Stufe* (einer Treppe); (auch übertragen) *Schritt*

**stick** /stɪk/ V. tr. / V. intr. / n.

1. V. tr. / V. intr. *(an)kleben; stecken*
2. n. *Stock; Stecken; Zweig*

| | |
|---|---|
| walking stick | *Spazierstock* |

**sticky** /stɪki/ Adj.

1. *klebrig; Klebe-*; (südd.) *pappig, bappig*

| | |
|---|---|
| Mummy, my hands are all sticky! | *Mama, meine Hände sind ganz pappig/bappig!* |

2. (Wetter) *schwül; feuchtwarm; drückend*
3. Redewendungen:

| | |
|---|---|
| He came to a sticky end. | *Er nahm ein schlimmes Ende.* |
| He's (batting) on a sticky wicket. (BrE, Metapher vom Cricketspiel) | *Er ist in einer brenzligen/schwierigen Lage.* |

der **Stickstoff**, unzählbar
*nitrogen* /ˈnaɪtrədʒən/

das **Stipendium**, -ien
*scholarship*; (seltener) *bursary*

| | |
|---|---|
| Reisestipendium | *travelling scholarship;* (seltener) *travel bursary* |

der **Stint**, -e
*smelt; sparling*
Ein kleiner Fisch (*Osmerus eperlanus*), der zur Familie der Lachse gehört.

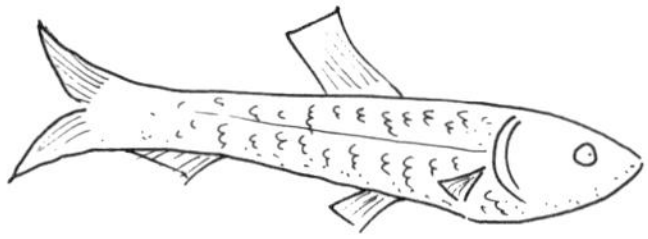

*ein Stint*

**stoppen** V. tr. / V. intr.
1. V. tr. *to time (someone with a stopwatch)*

| | |
|---|---|
| Ich brauche jemanden, der mich beim 100-Meter-Lauf stoppt. | *I need someone to time me running 100 metres.* |

2. V. tr. *to stop (someone/something)*; *to put an end to (bad practices etc.)*
3. V. intr. (stehenbleiben) *to stop*

**sticky stuff** /'stɪki stʌf/ NP
*Klebstoff*; (südd.) *Papp, Bapp*
Kinderwort und ugs. für “glue”.

**stipend** /'staɪpend/ n.
*das Gehalt*
Wird heutzutage fast ausschließlich bei Priestergehältern verwendet.

**stint** /stɪnt/ n. / V. intr.
1. n. *Strandläufer* (verschiedene kleine braune Vögel der Gattung *Calidris*):

| | |
|---|---|
| Temminck’s Stint (*Calidris temminckii*) | *Temminckstrandläufer* |
| Little Stint (*Calidris minuta*) | *Zwergstrandläufer* |

*a stint*

2. n. *Arbeitspensum; Zeit in einem bestimmten Job*

| | |
|---|---|
| I’ve done my stint in the garden, now you can take over. | *Ich habe mein Pensum im Garten erledigt, jetzt kannst du weitermachen.* |
| I did a stint as a schoolteacher before I joined the BBC. | *Ich habe eine Zeit lang als Schullehrer gearbeitet, bevor ich zur BBC kam.* |

3. V. intr. (fast nur in Negativsätzen) *mit etwas geizen; an etwas sparen*

| | |
|---|---|
| If you want to make your jam keep, you mustn’t stint on the sugar. | *Wenn man haltbare Marmelade*[FF] *machen will, darf man nicht am Zucker sparen.* |

**stop** /stɒp ‖ stɑːp/ V. intr. / V. tr. / n.
1. V. intr. *stehenbleiben; (an)halten*
2. V. tr. *(mit etwas) aufhören*

| | |
|---|---|
| I stopped smoking last week. | *Ich habe letzte Woche mit dem Rauchen aufgehört.* |

3. V. tr. *(jemanden) anhalten*
4. n. *Halt; Haltestelle* (für Busse usw.)

**strafen** V. tr.
*to punish* /tə 'pʌnɪʃ/

| | |
|---|---|
| Sein Vater strafte ihn hart, weil er gelogen hatte. | *His father punished him severely for lying.* |
| Lügen strafen | *to give the lie to (something)* |
| Sein schuldbewusster Blick strafte seine Unschuldsbeteuerungen Lügen. | *His guilty look gave the lie to his protestations of innocence.* |

der **Strand**, ¨-e
*beach; (sea)shore*; (poet.) *strand*
„Strandgut": *flotsam and jetsam* /'flɒtsəm ən 'dʒetsəm || 'flɑ:-/ (auch fig.)
Wrackteile usw., die auf dem Meer schwimmen, heißen *flotsam*; wenn sie vom Meer ans Land gespült worden sind, heißen sie *jetsam*; das veraltete Wort *lagan* /'lægən/ (Güter, usw., die auf dem Meeresboden liegen) gehörte ursprünglich zu diesem Ausdruck dazu (*flotsam, jetsam and lagan*). Weil aber solche Güter außer Reichweite lagen, ist das Wort dafür in Vergessenheit geraten.

| | |
|---|---|
| das Strandgut der Gesellschaft | *the flotsam and jetsam of society* |

der **Stress**, -e

1. *stresses and strains*
   Dieses englische Wort wird sehr gern von den gestressten Deutschen benützt; die Übersetzung mit *stress* ist aber meist nur in medizinisch-fachlichen Zusammenhängen befriedigend.

| | |
|---|---|
| Theo Pink ist dem Stress des ehelichen Zusammenlebens einfach nicht gewachsen. | *Theo Pink just isn't up to coping with the stresses and strains of married life.* |
| Ich bin ziemlich im Stress zur Zeit. | *I've got too much on my plate at the moment.* |
| der Alltagsstress | *the daily grind* /graɪnd/ |

2. (Med. und bei ausgesprochener Überlastung) *stress*

| | |
|---|---|
| In den Großstädten weist jeder zweite Mensch Stresssymptome auf. | *In big cities every second person shows symptoms of stress.* |

Siehe auch gestresst[FF].

**strafe** /strɑ:f/ AmE auch /streɪf/ V. tr.
(Mil.) *im Tiefflug beschießen*
Am Anfang des Ersten Weltkrieges wurde in Deutschland der Spruch „Gott strafe England“ geprägt, daraufhin anglisierten die englischen Soldaten „strafen“ und benützten “to strafe” für ihre Artilleriebombardements der deutschen Linien. Diese Bedeutung wurde ziemlich bald unmodern, und seit dem Zweiten Weltkrieg heißt “to strafe” nur mehr *im Tiefflug Ziele am Boden mit den Bordwaffen beschießen.*

**strand** /strænd/ n. / V. intr. / V. tr.
1. n. *Faser; Faden; Strang*

| | |
|---|---|
| a strand of hair | *eine Haarsträhne* |
| a 5-strand rope | *ein 5-strängiges Seil* |

2. V. intr. *stranden; auf Grund laufen*
3. V. tr. *(ein Schiff, Boot) auf Grund setzen*
4. to be stranded: (Schiff, Boot) *gestrandet sein*; (übertragen) *auf dem Trockenen sitzen*

Die Bedeutung „der Strand“ ist veraltet oder poetisch, die Londoner Straße “The Strand” heißt so, weil sie im frühen Mittelalter direkt an der Themse entlangführte.

**stress** /stres/ n. / V. tr.
1. n. *Betonung; Hervorhebung*

| | |
|---|---|
| In “make-up” the stress is on the first syllable. | *In „make-up“ liegt die Betonung auf der ersten Silbe.* |

2. n. *(Über)belastung; (Über)beanspruchung*; auch *Stress*

| | |
|---|---|
| He’s under a lot of stress at the moment because two of his colleagues are ill. | *Er ist im Moment sehr im Stress, weil zwei seiner Kollegen krank sind.* |

3. V. tr. *betonen; hervorheben; Nachdruck legen auf* (mit Worten); *unterstreichen*

| | |
|---|---|
| a stressed syllable | *eine betonte Silbe* |

4. prestressed concrete: *Spannbeton*

**stringent** Adj.
1. (Beweisführung, Argument) *rigorous*
2. (logisch folgend) *compelling; logical*

| ein stringenter Schluss | *a compelling conclusion* |
|---|---|

die **Stringenz**, unzählbar
BrE *rigour*; AmE *rigor (of argumentation etc.)*; *logicality*

der **Stuhl**, ¨-e
1. *chair*
2. (Med. Exkremente) *stool; stools*

*ein Stuhl*

**stupid**, **stupide** Adj.
1. (Tätigkeit) *monotonous; soul-destroying*

| Steineklopfen ist eine stupide Arbeit. | *Breaking stones is soul-destroying (work).* |
|---|---|

2. (Mensch) *stupid*

**substanziell**, **substantiell** Adj. / Adv.
1. (grundlegend) *fundamental; essential; in kind*

| Zwischen Glauben und Wissen besteht ein substanzieller Unterschied. | *There is a fundamental difference between believing and knowing.* |
|---|---|

Siehe auch graduell^FF.
2. (bei Mahlzeit, reichhaltig) *substantial*

**sukzessive** Adj. / Adv. (förmlich)
*gradual(ly)^FF*

| eine sukzessive Veränderung | *a gradual^FF change* |
|---|---|

**stringent** /ˈstrɪndʒənt/ Adj.
*streng; hart; scharf*

| | |
|---|---|
| Passenger aircraft have to comply with stringent safety regulations. | *Verkehrsflugzeuge müssen strengen Sicherheitsvorschriften genügen.* |
| stringent economies | *schärfste Sparmaßnahmen* |

**stringency** /ˈstrɪndʒənsi/ n.
*Strenge; Härte; Schärfe*

*a stool*

**stool** /stuːɫ/ n.
1. *Schemel; Hocker*
2. (Med., meist Pl.) *Stuhl(gang)*

**stupid** /ˈstjuːpɪd ǁ ˈstuː-/ Adj.
*dumm; blöd*; *stupid(e)*

| | |
|---|---|
| It's right under your nose, stupid! | *Es liegt direkt vor dir, du Blödmann!* |

**substantial** /səbˈstænʃɫ/ Adj.
*erheblich; beträchtlich; wesentlich; bedeutend*; (Mahlzeit) *reichhaltig*

| | |
|---|---|
| He has made a substantial contribution to our success. | *Er hat zu unserem Erfolg wesentlich beigetragen.* |
| He had a substantial breakfast. | *Er frühstückte reichlich.* |

**successive** /səkˈsesɪv/ Adj.
*aufeinanderfolgend*

| | |
|---|---|
| This was their first win after five successive defeats. | *Das war ihr erster Sieg nach fünf Niederlagen in Folge.* |

der **Superintendent**, -en
1. (bei evangelischen Kirchen auf dem Kontinent) *chief minister; presiding minister*
2. (nur in der methodistischen Kirche) *Superintendent*

das **Surfbrett**, -er
*a windsurfer*; (seltener) *a windsurfing board;* (veraltend) *a sailboard*

**surfen** V. intr.
1. (mit Surfbrett[FF]) *to windsurf*
2. im Internet surfen: *to surf the Internet* – kein (sichtbarer!) FF.
   Die Metapher im englischen Ausdruck *to surf the Internet* kommt natürlich vom Wellenreiten (siehe gegenüber) – man lässt sich sozusagen von einer Informationswelle zur nächsten tragen, und bleibt auf dieser Welle, bis man beschließt, auszusteigen, oder bis man „an Land gespült" wird.
   Im Deutschen denkt man an das Daten-„Meer", auf dem man schnell und leicht von einer Information zur anderen flitzen kann.

*surfen*

die **Sykomore**, -n
*mulberry fig; sycamore fig* (*Ficus sycomorus*)

**superintendent** /ˌsu:pərɪn'tendənt/ n.
1. (nur BrE) (etwa) *Polizeioberinspektor*; *Polizeichef*
   Im Polizeijargon kurz "super":

| | |
|---|---|
| "Fetch the super!" | *„Holen Sie den Oberinspektor!"* |

2. (BrE und AmE) *Heimleiter*

**surfboard** /'sɜ:fbɔ:d ‖ 'sɜ:rfbɔ:rd/ n.
*Brett zum Wellenreiten*

**surf** /sɜ:f ‖ sɜ:rf/ n. / V. intr. / V. tr.
1. n. *Brandung* (daher alle anderen Bedeutungen!)
2. V. intr. / V. tr. *Wellenreiten*
   Muss im Deutschen oft etwas umständlich wiedergegeben werden:

| | |
|---|---|
| We surfed all afternoon. | *Wir verbrachten den ganzen Nachmittag beim Wellenreiten.* |
| He fearlessly surfed the biggest waves. | *Furchtlos nahm er (beim Wellenreiten) die größten Wellen.* |
| surfer | *Wellenreiter(in)* |

3. V. tr. "to surf the Internet": *im Internet surfen* (siehe gegenüber)

*surfing*

**sycamore** /'sɪkəmɔ: ‖ -mɔ:r/ n.
*Bergahorn* (*Acer pseudoplatanus*)

die **Sympathie**, -n

1. *liking; affection; fondness*

| | |
|---|---|
| Als Zeichen ihrer Sympathie steckte sie ihm eine Rose unter den Scheibenwischer seines Autos. | *As a sign of affection she stuck a rose under the windscreen-wiper of his car.* |

(“A sign of sympathy” wäre natürlich „ein Beileidszeichen“!)

2. (seltener, in der ursprünglichen Bedeutung des „Mit-Fühlens“) *sympathy*

| | |
|---|---|
| ein Sympathiestreik | *a sympathy strike* (veraltet); (häufiger) *to come out (on strike) in sympathy.* |
| Die Bergleute streiken für eine Lohnerhöhung, und jetzt drohen die Hafenarbeiter mit einem Sympathiestreik. | *The miners are on strike for more pay, and now the dockers are threatening to come out in sympathy.* |

**sympathisch** Adj.

1. (auf Personen bezogen) *nice; likeable; agreeable; congenial[FF]* /kən'dʒi:niəɫ/

| | |
|---|---|
| Der neue Englischlehrer ist ein ganz sympathischer Kerl. | *The new English teacher's quite a nice/likeable guy/nur* BrE *bloke.* |

2. (auf Dinge bezogen) *pleasant; congenial[FF]*

| | |
|---|---|
| eine sympathische Umgebung | *pleasant/congenial[FF] surroundings* |

*Congenial* ist hier häufiger als bei Personen.

**synchronisieren** V. tr.

1. (Film) *to dub*, d. h. den Originaldialog in eine andere Sprache übersetzen

| | |
|---|---|
| Ich konnte den Film nicht genießen, weil er so schlecht synchronisiert war – die haben die Hälfte vom Dialog offensichtlich nicht übersetzt. | *I couldn't enjoy the film because it was so badly dubbed – they'd obviously left half the dialogue untranslated.* |

2. (Uhren usw.) *to synchronize* (BrE auch *-ise*)

**sympathy** /'sɪmpəθi/ n.
1 n. *Mitleid; Mitgefühl*

| | |
|---|---|
| I know he's annoyed I can't play today because of my ankle, but he might show a bit more sympathy! | *Ich weiß, dass er sich ärgert, dass ich mit meinem Knöchel heute nicht spielen kann, aber er könnte ruhig ein bisschen mehr Mitgefühl zeigen!* |

2. sympathies (Pl.): *Beileid*

| | |
|---|---|
| to express one's sympathies/ condolences to someone | *jemandem sein Beileid aussprechen* |

3. (political) sympathies: *(politische) Überzeugung, Sympathie(n)*

| | |
|---|---|
| Orwell's sympathies lay with the Socialists rather than with the Anarchists. | *Orwells politische Sympathie gehörte mehr den Sozialisten als den Anarchisten.* |

**sympathetic** /ˌsɪmpə'θetɪk/ Adj.
1. *mitleidig; mitfühlend; verständnisvoll; voller Mitleid/Mitgefühl*

| | |
|---|---|
| The neighbours were very sympathetic when they heard the new motorway was going to cut right across our garden. | *Die Nachbarn waren voller Mitgefühl, als sie hörten, dass die neue Autobahn quer durch unseren Garten gehen soll.* |

2. (Fachsprache) *sympathisch; Sympathie-…*

| | |
|---|---|
| a sympathetic illness | *eine Sympathiekrankheit* |

**synchronize** (BrE auch **-ise**) /'sɪŋkrənaɪz/ V. tr.
1. (Film) *auf Gleichlauf bringen; Bilder und (Original)ton synchronisieren*

| | |
|---|---|
| I couldn't enjoy the film because it was so badly synchronized – the actors opened their mouths half a second before you heard them speak. | *Ich konnte den Film nicht genießen, weil Bild und Ton so schlecht synchronisiert waren – die Schauspieler hatten den Mund schon eine halbe Sekunde auf, bevor man sie endlich reden hörte.* |

Von einem solchen Film sagen Leute, die was davon verstehen: "It was out of sync"; ihre deutschen Kollegen sagen „Er war asynchron".

2. (Uhren) *gleich stellen; synchronisieren*

das **Tablett**, -s
*tray*

der **Tachometer**, -
1. (Geschwindigkeitsmesser) *speedometer* /spɪ'dɒmɪtə || -'ɑ:mɪtər/; BrE ugs. *speedo*
2. (ugs. für Kilometerzähler; in englischsprachigen Ländern gibt es meist Meilenzähler) *mileometer* /maɪ'lɒmɪtə || -'ɑ:mɪtər/; ugs. *"clock"*; AmE seltener *odometer, hodometer*

| | |
|---|---|
| der Tachostand | *mileometer reading* |
| Wie viel hat es (das Fahrzeug) auf dem Tacho? | *What's it got on the clock?* |

der **Talkmaster**, -
*presenter, host; link(man)*
„Talkmaster" ist eine rein deutsche Schöpfung, ähnlich wie „Showmaster[FF]". Beide sind Moderatoren[FF] einer „Talkshow" (englisch meistens *chat show*). Daran sieht man, dass die deutsche Medienwelt eigentlich nicht, wie oft behauptet, vom Englischen beherrscht wird, sondern von dem, was die Deutschen für Englisch halten.

der **Tang**, -e
*seaweed*

| | |
|---|---|
| In der japanischen Küche ist Seetang eine wichtige Zutat zu vielen Speisen. | *Seaweed is an important ingredient of many dishes in Japanese cooking.* |

die **Tapete**, -n
*wallpaper*

**tablet** /'tæblɪt/ n.
1. (Med., BrE) *Tablette* (AmE: “pill”)
2. (Archit., Archäologie) *Stein- oder Metalltafel* (z. B. mit Inschrift)

**tachometer** /tə'kɒmɪtə || -'kɑːmɪtər/ n.
*Drehzahlmesser; Tourenzähler*

“**talkmaster**” (keine authentische englische Aussprache)
Dieses „englische“ Wort existiert nur im deutschen Sprachraum – für englische Ohren klingt es sehr komisch, etwa wie „Sprechmeister“.

**tang** /tæŋ/ n.
1. *würziger und belebender Geruch*, bes. des Meeres

| | |
|---|---|
| He was unhappy in Munich – he longed for the tang of the sea. | *Er war unglücklich in München und sehnte sich nach der würzigen Seeluft.* |

2. *(unangenehmer) Beigeschmack*

| | |
|---|---|
| These peaches have got a bit of a tinny tang about them. | *Die Pfirsiche schmecken aber ziemlich nach Dosenblech.* |

**tapestry** /'tæpəstri/ n.
*(gewebter oder gestickter) Wandteppich; Bildteppich; Wandbehang*

der **Tarif**, -e

1. (bei Löhnen/Gehältern) *(pay/wage) agreement; (agreed) rate*[FF] *of pay*

| | |
|---|---|
| Tarifstreit | *pay/wage dispute* |
| Tarifabkommen | *pay/wage settlement/agreement* |
| die Tarifpartner | *the two sides of industry* |

2. (sonst) *tariff*

die **Taste**, -n

1. (Musikinstrument, Schreibmaschine) *key*
2. (Fahrkarten-, Musikautomat) *button*

**tasten** V. intr.

*to feel (for); to grope (for)*

**taxieren** V. tr.

1. (schätzen) *to value (something at a certain price)*

| | |
|---|---|
| Das Gemälde ist auf € 100 000 taxiert. | *The painting is valued at 100,000 euros.* |

2. (jmdn. mustern[FF]) *to eye (someone); to look someone up and down*

| | |
|---|---|
| Er taxierte mich kritisch. | *He looked me critically up and down.* |

die **Technik**

1. (im Dt. unzählbar) *technology*

| | |
|---|---|
| Dank seiner ausgefeilten Technik arbeitet Theo Pinks neuer Rasierapparat viel gründlicher als der alte. | *Thanks to its advanced technology Theo Pink's new razor gives a much smoother shave than his old one.* |

2. (zählbar, Pl. -en, Verfahrensweise, Methode) *technique; method; way of doing something*

**tariff** /'tærɪf/ n.
*(Zoll)tarif; (Zoll)gebühren*; nur BrE *Preisverzeichnis* (in Hotel, Pub)

| | |
|---|---|
| GATT (General Agreement on Tariffs and Trade) | *Allgemeines Tarif- und Handelsabkommen* |

**taste** /teɪst/ n. / V. tr. / V. intr.
1. n. *Geschmack*
2. V. tr. / V. intr. *schmecken*
3. V. tr. *kosten; probieren*[FF]

**tax** /tæks/ n. / V. tr.
1. n. *die Steuer; Besteuerung*
2. V. tr. *besteuern; mit einer Steuer belegen*
3. V. tr. *(die Fantasie*[FF]*; Vorstellungsvermögen; Geduld) strapazieren; anstrengen*

| | |
|---|---|
| It taxed his imagination to imagine Minni as a singer. | *Sich Minni als Sängerin vorzustellen strapazierte seine Fantasie*[FF]*.* |

4. V. tr. (förmlich) "to tax someone with something": *jemanden einer Sache bezichtigen/zeihen*

| | |
|---|---|
| The Opposition taxed the government with incompetence. | *Die Opposition warf der Regierung Inkompetenz vor.* |

**technique** /tek'ni:k/ n.
*Methode* (etwas zu tun); *Technik* (etwas zu tun)

| | |
|---|---|
| A simple technique for opening stiff bottle-tops is to jam them in the hinge side of a door and turn the bottle. | *Es gibt eine einfache Methode, festsitzende Flaschendeckel zu öffnen: Man klemmt sie zwischen Tür und Angel und dreht dann die Flasche.* |

**temperamentvoll** Adj.
*(high-)spirited; full of spirit*; (stärker) *fiery*

| ein temperamenvolles Pferd | *a spirited horse* |
|---|---|

die **Tenderlok**, -s; die **Tenderlokomotive**, -n
*a tank engine* /'tæŋk endʒən/
Das bedeutet, eine Lokomotive ohne Tender (Kohlewagen), die einen eingebauten Kohlebunker und seitlich angebrachte Wassertanks hat.

der **Terminus**, -i
*a (technical) term*

**tippen** V. tr. / V. intr.
1. V. tr. / V. intr. (Schreibmaschine) *to type (on a typewriter)*
2. V. intr. (mit dem Finger leicht berühren) *to tap*

| Er tippte mir auf die Schulter. | *He tapped me on the shoulder.* |
|---|---|

3. tippen auf etwas *to guess; to bet*

| Wer wird letzter sein? Ich tippe auf Theo. | *Who'll be last? I guess Theo.* |
|---|---|
| Ich tippe darauf, dass es morgen regnet. | *I bet it rains tomorrow.* |

4. (Lotterie) *to fill in one's lottery ticket*

| Heute ist Freitag – ich muss noch tippen. | *It's Friday today – I must fill in my lottery ticket.* |
|---|---|

**temperamental** /ˌtemprə'mentł/ Adj.
1. *launisch; unzuverlässig*

| to be a bit temperamental | *seine Mucken haben* |
|---|---|

2. *charakterlich; von Natur aus; vom Temperament her*

**tender locomotive** /'tendə ˌləʊkəməʊtɪv || -dər ˌloʊ-/ NP
*Lokomotive mit Tender*

**terminus** /'tɜ:mɪnəs || 'tɜ:r-/ n.
*Endstation; Endbahnhof*

**tip** /tɪp/ n. / V. tr. / V. intr.
1. n. *Spitze; spitzes Ende*
2. n. (BrE) *(Müll-, Kohlen- usw.) Halde* (AmE: dump)
3. V. tr. / V. intr. *kippen*[FF]; to tip over: *umkippen*
4. n. *Trinkgeld*
5. V. tr. "to tip (someone)": *(jemandem) ein Trinkgeld geben*
6. n. *Tipp; Hinweis*
7. V. tr. "to tip (someone) off": *(jemanden) vorwarnen*

der **Torf**, unzählbar
*peat* /pi:t/

| Auf den Falkland-Inseln heizen die meisten Familien ihre Häuser mit Torf. | *In the Falkland Islands most families heat their homes with peat.* |
|---|---|

die **Torte**, -n
1. (aus feiner Teigmasse) *cake*
2. (aus Teigschichten und Füllungen) *gateau* /'gætəʊ ‖ gæ'toʊ/ (Pl. *gateaux* /'gætəʊz ‖ gæ'toʊz/); *cake*

Schwarzwälder Kirschtorte

*Black Forest gateau*

*eine Torte*

3. (Obsttorte) *(fruit) flan; (fruit) gateau*

der **Trainer**, -
Der Gebrauch im Englischen schwankt[FF] je nach Sportart:
1. (Tennis, Schwimmen) *coach*
2. (Fußball) *manager*
3. (Pferde) *trainer*
4. (sonst) *coach*; auch *trainer*

**trampen** V. intr.
*to hitchhike; to hitch-hike; to hitch*

| Wir trampten quer durch Griechenland. | *We hitchhiked/hitched all over Greece.* |
|---|---|

**turf** /tɜːf || tɜːrf/ n. / V. tr.
1. n. *Grasnarbe; Fertigrasen; Gras* (eines Rasens)

| | |
|---|---|
| a turf (Pl. turves) / a piece of turf | *ein Grassoden* |

2. V. tr. "to turf (over) a garden" etc.: *in einem Garten (Fertig)rasen/ (Gras)soden verlegen*
3. n. "the Turf": *der Pferderennsport*

| | |
|---|---|
| BrE turf accountant (= bookmaker) | *Buchmacher* |

4. V. tr. (nur BrE) "to turf out": *hinauswerfen*

| | |
|---|---|
| Theo Pink was turfed out of the pub at midnight. | *Theo Pink wurde um Mitternacht aus dem Pub hinausgeworfen.* |

*a tart*

**tart** /tɑːt || tɑːrt/ n. / Adj.
1. n. *einfacher Obstkuchen*
Immer niedrig, meist ein Boden aus Mürbteig (seltener Biskuit[FF]teig) mit einer ziemlich einfachen Füllung aus Obst, Fruchtcreme oder nur Marmelade[FF] oder Sirup.
2. n. (Slang): *eine Prostituierte*
3. Adj. *bitter; sauer; säuerlich; herb*[FF]

**trainer** /ˈtreɪnə || -nər/ n.
1. *Ausbilder(in)*

| | |
|---|---|
| a teacher trainer | *Lehrer(in)/Dozent(in); der/die Lehrer ausbildet* |

2. *Trainer* (für Pferde und bei manchen Sportarten – siehe gegenüber)
3. BrE *Turnschuh; Sportschuh* (AmE: sneaker)

**tramp** /træmp/ V. tr. / n.
1. V. intr. *müde (dahin)marschieren; (dahin)stapfen; (herum)trampeln*

| | |
|---|---|
| We tramped through the snow/ around the boiling hot town looking for a hotel. | *Wir stapften/marschierten durch den Schnee/durch die glühendheiße Stadt auf der Suche nach einem Hotel.* |

2. n. *Landstreicher; Gammler; Penner*

**transparent** Adj.
1. (durchscheinend) *translucent*
2. (durchsichtig) *transparent*

| Transparentpapier | *tracing paper* |
|---|---|

Wenn im Deutschen Klarheit wichtig ist, vermeidet man die beiden Fremdwörter „transluzent“ und „transparent“ und benützt die eindeutigen deutschen Wörter.

3. (Erklärung, Stil) *clear; transparent* (Kein FF, aber siehe gegenüber)

das **Transparent**, -e
1. (Spruchband) *a banner*

| Die Demonstranten trugen Transparente mit der Aufschrift: „Nieder mit der Mehrwertsteuer!“ | *The demonstrators carried banners saying “Down with VAT!”* |
|---|---|

**transpirieren** V. intr.
*to sweat*; (vornehmer ausgedrückt) *to perspire*

| Transpiration | *perspiration* |
|---|---|

die **Travestie**, -n
1. Wenn Männer Frauenkleidung tragen und in Shows usw. auftreten: *drag*

| Danny La Rue galt in England lange als unbestrittener Meister der Travestie. | *In Britain Danny La Rue was long considered the unchallenged master of drag.* |
|---|---|

Während man aber im Englischen *drag* durchaus allein gebrauchen kann (*he appeared in drag:* er trat in Frauenkleidern auf), erscheint das deutsche Wort meist in Verbindungen:

| Travestie-Show<br>Travestie-Künstler | *drag show*<br>*drag artist* |
|---|---|

2. (parodieartige Satire) *parody; satire*

**transparent** /træn'spærənt/ Adj.
1. *(ganz) durchsichtig*

| Window glass is transparent. | *Fensterglas ist durchsichtig.* |
|---|---|

2. (übertragen, bei Lüge, Ausrede, Absichten usw.) *fadenscheinig; durchschaubar*

**transparency** /træn'spærənsi/ n.
1. *Dia(positiv)*
   In dieser Bedeutung ist "transparency" heute ziemlich veraltet, das moderne Äquivalent ist "slide".
2. *Folie*[FF] (für Overhead-Projektor)
3. *Durchsichtigkeit* (auch übertragen)

**transpire** /træn'spaɪə || -'spaɪr/ V. intr.
1. *sich herausstellen; durchsickern; ruchbar werden*

| It transpired that Theo had already been married twice. | *Es stellte sich heraus, dass Theo schon zweimal verheiratet gewesen war.* |
|---|---|

2. (gehoben oder scherzhaft) *sich zutragen; passieren*

| Let me know what transpires. | *Sage mir dann, was passiert.* |
|---|---|

3. (nur botanische/medizinische Fachsprache) *transpirieren*

**travesty** /'trævəsti/ n.
*Zerrbild*

| The trial was a travesty of justice[FF]. | *Der Prozess*[FF] *sprach der Gerechtigkeit Hohn.* |
|---|---|

der **Tresor**, -e
1. (Kiste) *strongbox; safe*
2. (Raum) *strongroom; (bank) vault*

die **Tresse**, -n (meist Pl.)
*braid; braiding; piping (on uniform);* (Mil. scherz.) *"scrambled egg"* („Rühreier")

die **Tribüne**, -n
1. *(spectators) stand*; (bes. bei Pferderennen) *grandstand*
2. (Rednertribüne) *(speaker's) platform; rostrum*

*eine Tribüne*

der **Tribun**, -e
*a tribune* (siehe gegenüber)

der **Trickfilm**, -e
1. (Zeichentrickfilm) *a cartoon film; a cartoon*

| | |
|---|---|
| Donald Duck und sein Onkel Dagobert sind beliebte Trickfilmfiguren. | *Donald Duck and his Uncle Scrooge are favourite/popular cartoon characters.* |

2. Film mit Realtrick (Fachspr.): *trick film*

**turnen** V.intr
*to do gymnastics; to do gym* /dʒɪm/; *to do acrobatics*

| | |
|---|---|
| Geräteturnen | *apparatus gymnastics* /ˌæpəˈreɪtəs ǁ -ˈræt-/ |
| Bodenturnen | *floor gymnastics* |

der **Typhus**, (Med.) unzählbar
*typhoid (fever)*
Eine Salmonellenerkrankung, genauer „Typhus abdominalis".

**treasure** /ˈtreʒə ‖ -ʒər/ n. / V. tr.
1. n. *Schatz; Kostbarkeit*
2. V. tr. *(hoch)schätzen; in Ehren halten*

| | |
|---|---|
| She had a little Pekinese which she treasured above everything. | *Sie hatte einen kleinen Pekinesen, der ihr teurer war als alles andere.* |

**tress** /tres/ n., meist Pl. (literarisch/poetisch)
*lange Locke(n); lange Haare* (einer Frau)

*a tribune*

**tribune** /ˈtrɪbju:n/ n.
*(Volks)tribun.*
Die volle Bezeichnung dieses altrömischen Beamten, der die Interessen des Volkes gegen die Willkür der Obrigkeit verteidigen sollte, lautet auf englisch "tribune of the plebs".

**trick film** /ˈtrɪk fɪɫm/ NP
*ein Film mit Filmtrick*, z. B. mit Zeitlupe ("slow motion"), *Stoptrick* ("animation"), rückwärtslaufendem Film usw.

**turn** /tɜ:n ‖ tɜ:rn/ n. / V. tr. / V. intr.
1. n. *Drehung*
2. n. *Turnus*

| | |
|---|---|
| in turn | *abwechselnd* |
| It's my turn. | *Ich bin an der Reihe.* |

3. V.tr. *(etw.) drehen; (etw.) wenden;* V. intr. *sich (um)drehen; (sich) wenden*

**typhus** /ˈtaɪfəs/ n.
*(epidemisches) Fleckfieber*
Eine Rickettsienerkrankung; genauer "exanthemic typhus".

**überhören** V. tr.
*to not hear; to fail to hear; to miss (hearing) something*

| | |
|---|---|
| Ich war dermaßen in meinen Roman vertieft, dass ich gänzlich überhörte, wie der Busfahrer meine Haltestelle ausrief. | *I was so engrossed* /ɪn'grəʊst ‖ -'groʊst/ *in my novel that I completely missed hearing the bus driver call(ing) out my stop.* |

**übersehen** V. tr.
1. *to miss (seeing); to overlook; to not see; to not notice*[FF]*; to fail to see/notice*

| | |
|---|---|
| Bei der Fahnenkorrektur habe ich 20 Fehler übersehen. | *I missed/overlooked 20 mistakes when I was reading the proofs.* |

2. (überblicken) *to overlook; to survey* /tə sɜː'veɪ ‖ sɜːr-/

| | |
|---|---|
| Vom Fernsehturm übersieht man die ganze Ebene um München. | *From the television tower you can overlook the whole plain around Munich.* |

die **Übersicht**
1. (unzählbar, Verständnis von Situation und Zusammenhängen) *control*[FF]

| | |
|---|---|
| die Übersicht behalten/verlieren | *to keep/lose control*[FF]*; to keep/lose one's head* |

2. (unzählbar, Darstellung eines Sachverhalts) *(general) picture; (general) view; overview; (brief) account*

| | |
|---|---|
| Die Entwicklungshelfer gaben dem neuen Arzt eine kurze Übersicht über die Verhältnisse im Lager. | *The aid workers gave the new doctor a brief account of the conditions in the camp.* |
| sich eine Übersicht verschaffen | *to get an overview/general view* |

3. (Pl. -en, Liste, Aufstellung) *list; review; summary; précis* /'preɪsiː ‖ preɪ'siː/; *resumé*; (Tabelle) *table*

| | |
|---|---|
| eine Übersicht über die Regierungsdaten der englischen Könige | *a table of the reigns of the kings of England* |

**overhear** /ˌəʊvəˈhɪə || ˌoʊvərˈhɪr/ V. tr.
Bedeutet fast das Gegenteil des deutschen „überhören", nämlich *zufällig etwas mit anhören, was man eigentlich nicht hören soll; (unabsichtlich) mitkriegen; mitbekommen.* Kann nicht in den Verlaufsformen gebraucht werden.

| | |
|---|---|
| I overheard Minni talking about my Christmas present. | *Ich habe zufällig gehört/mitgekriegt, wie Minni über mein Weihnachtsgeschenk sprach.* |

**oversee** /ˌəʊvəˈsiː || ˌoʊvər-/ V. tr.
*überwachen; beaufsichtigen*

| | |
|---|---|
| Without anyone to oversee the work, the workers began to slack off. | *Da niemand die Arbeit überwachte, fingen die Arbeiter an zu trödeln.* |

**oversight** /ˈəʊvəsaɪt || ˈoʊvər-/ n.
*Versehen*

| | |
|---|---|
| by oversight/through an oversight | *durch ein Versehen* |
| Through an oversight, the printers of the so-called "Wicked Bible" of 1632 omitted the word "not" from the seventh Commandment, which thus appears as "Thou shalt commit adultery". | *Durch ein Versehen ließen die Drucker der sogenannten "Wicked Bible" von 1632 das Wort "not" aus dem siebten Gebot weg, das folglich heißt: „Du sollst Ehebruch begehen".* |

der **Ultimo**, -s; **ultimo**, Adv. (förmlich)
*the last day of the month*

| | |
|---|---|
| bis Ultimo<br>Zahlungsfrist bis zum Ultimo | *till the last minute*<br>*payment by the last inst.*<br>*(inst.=of this month)* |

Aus dem italienischen «a dì ultimo», „am letzten Tag".

**unterliegen** V. tr. (Dat.)
1. *to lose; to be defeated (in a game, battle, etc.)*
2. *to be subject to*

| | |
|---|---|
| Das Bierbrauen in Bayern unterliegt strengen Bestimmungen. | *Beer-brewing in Bavaria is subject to strict/stringent*[FF] *regulations.* |

**unterstehen** V. tr. (Dat.)
1. *to be under the control of; to be subject to*; (Behörde usw.) *to be/come under (the jurisdiction/authority of); to report (directly) to*

| | |
|---|---|
| Die Abteilung Werbung unterstand früher direkt dem Chef[FF]. | *The advertising department used to be directly under the boss/used to report directly to the boss.* |

2. sich unterstehen (meist ugs.): *to dare*

| | |
|---|---|
| Untersteh dich! | *Don't you dare!;* (stärker, drohender) *Just you dare!* |
| Was unterstehen Sie sich! | *How dare you!* |

**unterwegs** Adv.
1. *on the way; on one's way*

| | |
|---|---|
| Das Paket[FF] ist unterwegs.<br>Unterwegs zum Bahnhof traf ich Theo Pink. | *The parcel's on its way.*<br>*On the way to the station I met Theo Pink.* |

2. (umherreisend) *on the move; travelling (around)*

| | |
|---|---|
| Er genießt seinen Ruhestand voll – er ist immer unterwegs. | *He's really enjoying his retirement – he's always on the move/always travelling.* |

**ultimo** /'ʌɫtɪməʊ || -moʊ/ Adj., meist abgekürzt **ult.** /ʌɫt/
(Wirtschaftssprache) *des letzten Monats*

| No reply was received by the 31st ult./ultimo. | *Bis 31. des letzten Monats ist keine Antwort eingegangen.* |
|---|---|

Aus dem lateinischen «ultimo mense», „im letzten Monat“.

**underlie** /ˌʌndə'laɪ || -dər-/ V. tr.
*zu Grunde liegen*

| “My dear Watson,” said Holmes, “what is interesting about this crime is the motives which underlie it.” | *„Mein lieber Watson“, sagte Holmes, „das Interessante an diesem Verbrechen sind die Motive, die ihm zu Grunde liegen“.* |
|---|---|

**understand** /ˌʌndə'stænd || -dər-/ V. tr. / V.intr
1. V. tr. *verstehen; begreifen*
2. V. intr. (förmlich, meist mit “I”) *glauben; denken* (dass etwas so ist)

| I understand he’s an expert on antiques[FF]. | *Ich höre, er ist Experte, was Antiquitäten betrifft.* |
|---|---|
| I understood him to say he accepted the idea. | *Soweit ich ihn verstanden habe, ist er mit der Idee einverstanden.* |

**under way** /ˌʌndə 'weɪ || -dər/ Adv.
1. (Schiff) to be under way: *Fahrt haben*
2. (Arbeit, Rettungsarbeiten, Restaurierung, Ausgrabungen usw.):

| to be under way/to be well under way | *im Gange sein/fortgeschritten sein* |
|---|---|

**unverschämt** Adj.
1. *disgraceful*

| | |
|---|---|
| Ich finde es unverschämt, wie die Ölkonzerne den Benzinpreis immer vor den Ferien erhöhen. | *I think it's disgraceful the way the oil companies keep putting up the price of petrol just before the holidays.* |

2. (Preise, Forderungen) *outrageous; exorbitant* /ɪg'zɔ:bɪtnt ‖ -'zɔ:r-/
3. (Lüge) *blatant* /'bleɪtnt/; *outright; barefaced*
4. (Mensch) *impudent; cheeky; impertinent*

| | |
|---|---|
| So eine Unverschämtheit! | *What (a) cheek!* |

die **Urne**, -n
1. Wahlurne: *ballot box*$^{FF}$
2. (sonst) *urn*

**unashamed** /ˌʌnəˈʃeɪmd/ Adj., **unashamedly** /ˌʌnəˈʃeɪmɪdli/ Adv.
*schamlos; ohne Scham*

| | |
|---|---|
| Theo flirted unashamedly with Gertrude's mother all evening. | *Theo flirtete den ganzen Abend ganz schamlos mit Gertrudes Mutter.* |
| When Princess Diana died, many people cried unashamedly. | *Als Prinzessin Diana starb, weinten viele Menschen ganz offen/ohne sich zu schämen.* |

**urn** /ɜːn ‖ ɜːrn/ n.
*Urne* (z. B. für die Asche von Verstorbenen, oder große ornamentale Vase)

der **Vers**, -e
1. (Zeile) *a line (of poetry, of verse)*
2. (kleines Gedicht, z. B. Kindervers oder Abzählreim) *a rhyme*
3. Verbindungen:

| | |
|---|---|
| Versfuß | *foot* |
| Versmaß | BrE *metre*, AmE *meter* |

4. (= Strophe) *verse*

der **Vikar**, -e
1. (Hilfsgeistlicher) *curate*
2. (kath. Kirche) Generalvikar: *Vicar-General*

**virtuos** Adj.
*masterly; masterful*; (nur vor Substantiv) *virtuoso* /ˌvɜːtʃu'əʊsəʊ ‖ ˌvɜːrtʃu'oʊsoʊ/

| | |
|---|---|
| Seine virtuose Darstellung des eifersüchtigen Leontes fand allgemeinen Beifall. | *His masterly portrayal of the jealous Leontes was widely acclaimed.* |
| Pachmann war zwar verrückt, aber er spielte virtuos Klavier. | *Pachmann was mad, but he was a virtuoso pianist.* |

die **Visage**, -n
*(ugly) mug*; BrE (veraltet) *physog* /'fɪzɒg/

| | |
|---|---|
| Auf diesem Passbild habe ich ja die reinste Verbrechervisage! | *This passport photo gives me a mug like a criminal!* |

die **Visite**, -n
*doctor's round (in a hospital)*; (im Haus des Patienten) *house call*; auch *visit*

**verse** /vɜ:s || vɜ:rs/ n.
1. (unzählbar) *reimende Dichtung*, im Gegensatz zu "prose" (Prosa), manchmal auch im Gegensatz zu "poetry" („hohe Dichtkunst")

| | |
|---|---|
| Theo Pink wrote the history of the sausage in verse. | *Theo Pink schrieb die Geschichte der Wurst in Versen.* |

2. (zählbar) *Strophe* (eines Liedes, Gedichts)
   In der Literaturkritik wird meist statt "verse" in dieser Bedeutung das Fachwort "stanza" /ˈstænzə/ verwendet.
3. (veraltet) *(Vers)zeile*

**vicar** /ˈvɪkə || -kər/ n.
*Pfarrer*; (als Anrede) *Herr Pfarrer*

| | |
|---|---|
| Good morning, vicar! | *Guten Morgen, Herr Pfarrer!* |

**virtuous** /ˈvɜ:tʃuəs || ˈvɜ:r-/ Adj.
*tugendhaft*

| | |
|---|---|
| Who can find a virtuous woman? for her price is above rubies. (The Bible, Authorized Version, 1611, Proverbs xxxi, 10.) | *Wem ein tugentsam Weib bescheret ist/Die ist viel Edler denn die köstlichsten Perlen. (Luthers Übersetzung, Wittenberg 1545, Sprüche Salomonis XXXI, 10.)*<br>*Eine tüchtige Frau – wer findet sie wohl? Weit über Korallen hinaus geht ihr Wert.* (Katholische Bibel, Würzburg 1957) |

**visage** /ˈvɪzɪdʒ/ n.
(gehoben-literarisch) *Antlitz*
Die Grundbedeutung von „Visage" und "visage" ist gleich, nämlich „Gesicht", hier liegt der FF im völlig verschiedenen Stilregister der beiden Wörter.

**visit** /ˈvɪzɪt/ n. / V. tr.
1. n. *Besuch* (im Allgemeinen)
2. V. tr. *(jemanden) besuchen*

**vital** Adj.
*vigorous; energetic; full of life*; (nur bei sehr alten Leuten) *sprightly*

| | |
|---|---|
| Mein Onkel ist schon über 90, aber immer noch sehr vital. | *My uncle's over 90, but he's still very vigorous/energetic/sprightly.* |

der **Vokal**, -e
*a vowel*

der **Volontär**, -e, die **Volontärin**, -nen
*trainee*

**vital** /'vaɪtł/ Adj.
*lebenswichtig; (lebens)notwendig; unerlässlich*

| | |
|---|---|
| The men in the lifeboat were careful not to waste a drop of their vital water supply. | *Die Männer im Rettungsboot hüteten sich, einen Tropfen ihres lebenswichtigen Wasservorrates zu verschwenden.* |

**vocal** /'vəʊkł ǁ 'voʊ-/ Adj. / n.
1. Adj. *Stimm-*

| | |
|---|---|
| vocal cords | *Stimmbänder* |

2. Adj. *lautstark*

| | |
|---|---|
| a vocal critic[FF] of the government | *ein lautstarker Kritiker der Regierung* |

3. n. (Popmusik) “vocals”: *Gesang*

**volunteer** /ˌvɒlən'tɪə ǁ ˌvɑːlən'tɪr/ n.
*Freiwillige(r)*

**wandern** V. intr.
1. (als Freizeitbeschäftigung) *to hike*

| | |
|---|---|
| Ein Freund von mir verbringt seinen Urlaub damit, an der Küste entlang um ganz Großbritannien herumzuwandern. | *A friend of mine spends his holidays hiking all the way around Britain along the coast.* |
| ein Wanderer | *a hiker* |

2. (ziellos, unruhig umhergehen) *to wander*

der **Wanderer**, -
1. (zum Vergnügen) *a hiker; a rambler; a walker*
2. (früher; Reisender) *traveller; wayfarer*

**wanken** V. intr.
*to stagger; to reel; to totter*; (im Stehen) *to sway*

| | |
|---|---|
| Nach seinem 7. Whisky wankte Theo aus dem Lokal – direkt in die Arme seiner Frau. | *After his 7th whisky Theo staggered out of the pub – right into the arms of his wife.* |

das **Warenhaus**, ¨-er
*department store*; AmE auch schlicht *store*

*ein Warenhaus*

**was für** NP
1. *what kind of (a); what sort sort of (a)*

| | |
|---|---|
| Was für ein Mensch ist Theo Pink? | *What kind of (a) person is Theo Pink?* |

2. (in Ausrufen) *what a*; (mit unzählbaren Substantiven) *what*

| | |
|---|---|
| Was für ein schönes Bild!<br>Was für ein Blödsinn! | *What a beautiful picture!*<br>*What rubbish!* |

**wander** /'wɒndə || 'wɑ:ndər/ V. intr. / n.
1. V. intr. *umherirren; umherstreifen*

| | |
|---|---|
| We wandered round the town looking for a pub that was open. | *Wir irrten in der Stadt herum auf der Suche nach einem geöffneten Pub.* |

2. n. *Spaziergang*

| | |
|---|---|
| I went for a wander through the woods. | *Ich habe einen Spaziergang durch den Wald gemacht.* |

**wanderer** /'wɒndərə || 'wɑ:ndərər/ n.
*Wandervogel*

**wank** /wæŋk/ V. intr., n. (nur BrE)
(tabu!) *onanieren; „wichsen"*
Der Skiort Wank bei Salzburg dürfte mit einer Anzeige "Come to Wank!" in England wohl keinen großen Erfolg haben; und auch den Wankelmotor ("the Wankel engine") erwähnt der Engländer nur unter Erröten.

*a warehouse*

**warehouse** /'weəhaʊs || 'wer-/ n.
*Lagerhaus; Lagerhalle*; (am Hafen) *Speicher*

**what for?** /ˌwɒt 'fɔ: || ˌwɑ:t 'fɔ:r/ (Fragewort)
*wozu?; wofür?; für was?*

| | |
|---|---|
| "I need a hammer." "What for?" | *„Ich brauche einen Hammer." „Wozu?"* |

**wassern** V. intr.
(Flugzeug) *to land on water*; (Raumkapsel) *to splash down*

**wässern** V. tr.
1. *to soak*

| Die Salzheringe sollten Sie vor dem Gebrauch mindestens 1 Stunde wässern. | *You should soak the salted herrings for at least an hour before use.* |
|---|---|

2. (Fotos) *to rinse*

| Nach dem Fixierbad müssen die Fotos gründlich gewässert werden. | *After fixing, the prints must be thoroughly rinsed.* |
|---|---|

3. (Rasen, Gemüsebeete usw.) *to water*

die **Weste**, -n
1. (zum Anzug) BrE *waistcoat*; AmE *vest*
2. (Strickweste) BrE und AmE *cardigan*

**Western** (Adj., in Verbindungen) / n.
1. Adj. *Wild West; cowboy*

| Westernkleider | *cowboy clothes; Wild West clothes* |
|---|---|

2. n. (Film) *a Western*

der **Wink**, -e
1. *a signal; a sign*
2. Redewendung:

| „ein Wink mit dem Zaunpfahl“ | *“a broad hint”* |
|---|---|

**water** /'wɔ:tə || 'wɑ:tər/ V. tr.
1. *(Blumen usw.) gießen*
2. *(Pferde, Kühe usw.) tränken*
3. to water (down): *panschen*

**vest** /vest/ n.
1. BrE *Unterhemd; Unterjacke*

| string vest | *Netzunterhemd* |
|---|---|

2. AmE *Weste; Giletweste*
"Vest" ist also nicht nur zwischen BrE und Deutsch ein FF, sondern auch (wie "chips[FF]") zwischen AmE und BrE.

**Western** /'westən || -tərn Adj. / n.
1. Adj. *westlich*

| Western clothes | *westliche Kleidung* |
|---|---|

2. n. (Film) *ein Western*

| ein Westernheld | *a cowboy hero* |
|---|---|

**wink** /wɪŋk/ n.
(ein) *Zublinzeln* (mit einem Auge – vgl. dagegen "blink[FF]")
Muss meist im Deutschen mit einem Verb wiedergegeben werden:

| "Let's see if I've got a sweet for you," said the old sailor with a wink. | *„Schauen wir, ob ich für euch ein Bonbon habe", sagte der alte Seemann und blinzelte uns zu.* |
|---|---|
| to tip someone the wink | *jemandem einen Wink geben, jemanden vorwarnen* |

**winken** V. intr.
*to wave; to signal*; (als Hand- oder Fingerzeichen, dass jemand herkommen soll) *to beckon*

| | |
|---|---|
| Theo Pink winkte zum Abschied mit seinem roten Taschentuch, bis das Schiff seinen Augen entschwand. | *Theo Pink waved goodbye with his red handkerchief until he could no longer see the ship.* |

der **Winkel**, -
1. *angle*

| | |
|---|---|
| ein spitzer Winkel | *an acute angle* |
| ein stumpfer Winkel | *an obtuse angle* /əb'tju:s ‖ -'tu:s/ |
| ein rechter Winkel | *a right angle; a rightangle* /'raɪtæŋgł/ |
| im spitzen/stumpfen Winkel (zu etwas) | *at an acute/obtuse angle (to something)* |
| im rechten Winkel (zu etwas) | *at rightangles (to something); at a rightangle (to something)* |

2. (Zimmerecke) *corner*
3. Redewendung „ein entlegener Winkel“: “*a remote/out-of-the-way spot*”

das **Wolfram**, unzählbar
*tungsten* /'tʌŋstən/ (chemisches Symbol: W)

**wundern** V. tr.; **sich wundern** V. refl.
*to surprise/to be surprised; to amaze/to be amazed*

| | |
|---|---|
| Es wundert mich, dass Theo Pinks Frau ihn nach dem ganzen Fiasko doch wieder aufgenommen hat. | *I'm surprised Theo Pink's wife took him back after that fiasco.* |
| Ich muss mich nur über ihre Geduld wundern! | *Her patience really amazes me!* |

**wink** /wɪŋk/ V. intr. / V. tr.
*(jemandem) zublinzeln* (indem man ein Auge kurz schließt)

| | |
|---|---|
| She winked at me! | *Sie hat mir zugeblinzelt!* |
| (BrE ugs.) winker | (Auto) *Blinker*[FF] |

**winkle** /ˈwɪŋkł/ n. / V. tr.
1. n. *Strandschnecke; Uferschnecke* (essbar)
2. V. tr. (nur in) "to winkle something out of someone", "to winkle someone out of somewhere": *etwas/jemanden durch List herausholen*

| | |
|---|---|
| I'll winkle the truth out of him. | *Ich werde die Wahrheit schon aus ihm herauskitzeln.* |

3. n. "winkle pickers", "winkle-picker shoes": *sehr spitze Herrenschuhe*

**wolfram** /ˈwʊłfrəm/ n., unzählbar
1. *Wolframerz*
2. *Wolfram* (seltener als "tungsten")

**wonder** /ˈwʌndə || -dər/ n. / V. intr.
1. n. *Wunder*

| | |
|---|---|
| No wonder! | *Kein Wunder!* |

2. V.intr. *sich fragen*

| | |
|---|---|
| I wonder why we wrote this book. | *Ich frage mich, warum wir dieses Buch geschrieben haben.* |

3. Redewendung

| | |
|---|---|
| "I don't wonder at it!" | *Das wundert mich überhaupt nicht!* |

die **Zensur**, -en
1. (Note[FF]) *mark; grade*
2. (bei Presse usw.) *censorship*

der **Zirkel**, -
(*a pair of*) *compasses*;
(seltener, ungenau) *a compass*

*ein Zirkel*

das **Zitat**, -e
*a quote; a quotation*

| | |
|---|---|
| „Doch still, mich dünkt, ich wittere Morgenluft“ ist ein Zitat aus „Hamlet“. | *“But soft! Methinks I scent the morning air” is a quote/quotation from “Hamlet”.* |

**zitieren** V. tr.
*to quote*

| | |
|---|---|
| Shakespeare wird häufig falsch zitiert. | *Shakespeare is often misquoted.* |

die **Zitrone**, -n
*lemon[FF]*

**censure** /'senʃə ‖ -ʃər/ n. / V. tr.
1. n. *Tadel; Missbilligung*

| (Parlament usw.) to propose a vote of censure | *einen Tadelsantrag stellen* |
|---|---|

2. V. tr. *jemanden (offiziell) tadeln*

*a circle*

**circle** /'sɜːkɫ ‖ 'sɜːr-/ n. / V. tr. / V. intr.
1. n. *Kreis* (auch übertragen)

| a vicious circle |
|---|
| *ein Teufelskreis* |

2. n. (Theater) *Rang*
3. V. tr. *umringen*
4. V. intr. / V. tr. (Flugzeug, Vogel): *kreisen; umkreisen*

**citation** /saɪ'teɪʃn/ n.
1. (bei Tapferkeitsauszeichnungen usw.) *Belobigung*

| The citation spoke of her "reckless bravery". | *In der Belobigung war von ihrer „selbstlosen Tapferkeit" die Rede.* |
|---|---|

2. (selten für "quote[FF]", "quotation") *Zitat*

**cite** /saɪt/ V. tr.
*(als Beispiel) anführen; erwähnen*; *(als Beispiel) zitieren*; (seltener) *(aus einem Werk) zitieren*

| He said not all geniuses were arrogant, and cited Einstein as an example. | *Er sagte, nicht alle Genies seien arrogant, und führte Einstein als Beispiel an.* |
|---|---|

**citron** /'sɪtrən/ n., auch **pome citron** /'pəʊm 'sɪtrən ‖ 'poʊm …/
*Zedratfrucht*, auch *Zitronatzitrone*, d. h. die großen, grünlichen, sehr dickschaligen Früchte des Zedratfrucht- oder Zitronatzitronenbaums (*Citrus medica*)

| candied citron peel | *Zitronat* |
|---|---|

**zivil** Adj.
1. (im Gegensatz zu „militärisch") *civilian*
2. (ugs., anständig, gebührend) *civilised; unearthly*

| | |
|---|---|
| Ich bin heute total unausgeschlafen, weil mein Bruder gestern Nacht zu einer sehr unzivilen Zeit angerufen hat. | *I'm washed out/dog tired today, because my brother phoned at an unearthly hour/an uncivilised hour last night.* |
| zivile Preise | *reasonable/moderate prices* |

3. Redewendung „Zivilcourage haben": *"to have the courage of one's convictions"*

das **Zivil**, unzählbar
(Mil.) *civilian clothes; ordinary clothes* (im Gegensatz zu "military uniform"); (Mil. Slang) *"civies"* /'sɪvɪz/

| | |
|---|---|
| Polizeibeamter in Zivil | *a plain-clothes policeman* |
| Räuberzivil | *scruffy old clothes* |

**zupass kommen** V. intr.
*to suit someone down to the ground; to come just at the right time/moment*

| | |
|---|---|
| Es kommt mir sehr zupass, dass ich jetzt Angina[FF] habe und nicht unterrichten kann – da kann ich endlich dieses Buch fertigschreiben. | *It suits me down to the ground that I've got a sore throat at the moment and can't teach – at last I can finish writing this book.* |

**civil** /ˈsɪvɫ/ Adj.
1. *höflich*
Redewendung:

| | |
|---|---|
| "Just you keep a civil tongue in your head!" | (etwa) *Also, so können Sie nicht mit mir reden!* |

2. *Bürger-…*

| | |
|---|---|
| a civil war | *ein Bürgerkrieg* |
| civil rights | *Bürgerrechte* |

**come to pass** /ˌkʌm tə ˈpɑːs ‖ … ˈpæs/ VP
(biblisch oder scherzhaft) *geschehen;*
(Bibel) "And it came to pass in those days …": *Und es geschah in jenen Tagen …*
(scherzhaft: Mischung von biblischer Ausdrucksweise mit Umgangssprache):

| | |
|---|---|
| And behold, Theo bought the old banger, and it came to pass that it conked out, whereat Theo cried out upon the crook that had palmed it off upon him … | *Und siehe, Theo kaufte die alte Klapperkiste, und es geschah, dass sie den Geist aufgab, und darob erzürnte sich Theo über den Gauner, der sie ihm angedreht hatte …* |

**1** In den folgenden Sätzen ist das **fett** gedruckte Wort ein potenzieller „Falscher Freund“. In welchen Sätzen ist es richtig benützt? Wie müssen die anderen korrigiert werden?

1. She's a **patent** woman.
2. The **pranks** of a baby bear look too big for its body.
3. After 10 years working in the bank in the High Street, he rose to be manager of the **branch**.
4. This hat looks awful on me – but it looks really **becoming** on you!
5. He earns 10% **provision** on everything he sells.

**2** Wählen Sie das richtige Wort/die richtigen Wörter:

1. He (a) kipped (b) clopped (c) clapped his hat on his head.

2. She needed the (a) actual (b) current (c) factual interest rates for her decision.

3. Napoleon's fleet was (a) besieged (b) victimized (c) defeated at the Battle of Trafalgar.

4. The Queen always wears (a) strong pastel (b) decent (c) restrained colours.

5. I must lose some weight – I'm much too (a) thick. (b) fat. (c) heavy.

## 3

Korrigieren Sie diese Sätze, die jeweils einen oder mehrere falsch benützte „Falsche Freunde“ enthalten:

1. The sultan was sitting on a canopy.
2. It's lovely to walk in the shade of an alley on a hot summer's day.
3. The vivid fantasy of our little son has led to some blamable incidents.
4. I'm not so fit in English.
5. He phoned me on his handy.

## 4

Übersetzen Sie folgende Sätze ins Englische.

1. Der Kühlschrank war leer, also gingen wir ins Pub.

______________________________________________

2. Wir treffen uns dann bei Gabi.

______________________________________________

3. Bitte, bring diese alten Kartoffeln auf den Kompost!

______________________________________________

4. Bitte, bringen Sie mir ein Glas Wasser!

______________________________________________

5. Bitte, bring den Müll raus!

______________________________________________

## 1

In den folgenden Sätzen ist das **fett** gedruckte Wort ein potenzieller „Falscher Freund". In welchen Sätzen ist es richtig benützt? Wie müssen die anderen korrigiert werden?

1. If you want to be a pilot, you have to **absolve** a 3-year training course.
2. Our physics test **fell out** really badly.
3. It is not known what **befell** him after the War.
4. The young couple felt the bank manager had **berated** them really well.
5. I had to **bring** him to the station in my car, as it was raining.

## 2

Wählen Sie das richtige Wort/die richtigen Wörter:

1. If you play football in such a muddy field again, I won't wash your (a) strip. (b) costume. (c) dress.
2. The girls performed a very (a) graceful (b) gracious (c) gratuitous little dance.
3. He's a very good television (a) talkmaster. (b) moderator. (c) presenter.
4. It (a) perspired (b) respired (c) transpired that he knew my father.
5. This cake is from an old (a) recept (b) receipt (c) recipe of my mother's.

**3** Korrigieren Sie diese Sätze, die jeweils einen oder mehrere falsch benützte „Falsche Freunde“ enthalten:

1. When we went camping, we took a cooker with us.
2. Don't commandeer me around!
3. He won a stately sum on the lottery.
4. What an extraordinary-looking dog! It must be a bastard.
5. Our daughter's in the 12th year, so she'll be leaving the gymnasium next year.

**4** Übersetzen Sie folgende Sätze ins Englische.

1. Wenn du die Oma besuchst, bring ihr den Kuchen und die Flasche Wein mit.

   ______________________________

2. Schön, dass du dich so für euer Jugendzentrum engagierst, aber du solltest mehr für deine Prüfungen lernen!

   ______________________________

3. Wenn du in der Schule nicht so faul wärst, könntest du das Examen eventuell doch noch bestehen.

   ______________________________

4. Mama, kannst du bitte meine Hose flicken?

   ______________________________

5. Eine Koalition könnte für die Regierung der letzte Strohhalm sein.

   ______________________________

**1** In den folgenden Sätzen ist das **fett** gedruckte Wort ein potenzieller „Falscher Freund". In welchen Sätzen ist es richtig benützt? Wie müssen die anderen korrigiert werden?

1. At Blurb's they've got a very nice 1920s-style window **decoration**.
2. Look, there's an **eagle** eating a slug in the vegetable bed!
3. The letters "Abs." on the back of the letter **irritated** me – what could they mean?
4. I need lots of **kip** after that 3-day party!
5. He tried and tried but it wouldn't **clap**.

**2** Wählen Sie das richtige Wort/die richtigen Wörter:

1. I love (a) handling at fleamarkets.
   (b) haggling
   (c) hugging

2. At the slightest sign of a cold he starts (a) moaning about how ill he is.
   (b) yammering
   (c) regretting

3. My brother's a real (a) capability on tropical fish.
   (b) authority
   (c) capacity

4. Sharing your last bit of chocolate with your little sister shows you're a real (a) gentleman.
   (b) cavalier.
   (c) dunce.

5. Dropping your cigarette (a) kip on the pavement can cost you £50.
   (b) tip
   (c) end

## 3

Korrigieren Sie diese Sätze, die jeweils einen oder mehrere falsch benützte „Falsche Freunde“ enthalten:

1. When we were in America, a huge windhose lifted the roof of the hotel off.
2. I'm going to be busy in the holidays – I'll be jobbing in a garden centre.
3. Let's make a kerb in the side of the boat, so we'll know where we caught the fish!
4. As Colin was running to catch the train, his coffer burst open.
5. What do you conserve your strawberry marmalade with?

## 4

Übersetzen Sie folgende Sätze ins Englische.

1. Der Curry war mir zu scharf.

___

2. Sie hatte ein Bild ihres Hundes auf der Kommode.

___

3. Ich hätte gern ein Bund Karotten, aber ohne Kraut, bitte.

___

4. Hier handelt es sich um einen echten Rembrandt.

___

5. Wenn unsere Kinder nur nicht soviele Chips essen würden!

___

## 1

In den folgenden Sätzen ist das **fett** gedruckte Wort ein potenzieller „Falscher Freund". In welchen Sätzen ist es richtig benützt? Wie müssen die anderen korrigiert werden?

1. There's no **justice** in the world!
2. When he called his German teacher a **Kraut**, that was **the last straw** – he got 2 hours' detention.
3. She went to a bookshop to find some light **lecture** for the holidays.
4. At school my Latin was always **pathetic**.
5. Our little niece loves her colourful necklace of wooden **pearls**.

## 2

Wählen Sie das richtige Wort/die richtigen Wörter:

1. This old bell has a beautiful (a) cling.
   (b) sing.
   (c) ring.

2. We were the first guests,
   and my husband immediately (a) commandeered the best chair
   (b) commanded
   (c) committed

3. Ulysses used a (a) hefty trick to escape from Polyphemus.
   (b) crafty
   (c) shifty

4. Do you really take six (a) bits of sugar in your tea?
   (b) specks
   (c) lumps

5. We've got three weeks to (a) test our school play.
   (b) rehearse
   (c) probe

**3** Korrigieren Sie diese Sätze, die jeweils einen oder mehrere falsch benützte „Falsche Freunde" enthalten:

1. This new tea tastes awfully herb.
2. In our works canteen I usually have the cheap menu for 5 euros 80.
3. Ties with a Paisley muster are the latest mode this year.
4. At 16 his face was covered with pickles, but by the time he was 18 they had disappeared.
5. I'll have to prove the tyre pressure before we set off on our fart.

**4** Übersetzen Sie folgende Sätze ins Englische.

1. Der Salat hält sich in der Frischhaltefolie ganz gut.

   ____________________________________________

2. Nimm die Wolljacke mit, es wird kalt heute Abend.

   ____________________________________________

3. Steuerbetrug ist kein Kavaliersdelikt, sondern ein Fall für die Justiz.

   ____________________________________________

4. Aus Rosenblüten lässt sich köstliches Konfekt bereiten.

   ____________________________________________

5. Am Wochenende wollen wir nach Passau wandern.

   ____________________________________________

## Test 1

1. (1) Falsch (Richtig = She's a **capable** woman.); (2) Falsch (Richtig = The **paws** of a baby bear look too big for its body.); (3) Richtig; (4) Richtig; (5) Falsch (Richtig = He earns 10% **commission** on everything he sells.)
2. (1) c; (2) b; (3) c; (4) c; (5) b
3. (1) The sultan was sitting on a **sofa**. (2) It's lovely to walk in the shade of an **avenue** on a hot summer's day. (3) The vivid **imagination** of our little son has led to some **embarrassing** incidents. (4) I'm not so **good at** English. (5) He phoned me on his **mobile phone**.
4. (1) The fridge was empty, **so** we went to the pub. (2) We'll meet **at** Gabis's then. (3) Would you **take** these old potatoes out to the compost, please. (4) Would you **bring** me a glass of water, please. (5) Would you **take** out the rubbish, please.

## Test 2

1. (1) Falsch (Richtig = If you want to be a pilot, you have to **do/take** a 3-year training course.); (2) Falsch (Richtig = Our physics test **turned out** really badly.); (3) Richtig; (4) Falsch (Richtig: The young couple felt the bank manager had **advised** them really well.); (5) Falsch (Richtig: I had to **take** him to the station in my car, as it was raining.)
2. (1) a; (2) a; (3) c; (4) c; (5) c
3. (1) When we went camping, we took a **stove** with us. (2) Don't **order** me around! (3) He won a **sizeable** sum on the lottery. (4) What an extraordinary-looking dog! It must be a **mongrel**. (5) Our daughter's in the 12th year, so she'll be leaving the **grammar school/the "gymnasium"** next year.
4. (1) When you visit Grandma, **take** her the cake and the bottle of wine. (2) It's nice that you're **working so hard** for your youth centre, but you should **study/revise** more for your exams. (3) If you weren't so **lazy** at school, you might possibly pass the exam after all. (4) Mummy, can you **mend** my BrE **trousers**/AmE **pants** please? (5) A coalition might be **the last chance** for the government.

## Test 3

1. (1) Falsch (Richtig: At Blurb's they've got a very nice 1920s-style window **display**.); (2) Falsch (Richtig: Look, there's a **hedgehog** eating a slug in the vegetable bed!); (3) Falsch (Richtig: The letters "Abs." on the back of the letter **puzzled** me…); (4) Richtig; (5) Falsch (Richtig: He tried and tried but it wouldn't **work**.)
2. (1) b; (2) a; (3) c; (4) a; (5) c
3. (1) When we were in America, a huge **tornado** lifted the roof of the hotel off. (2) I'm going to be busy in the holidays – I'll be **working** in a garden centre. (3) Let's make a **notch** in the side of the boat, so we'll know where we caught the fish! (4) As Colin was running to catch the train, his **case/suitcase** burst open. (5) What do you **preserve** your strawberry **jam** with?
4. (1) The curry was too **hot/spicy** for me. (2) She had a picture of her dog on the BrE **chest of drawers**/AmE **bureau**. (3) I'd like a bunch of carrots, without (the) **tops**, please. (4) This is a **genuine** Rembrandt. (5) If only our children wouldn't eat so many BrE **crisps**/AmE **potato chips**!

## Test 4

1. (1) Richtig; (2) Richtig; (3) Falsch (Richtig: She went to a bookshop to find some light **reading** for the holidays.); (4) Richtig; (5) Falsch (Richtig: Our little niece loves her colourful necklace of wooden **beads**.)
2. (1) c; (2) a; (3) b; (4) c; (5) b
3. (1) This new tea tastes awfully **bitter**. (2) In our works canteen I usually have the cheap **set meal** for 5 marks 80. (3) Ties with a Paisley **pattern** are the latest **fashion** this year. (4) At 16 his face was covered with **spots**, but by the time he was 18 they had disappeared. (5) I'll have to **test** the tyre pressure before we set off on our **journey**.
4. (1) The **lettuce**'ll keep quite nicely in that **cling film**. (2) Take your **cardigan**; it's going to be cold this evening. (3) Tax fraud **is not excusable**; it's a case for **the courts**. (4) **Delicious sweets** can be made from rose flowers. (4) At the weekend we're going to **hike** to Passau.

# Register der englischen Wörter